낭만닥터 SJ의 유쾌한 맥주 인문학 여행

독일에 맥주 마시러 가자

| 만든 사람들 |

기획 인문·예술기획부 | **진행** 한윤지 | **집필** 배상준 | **편집·표지디자인** D.J.I books design studio

| 책 내용 문의 |

도서 내용에 대해 궁금한 사항이 있으시면
저자의 홈페이지나 J&jj 홈페이지의 게시판을 통해서 해결하실 수 있습니다.
제이앤제이제이 홈페이지 www.jnjj.co.kr
디지털북스 페이스북 www.facebook.com/ithinkbook
디지털북스 카페 cafe.naver.com/digitalbooks1999
디지털북스 이메일 digital@digitalbooks.co.kr
저자 이메일 bestsurgeon@paran.com

| 각종 문의 |

영업관련 hi@digitalbooks.co.kr
기획관련 digital@digitalbooks.co.kr
전화번호 (02) 447-3157~8

낭만닥터 SJ의 유쾌한 맥주 인문학 여행

독일에
맥주 마시러 가자

글·사진 배상준

추천사

#1

독일은 맥주 선진국입니다. 30년 전만 해도 우리나라에서 맥주를 만든다
는 사람들은 독일에서 맥주를 배워 귀국하여 OB 맥주와 크라운 맥주를
만들었습니다. 지금도 뮌헨 공과 대학 양조학과는 세계적으로 유명한 맥
주 대학교입니다.

이 책에서도 소개한, 1516년 바이에른 공국의 빌헬름 2세가 공표한 맥주
순수령은 독일 맥주의 품질을 한층 업그레이드시킨 법규입니다만, 동시
에 다양성이라는 측면에서 본 독일 맥주는 벨기에나 미국에 비해 부족합
니다. 아마 우리나라에 독일 맥주를 단독으로 다룬 책이 그동안 없었던 이
유는 독일 맥주는 다양하지 않다는 선입견 때문이었을 수도 있겠습니다.

배상준 작가의 독일 맥주 여행 계획과 독일 맥주 책 출간 계획을 들었을
때 맥주인의 한 사람으로서 너무 기뻤습니다. 마치 제가 여행을 가고 제가
책을 출간하는 기분이었습니다. 맥주를 만드는 사람도 아니고, 맥주를 파
는 사람도 아니면서 맥주를 사랑하여 맥주 책을 출간하는 그의 맥주에 대
한 열정과 애정을 늘 응원합니다. 더불어 이 책이 독일 맥주를 알리는 좋
은 기회가 될 뿐 아니라 맥주를 사랑하는 모든 분들에게 즐거움을 선물할
수 있기를 기대합니다.

수제맥주 카브루 설립자/한국수제맥주협회 고문 "박 철"

#2

배상준 작가와 가끔 맥주를 마신다. 똑딱 소리와 함께 생맥주 500cc가 순식간에 몸속으로 사라진다. 그는 맥주를 마시기에 최적화된 건장한 몸을 타고 났다. 맥주는 일정한 양을 필요조건으로, 섬세한 향과 맛을 충분조건으로 하는 술이다. 첫잔을 비우고 나면 그의 맥주에 대한 풍성한 이야기들이 안주보다 맛있는 유머를 곁들여 뒤를 잇는다. 그의 첫 책을 읽으면서 그와 함께 독일에서 소시지와 맥주를 먹고 마시는 즐거운 상상이 끊이지 않고 이어졌다. 독일에 가면 이 책을 들고 맥주 순례를 하는 한국인들을 반드시 만날 것이다.

음식 칼럼니스트 "박정배"

#3

8일 동안 14개 도시를 오로지 맥주를 맛보기 위해 방문하다니, 저자 배상준은 역시 대단한 맥주 덕후다. 인류가 가장 사랑하는 음료와 그 음료를 만들어낸 세계의 이야기를 꼼꼼한 관찰과 방대한 자료를 바탕으로 유쾌하게 풀어낸다. 효율성보다는 즐거움을 추구하는 덕후 본연의 미덕이 녹아있는 책이다. 친절하면서도 장난기 가득한 저자의 설명에 키득거리며 책을 읽다보면 어느새 독일 맥주의 세계에 흠뻑 빠져든다. 생생한 여행지 사진을 보는 맛도 쏠쏠하다. 독일 여행을 더는 미룰 수 없을 거 같다.

약사/푸드라이터 "정재훈"

#4

외과 의사라는 직업은 긴장의 연속입니다. 늘 바쁜 삶 속에서 시간을 만들어 맥주와 여행을 즐기는 후배의 모습이 참 보기 좋습니다. 환자의 건강을 책임져야 하는 현직 의사로부터 듣는 책 속의 술과 건강에 관한 내용은 이 책을 꼭 읽어봐야 할 이유 중 하나입니다.

외과 전문의/전 대한의사협회 회장 "주수호"

#5

맥주 덕후인 배상준 전문의가 쓴 이 책은 독일 맥주와 문화에 대해 재미있게 쓴 여행기이자 문화서입니다. 독일 여행에 있어서 맥주는 사막의 오아시스 같은 즐거움입니다. 당분간 독일 맥주를 매일 밤 마시고 싶을 만큼 독일 맥주가 한번에 정리되는 기분입니다.

경희대 호텔관광대학 교수/비어소믈리에 과정 주임교수 "최규완"

#6

에일과 라거의 차이부터 독일의 맥주와 문화, 유럽의 역사까지 여행기로 풀어내는 저자의 글재주에 시샘이 날 정도입니다. 맥주를 좋아하거나 여행을 좋아하는 사람이라면 책을 읽은 후 '독일로 마시러 가자'며 비행기를 예약 할지도 모르니 주의바랍니다. 맛있는 독일 맥주와 삶의 낭만을 맛보고 싶은 분들에게 이 책을 권합니다.

월간 비어포스트 발행인 "이인기"

#7

배상준 닥터와 다양한 맥주를 마실 때마다 맥주에 대한 그의 해박한 설명은 어떤 안주보다 맛깔스럽다. 이 책은 독일 맥주와 문화를 구름 위에서 즐기게 해준다.

철벽수학 대표 "배상면"

#8

종합 병원의 외과 의사로서 시간을 쪼개 독일 맥주 여행 책을 저술한 그의 노력과 열정에 박수를 보냅니다. 이 책에 소개된 경로를 따라 독일 여행을 하고 싶어집니다.

대아의료재단 한도병원 병원장 "신 옥"

머리글

　모든 술은 각각의 매력과 개성이 있습니다. 사람들은 각각의 술에 대해 객관적인 선입견을 가짐과 동시에 주관적인 의미를 부여합니다. 샴페인 한잔을 마시며 축하, 축복의 의미를 떠올리고, 위스키 스트레이트 한잔을 마시면서 추운 겨울에 몸이 훈훈해지는 모습을 떠올리게 되는 것이 객관적인 선입견이라면, 본인만의 특별한 기억 때문에 어떤 술을 평생 좋아하게 되는 경우도 많습니다.

　저는 맥주 애호가입니다. 의과 대학 시절부터였습니다. 시험이 없던 토요일 오후가 되면 동기들과 기숙사 운동장에서 오후 내내 지칠 때 까지 농구를 했던 기억이 납니다. 찬물로 샤워를 하고 신촌 어느 펍에 들어가자마자 자리에 앉기도 전에 인원수대로 시켜 한번에 들이켰던 맥주 500cc의 짜릿함은 수십 년이 지난 지금까지도 생생한 기억으로 남아 있습니다. 제게 맥주에 대한 주관적인 의미는 평생 '짜릿함', '여러 사람과 신나게 마시는 술'로 남아 있을 것입니다. 외과 의사가 되고 나서도 수술을 마치고 한 잔 마시는 시원한 맥주는 20대 의과 대학 시절 농구, 샤워 후 마셨던 느낌과 똑같은 감동으로 다가옵니다.

　어떤 것을 좋아하기만 한다고 하여 애호가라고 하진 않을 것입니다. 요즘 SNS에 유행하는 표현으로는 애호가를 덕후라고 부릅니다. 그림에 대해 잘 모르는 부자가 투자 목적으로 비싼 그림을 많이 소장하고 있다고 하여 그 사람을 미술 작품 덕후라고 부르진 않습니다. 어떤 것을 너무 좋아하다 보면 자연스럽게 그것에 대해 찾아보고 공부하게 됩니다. 진정한 애호가 혹은 덕후의 길에 입문하게 되는 것입니다. 맥주를 좋아하기만 했던 제가 맥주 덕후가 된 계기가 있었습니다.

외과 의사들은 세미나가 많아서 종종 외국에 나갑니다. 전문의가 되어 2007년 즈음 미국에 갔을 때의 일이었습니다. 미국은 아무리 작은 펍이라도 기본 10종 이상의 맥주가 준비되어 있습니다. 나름 지인들 사이에서 맥주 애호가라고 알려진 제가 미국의 작은 펍에 가서 맥주 메뉴판을 보고 맥주를 고를 수 없는 것이었습니다. 지금도 수천 개의 미국 맥주 브랜드를 30%도 알지 못합니다만, 그 당시는 저를 포함한 대부분의 한국 사람들이 IPA, 스타우트, 필스너, 헤페바이젠 같은 구분 대신 병맥주, 생맥주로만 구분했던 시절이었기 때문에 미국 펍의 맥주 메뉴판을 해석하는 것이 로제타 스톤을 해석하는 것처럼 어려웠습니다. 저는 맥주 애호가가 아니었던 것입니다. 여행 내내 "Can you recommend the most delicious beer?" 라는 말만 반복하고 한국에 돌아와 자괴감이 들었습니다. '그래, 내가 맥주를 공부해 보면 세계 어느 나라에 가서도 맥주를 마음껏 골라 마실 수 있겠구나'라고 생각하고 구할 수 있는 모든 맥주 관련 서적을 사서 공부하였습니다.

지금은 맥주 관련 강의, 칼럼, 행사 초청 등 맥주 덕후가 되고 나니 재미있는 일이 많아졌습니다. 맥주가 좋아 맥주를 공부했을 뿐인데 사람들은 맥주를 공부한 저를 좋아하는 겁니다. 제 본업은 외과 의사입니다. 맥주는 외과 의사인 제 일상에 작은 양념과도 같은 존재입니다. 마셔서도 즐겁지만 공부해서 더욱 즐겁습니다.

요즘은 맥주 여행을 다닙니다. 일본 맥주 여행, 미국 캘리포니아 주 샌

디에고 브루어리 여행 등 맥주에 대해 어느 정도 상식을 알게 된 후 떠났던 맥주 여행은 여행의 필수 요소인 음식을 먹는 즐거움을 2배로 만들어 주었습니다. 이 글을 쓰고 있는 장소는 독일 맥주 여행을 시작하는 10,000미터 상공의 비행기 기내입니다. 저같이 맥주가 여행의 1순위인 독자도 있지만, 맥주 한잔 정도 즐기는 독자들에게도 이 책은 독일 여행 중 만나게 되는 맥주를 좀 더 맛있게 즐기실 수 있는 도움이 될 것이라 확신합니다. 먹는 것이 즐거우면 여행의 반이 즐겁습니다. 독일 여행에 빼놓을 수 없는 맥주라는 아이템을 여러분께 제대로 장착해 드리기 위해 지금부터 페이지를 채워 봅니다.

6월 7일 프랑크푸르트행 기내에서.

추천사

머리글

차례

프랑크푸르트에서
첫 맥주를 마시다
#1

프랑크푸르트 암 마인Frankfurt Am Main

인천 공항에서 출발하여 11시간을 날아온 국적기가 프랑크푸르트 국제공항에 착륙하기 30분 전입니다. 2005년 처음으로 국제선을 탔고 이후 학회 덕분에 많은 나라를 다녀 보았지만 독일은 처음 방문하는 나라입니다. 유럽인도 아니면서 로마에 대한 동경 때문에 로마 문화권이었던 프랑스, 스페인, 이탈리아 지역은 가끔 다녔었지만 게르만족이 살던 독일은 "뭐 그리 볼 것이 많은 지역도 아니잖아?"라는 짧은 생각 때문에 여태까지 한번도 못 갔던 것 같습니다. 비행기에서 바라 본 독일의 첫 인상은 '반듯하다', '깔끔하다'입니다. 베스트셀러 만화책 "먼 나라 이웃 나라"에 소개된 대로, 독일, 독일 사람은 무엇이든 정확하다는 선입견 때문에 그렇게 느껴질 수도 있지만, 숲과 바다가 보이는 다른 나라들의 공항 하늘 풍경과 달리 프랑크푸르트 도심이 공항에서 아주 가까운 곳에 위치하고 있어서 하늘에서 본 모습이 반듯하고 정확하다고 느낄 수도 있겠습니다.

국적기가 저를 무사히 데려다 준 프랑크푸르트 국제공항이 있는 이 도시의 정확한 이름은 프랑크푸르트 암 마인Frankfurt am Main입니다. 암am은 '무엇 무엇의'라는 뜻입니다. 즉, 프랑크푸르트 암 마인은 '마인 강변의 프랑크푸르트'라는 뜻입니다. 큰 도시는 대부분 강이나 바다를 끼고 발달하였습니다. 이름에서 알 수 있듯 이 도시의 중심에 흐르는 강은 마인Main 강입니다. 영어 main과 철자가 같습니다만 켈트어로 '천천히 흐르는'이라는 뜻이라고 합니다. 마인 강은 독일인의 자부심 라인 강의 가장 큰 지류입니다. 바이에른 지방에서 시작되어 프랑크푸르트 암 마인을 거쳐, 근처 도시 마인츠에서 라인 강으로 합쳐진 후 네덜란드 로테르담 근처에서 북해로 흘러들어갑니다.

　　프랑크푸르트라고 하면 일반적으로 국제공항이 있는 Frankfurt Am Main을 의미합니다. 독일엔 또 다른 프랑크푸르트가 있습니다. 베를린에서 동쪽 100km 정도 떨어진 폴란드 국경 근방의 프랑크푸르트 오데르 Frankfurt Oder라는 마을입니다. 인구 6만의 작은 마을로, 독일이 통일되기 전엔 동독 땅이었던 곳입니다. 분단 독일 당시 프랑크푸르트 표지판만 보고 베를린에서 자동차를 몰고 가다가 엉뚱하게 동독 땅의 프랑크푸르트로 진입하여 고문당할 뻔 했다는 확인되지 않은 에피소드도 있습니다. 간혹 프랑크푸르트 암 마인의 숙소를 예약하면서 실수로 500km 이상 떨어진 프랑크푸르트 오데르에 있는 숙소를 덜커덕 예약하는 경우도 있으니 신경 써야 합니다.

공항에 내려 도심까지 전철S-bahn을 탑니다. 도심의 랜드 마크인 프랑크푸르트 중앙역까지 13분밖에 걸리지 않습니다. 그래서 독일 항공 루프트한자를 타고 프랑크푸르트에 몇 시간 정도만 머물렀다는 지인들이 대전역에서 5분 만에 가락국수 한 그릇 후딱 먹고 다시 기차에 올라타듯 도심에 가서 소시지에 맥주 한 잔을 후딱 마시고 다시 비행기를 탈 수 있었나 봅니다. 기차에 탑승하여 구글을 검색하여 숙소의 정확한 위치를 확인하고 저녁을 무얼 먹을까 잠시 고민하는 사이 목적지에 도착했는데, 사람들이 우르르 내리지 않았더라면 내리지 못하고 지나쳤을 정도로 짧은 거리입니다. 호텔에 짐을 푼 시간이 현지 시각 오후 6시, 드디어 맥주의 본고장에서 맥주를 마실 수 있다는 생각에 기분이 좋아집니다. 나름 독일에서의 첫 식사인 만큼 깨끗하게 샤워를 하고 재킷을 입고 레스토랑을 찾으러 나섭니다.

독일 레스토랑은 합석이 자유로운 곳

우리나라는 음식점과 술집의 구분이 명확합니다만, 유럽은 레스토랑, 혹은 비스트로에 가서 식사하면서 술을 마시면 됩니다. 뮌헨의 유명한 호프브로이하우스Hofbrauhaus, 뢰벤브로이Lowenbrau 같은 곳을 호프집으로 볼 것인지 레스토랑으로 볼 것인지는 잘 모르겠습니다.(별로 중요한 구분은 아닌 것 같습니다.) 숙소 근처를 어슬렁거리다 마음에 드는 레스토랑을 발견합니다. 8~12명이 앉을 수 있는 커다란 야외 테이블이 여러 개 놓여 있고 테이블은 손님들로 차 있습니다.

　무슨 단체 손님이 이렇게 많나? 독일도 회식을 많이 하나? 라고 생각하며 기웃거리는데 웨이트리스가 사람들 사이의 빈자리를 안내해 줍니다. 소위 말하는 합석입니다. 테이블에 자연스럽게 합석하는 것이 독일의 자연스러운 레스토랑 문화인 것 같습니다. 굳이 웨이트리스의 안내를 받지 않아도, 굳이 독일어를 쓰지 않아도 웃으며 손짓, 몸짓으로 빈자리를 가리키며 고개를 살짝 갸우뚱거리면 대부분의 현지인들이 친절하게 자리를 만들어 줍니다. 앉아서 일단 맥주를 한 잔 주문하고 음식을 고르며 분위기를

살펴봅니다. 잘 모를 땐 가만히 앉아 살펴보면 됩니다. 분위기를 보니 단체 손님인 줄 알았던 여러 테이블의 손님들은 저처럼 각각 합석한 손님들로, 전혀 어색하지 않게 각자의 음식과 맥주를 마시며 이야기를 나누고 있습니다.

　우리나라의 경우 식당에 가면 밥, 국과 함께 반찬이 각각 다른 접시에 제공됩니다. 최소 3가지 반찬이므로 물컵 포함 6개 이상의 식기가 테이블에 놓입니다. 만일 우리나라 식당에서 모르는 사람끼리 합석을 한다면 쑥스러워서 불편한 것이 아니라, 테이블 위의 꽉 찬 식기 때문에 불편할 것 같습니다. 하하. 그래서 우리나라는 4인 테이블에 혼자 앉을 수밖에 없습

니다. 구내식당에서만큼은 합석을 해도 불편하지 않습니다. 식판 하나에 밥과 반찬을 모두 담기 때문입니다. 독일의 레스토랑에서는 빵이 담긴 바구니를 제외하고, 모든 요리를 한 접시에 담아 제공하기 때문에 모르는 사람이 옆자리에 합석해도 불편하지 않을 것이라고 추측해 봅니다. 합석한다고 해도 지하철 2호선처럼 딱 붙어 앉는 것은 아닙니다. 그들에게는 웬만하면 침범하지 않는 개인 공간이라는 개념이 있습니다.

자리에 앉아 메뉴판을 이리저리 살펴봅니다. 독일어를 몰라서 음식 메뉴는 뭐가 뭔지 하나도 모릅니다만 맥주 메뉴만큼은 쉽게 읽을 수 있습니다. 맥주를 공부

해서 좋은 점입니다. 마시고 싶은 맥주를 편하게 주문할 수 있습니다. 파스타

작명법만 알고 있으면 이탈리아어를 전혀 몰라도 먹고 싶은 파스타를 편하게 먹을 수 있고, 일본어 발음으로 스시 이름 몇 개 외우고 있으면 세계 어디서든 스시를 편하게 먹을 수 있습니다. 2010년경 미국의 스시 레스토랑에서의 일입니다. 5명이 자리에 앉아 메뉴판을 펼쳤는데 스시의 일본어 발음이 영어로 적혀 있었습니다. Hirame, Ebi, Suzuki 등등, 배는 고픈데 아무도 메뉴판을 읽을 수 없었습니다. 이때 제가 혜성처럼 등장하여 일행의 스시 주문을 다 해결해 주었습니다. 일본어를 거의 못 하지만, 스시의 일본어 이름을 외우고 있었기 때문입니다. 스시 뿐 아니라 맥주 주문도 다 해결해 주었습니다. 일행들이 주문하느라 고생했다며 제 음식 값을 면제해 주었습니다. 히라메는 광어, 에비는 새우, 스즈키는 농어입니다. 어딜 가든 원하는 것을 주문해 먹을 수 있어야 여행이 편합니다.

파스타 메뉴판 보는 법

파스타는 이탈리아의 대표 음식으로 알려져 있습니다만 이탈리아에서만 먹을 수 있는 음식은 아닙니다. 유럽의 어느 레스토랑이든 적어도 5종 이상의 파스타가 메뉴판에 올라와 있습니다. 주문을 하려고 메뉴판을 보면 현지어로 된 메뉴판을 읽을 수가 없습니다. 영어 메뉴판이 있어도 거의 암호 해독 수준입니다. 2011년 이탈리아에 갔을 때 파스타 메뉴판을 읽을 줄 몰라서 "Olive Oil & spagetti, please"라고 주문했더니 정말로 올리브 기름에 버무린 아무 것도 들어 있지 않은 스파게티 면을 먹어야 했던 경험이 있습니다. 그때 주먹을 불끈 쥐고 다짐하였습니다. 다음에 이탈리아에 오면 꼭 원하는 파스타를 시켜 먹겠다고.

파스타 이름은 '면 이름' + '소스 이름'으로 구성됩니다. 파스타 면은 생긴 모양에 따라 롱 파스타long pasta와 숏 파스타short pasta로 나눌 수 있습니다. 롱 파스타는 국수처럼 가늘고 긴 파스타입니다. 가장 대중적인 것이 스파게티Spaghetti입니다. 평양냉면 정도의 굵기를 가진 30cm 정도 길이의 면입니다. 아주 가늘어서 "천사의 머리카락"이라는 이름이 붙은 카펠리 디 안젤로Capelli di angello도 있습니다. 숏 파스타는 짧고 굵은 파스타입니다. 튜브 모양의 펜네Penne, 꽈배기 모양의 푸실리Fusilli가 우리에게 익숙한 숏 파스타입니다.

소스 이름은 재료의 이름일 수도 있고, 지역 이름일 수도 있습니다. 예를 들어 알레 봉골레alle Vongole 소스는 모시조개를 올리브유에 볶은 것이고, 알리오 올리오 에 페페론치노Aglio Olio e Peperoncino는 마늘Aglio, 기름

Olio, 고추Peperoncino를 섞어 만든 소스입니다. 면 이름과 소스 이름 사이에 들어가는 a, alle, al la 같은 단어는 전치사이므로 신경 쓰지 않아도 됩니다. 파스타 메뉴만이 이탈리아어로 되어 있다고 어렵게 생각할 필요 없습니다. 면 이름 몇 가지 알고, 전치사 뒤에 적힌 단어가 어떤 소스인지 알면 쉽게 주문할 수 있습니다. 스파게티 알라 까르보나라Spaghetti a la Carbonara 는 베이컨, 치즈, 달걀로 만든 까르보나라 크림 소스를 섞은 스파게티 파스타라는 뜻이고, 펜네 알 아라비아타Penne all' Arrabbiata는 매운 토마토 소스인 아라비아타 소스에 버무린 펜네 파스타라는 뜻입니다.

이탈리아 사람들은 딱딱하게 삶은 파스타 면을 좋아한다고 합니다. 이탈리아어로 알 덴테al dente라고 합니다. 씹는 느낌이 살아 있을 정도로 삶아달라는 뜻입니다. 덴테dente는 치아라는 뜻입니다. 그래서 치과의사를 덴티스트dentist라고 합니다.

어느 날 모 레스토랑 앞을 지나던 중 제가 좋아하는 맥주를 팔고 있길래 한 잔 하러 들어갔습니다. 여러 종류의 파스타를 팔고 있었는데 주인 겸 주방장은 이탈리아에서 유학하면서 파스타를 배워서 현지에서 맛보는 파스타와 똑같다고 자신 있게 말했습니다. 저녁을 먹은 직후였지만 파스타 하나를 추가로 주문하면서 "알 덴테로 삶아주세요"라고 말했습니다. 주인이 머리를 긁적이며 양해를 구했습니다. "저.. 면을 미리 삶아놔서..." 파스타는 취소하고 맥주만 한 잔 마시고 나왔습니다.

독일에서의 첫 맥주는 쉐퍼호퍼Schofferhofer

이곳에서는 쉐퍼호퍼Schofferhofer라는 프랑크푸르트 맥주를 팔고 있습니다. 우리나라에도 수입되어 마트에서 쉽게 살 수 있는 맥주입니다. 쉐퍼호퍼 맥주 중, 헬레스 헤페바이젠Helles Hefeweizen과 둥켈 헤페바이젠Dunkel Hefeweizen 2잔을 주문합니다. 헤페바이젠hefeweizen은 독일식 밀맥주입니다. 헤페Hefe는 독일어로 효모, 바이젠Weizen이 밀맥주입니다. 즉, 헤페바이젠이라고 하면 효모가 살아 있는 밀맥주라는 뜻입니다. 효모를 거르지 않아서 탁한 노란색입니다. 바이젠을 한 모금 마시면 바나나 향, 풍선껌 향을 느낄 수 있다고 흔히 표현합니다. 헤페바이젠 앞에 붙은 헬레스와 둔켈은 각각 '밝다', '어둡다'라는 뜻입니다. 헬레스는 영어 옐로우yellow와 같은 어원입니다. 보통 독일 맥주 스타일에서 헬레스라고 하면 바이에른, 특히 뮌헨식 라거 맥주를 의미합니다만, 헤페바이젠 앞에 헬레스라는 말이 붙으면 밝은 헤페바이젠, 즉 어두운 둥켈 헤페바이젠에 비해 밝은 헤페바이젠이라는 형용사로 이해하면 됩니다. 둥켈 헤페바이젠은 검은색 맥아를 섞어 만든 밀맥주로, 보리차와 같은 구수한 맛이 특징입니다.

바이젠 두 잔을 홀짝홀짝 마시고 있으니, 주문한 슈바인학세가 서빙됩니다. 슈바인schwein은 독일어로 돼지입니다. 학세haxe는 무릎 관절입니다. 영어식 메뉴판에는 포크 너클Pork Knuckle이라고 적혀져 있습니다. 우리나라 족발과 비슷하지만 해부학적으로 발굽이 포함되었는지 아닌지의 차이가 있습니다. 돼지의 무릎 아래 정강이 부위를 사용하는 것이 공통점이고, 족발은 슈바인학세와 달리 발굽이 포함된 요리입니다. 슈바인학세는 독일 남부 바이에른 지역의 전통 요리입니다. 돼지 정강이를 삶거나 찐 후 오븐에 한 번 더 구워 만들기 때문에 겉은 딱딱하고 속은 부드럽습니다. 독일 동북부 지역에도 비슷한 돼지 정강이 요리가 있습니다. 아이스바인Eisbein입니다. 삶거나 찌는 것은 슈바인학세와 같으나 굽지 않은 채 그대로 서빙됩니다. 한글로는 아이스바인Eisbein과 표기가 같은 아이스바인Eiswein은 아이스와인ice wine을 뜻하는 당도 높은 독일 와인입니다. 기왕 한글 표기법을 언급한 김에 덧붙이자면, 슈바인학세도 슈바인학'센'으로 잘못 알고 있는 사람들이 많습니다. 슈바인학'세'가 맞습니다. 일본 최북단 섬 북해도의 일본식 표기도 '홋'카이도가 아니라 '홋'카이도이고 칭'따'오가 아니라 칭'다'오가 맞습니다.

슈바인학세

독일 사람들은 중국 사람들처럼 소고기보다 돼지고기를 많이 먹습니다. 독일 지역은 소, 양, 염소를 키우기 위한 목초지가 충분하지 않았던 반면, 참나무 숲이 울창하여 참나무 열매인 도토리가 충분했기 때문에 돼지고기를 다른 고기보다 쉽게 구할 수 있었습니다. 단, 먹을 것이 귀했던 시절이었기에 돼지를 도축하고 나서 가죽을 제외한 거의 모든 부위를 버리지 않고 먹었습니다. 남는 고기는 장기 보존을 위해 갈아서 훈제를 했고, 내장은 간 고기를 싸는 껍질로 활용했습니다. 독일에서 지역마다 소시지가 발달한 이유입니다. 안심, 등심 같은 좋은 부위는 귀족들이 먹었을 것이고, 서민들은 그들이 먹지 않는 돼지 무릎 아래쪽 부위를 요리해서 먹었을 것입니다. 돼지 무릎 아래쪽 요리로는 독일의 슈바인학세, 우리나라의 족발 이외에도 체코의 꼴레뇨Koleno, 일본 오키나와의 데비치(てびち) 요리가 유명합니다.

꼴레뇨   족발

돼지고기를 먹지 않는 민족

이슬람과 유대인은 그들의 율법 때문에 돼지고기를 먹지 않습니다. 구약 성경에 다음과 같은 구절이 나옵니다.

땅 위에 사는 모든 짐승 가운데 너희가 먹을 수 있는 동물은 이런 것들이다. 짐승 가운데 굽이 갈라지고 그 틈이 벌어져 있으며 새김질하는 것은 모두 너희가 먹을 수 있다.(레위기 11장 3절)

돼지는 굽이 갈라지고 그 틈이 벌어져 있지만 새김질을 하지 않으므로 너희에게 부정한 동물이다.(레위기 11장 7절)

유럽의 기독교인이 성경 구절과 상관없이 돼지고기를 먹어 온 것과 달리, 유대인과 이슬람은 성경 구절을 철저히 지키며 살아 왔습니다. 유럽의 기독교인은 돼지를 키울 수 있는 환경에서 살았기 때문에 돼지고기를 먹어 왔던 것이고, 유대인과 이슬람이 살았던 지역은 돼지를 키우기 어려운 중동 지역이었기 때문에 성경 말씀대로 살았던 것입니다.

되새김질을 하는 소, 양, 염소는 풀만 먹어도 살 수 있습니다. 되새김질을 통해 풀의 셀룰로오스를 포도당으로 분해할 수 있기 때문입니다. 하지만 되새김질을 하지 않는 돼지는 셀룰로오스를 분해할 수 없기 때문에 곡식을 먹어야 합니다. 중동의 유목민들에게 곡식을 먹여야 하는 돼지는 키우기 쉽지 않은 동물이었습니다. 그래서 유대인과 이슬람은 돼지고기를 먹지 말라는 성경 구절을 철저히 지키며 살았던 것입니다.

유럽의 기독교인이 유대인을 싫어했던 이유 중 하나는 유대인이 그들이 먹는 돼지고기를 신성 모독 식품이라고 생각했기 때문일 수도 있습니다.

프랑크푸르트는 독일의 수도가 아니다

　두 잔만 마시고 싶었으나, 크리스탈바이젠Kristallweizen을 한 잔 더 주문합니다. 수정처럼 맑은 바이젠이라는 뜻입니다. 탁한 헤페바이젠을 여과하여 효모와 부산물을 깨끗하게 걸러내 맑고 투명하게 만든 맥주입니다. 바이젠의 향은 살아 있으면서 라거처럼 깔끔한 느낌을 원할 때 어울리는 맥주 스타일입니다. 독일 첫날 저녁 식사로 바이젠 삼총사(헤페바이젠, 크리스탈바이젠, 둥켈바이젠)를 마시고 나니 숙제를 다 한 기분이 듭니다. 한국에서 마시던 바이젠과 같은 맛, 같은 품질임이 틀림없지만, 독일에서 마시는 바이젠은 호치민에서 먹는 베트남 쌀국수, 삿포로에서 마시는 삿포로 맥주처럼 훨씬 훌륭한 느낌으로 다가옵니다.

　맥주를 마시고 나온 시각이 밤 9시 30분 무렵인데도 6월 초의 프랑크푸르트는 아직 어둡지 않습니다. 위도가 높아서(북위 50도) 해가 늦게 지기 때문입니다. 여름의 북반구는 자전축이 태양 쪽으로 기울어져 있기 때문에 북쪽으로 갈수록 해가 떠 있는 시간이 길어집니다. 지구의 자전축은 공전 궤도와 23.5도 기울어져 있기 때문에 북위 66.5도부터는 24시간 해가 지지 않는 백야 현상을 볼 수 있습니다. 숙소로 귀가하는 중, 길 건너 높은 빌딩이 보입니다. 유럽중앙은행(유로타워)입니다. 건물 앞은 파란색의 유로(€) 마크에 노란색 별 12개가 붙어 있는 엠블럼이 있습니다. 유로 엠블럼을 보게 되면 부자가 된다는 믿을 수 없는 전설 때문에 관광객 누구나 멈추어 사진을 찍는 곳입니다. 멀리서 보고 그냥 지나치려다 뭔가 빼먹은 느낌이 들어 앞에 다가가 인증샷을 찍고 이동합니다. 유럽연합(EU) 깃발은 파란 바탕에 노란색 별 12개가 원형으로 박혀 있는 디자인입니다. 12라는 숫자의 의미는 회원국이 12개라는 의미가 아니라, 1년은 12달, 예수님 제자는 12명, 하늘의 황도 별자리 12궁에서처럼 완벽함을 상징한다고 합니다.

　많이 늦은 시간이 아닌데도 도심에는 사람들이 많지 않습니다. 독일의 수도인데도 프랑크푸르트 중심가에는 사람이 없다고 생각하였는데, 갑자기 '프랑크푸르트가 독일의 수도가 맞나?'라는 생각이 들었습니다. 알고 보니, 프랑크푸르트는 독일의 수도가 아니었습니다. 독일의 수도는 베를린입니다. 지금까지 독일의 수도를 프랑크푸르트로 알고 살았는데도 아무 불편함이 없었습니다. 인구 순서로 볼 때 프랑크푸르트는 70만 정도가 살고 있는 독일 5번째 도시입니다. 보통 국적기(대한항공, 아시아나)가 취항하는 도시를 그 나라의 수도로 알고 있는 경우가 많습니다. 독일의 수도는 베를린이지만 국적기는 우리를 프랑크푸르트 공항에 떨어뜨리기 때문에 의외로 프랑크푸르트를 독일의 수도로 착각하는 사람들이 많습니다. 같은 이유로 터키의 수도를 이스탄불로 착각하기도 합니다. 터키의 수도는 '앙카라'입니다.

헷갈리기 쉬운 나라의 수도

오스트레일리아 수도   : 캔버라(시드니 아님)

터키 수도   : 앙카라(이스탄불 아님)

스위스 수도   : 베른(취리히 아님)

캐나다 수도   : 오타와(토론토 아님)

브라질 수도   : 브라질리아(상파울로 아님)

숙소로 돌아와 다음날부터의 일정을 정리해 봅니다. 일단 내일 아침 예약한 렌터카를 수령한 후 운전을 시작할 예정이고, 앞으로 8일 동안 총 12개 도시로의 맥주 여행을 계획 중입니다.

대단히 비효율적인 여행 루트지만 한 번은 꼭 해 보고 싶었던 독일 맥주 여행이기 때문에 즐거운 마음으로 잠자리에 듭니다.

프랑크푸르트의 프랑크 소시지

독일은 맥주와 소시지의 나라입니다. 맥주 종류만큼 많은 소시지 종류가 있고, 마을마다 독특한 레시피로 소시지를 만들어 왔습니다. 독일 소시지 중 세계적으로 널리 알려진 이름의 소시지가 있습니다. 프랑크 소시지입니다. 정확한 명칭은 Frankfurter Wurstchen입니다. 독일어에서 도시나 마을 뒤에 붙는 'er'은 그 도시(마을)에서 만든 물건이나 음식을 의미하고 Wurst(chen)은 소시지이므로, Frankfurter Wurstchen은 프랑크푸르트에서 만든 소시지라는 뜻입니다. 우리나라 마트에서 파는 프랑크 소시지와 프랑크푸르트에서 먹는 Frankfurter Wurstchen은 비슷한 맛, 비슷한 생김새입니다만, 독일에서 먹는 Frankfurter Wurstchen은 다음과 같은 특징이 있습니다.

1. 돼지고기 100%로 만든다.
2. 양의 창자로 소시지 껍질을 만든다.
3. 뜨거운 물에 8분 정도 살짝 데쳐 먹는다.

하나 더 추가된 내용은, 1929년 이후부터는 프랑크푸르트 지역에서 생산된 소시지만을 Frankfurter Wurstchen이라고 부를 수 있다고 합니다. 이런 규정처럼 다른 지역에서 만든 상품이나 음식엔 그 지역 명칭을 못 쓰도록 법으로 정해 놓은 것을 '원산지 통제 명칭'이라고 합니다. 흔히 알려진 원산지 통제 명칭은 프랑스 와인의 AOC(Appellation d'origine

Controlee)입니다. 보르도에서 만든 와인만 보르도 와인이라고 명칭을 붙일 수 있습니다. 독일 맥주 중에도 원산지 통제 명칭이 붙는 스타일이 있습니다. 쾰른Koln 지역에서 생산되는 쾰쉬Kolch 맥주와 베를린Berlin에서 생산되는 베를리너 바이세Berliner Weisse입니다.

독일에서는 원산지 통제 명칭의 보호를 받는 Frankfurter Wurstchen 이지만, 독일 밖에서는 전혀 법의 보호를 받지 못합니다. 우리나라 마트에서 파는 수십 종의 프랑크 소시지가 프랑크푸르트에 로열티를 내고 이름을 사용하진 않을 테지만, 그렇다고 불법으로 명칭을 도용하는 것도 아니라는 뜻입니다. 적어도 우리나라에서는 긴 소시지는 프랑크 소시지, 통통한 한입거리 소시지는 비엔나 소시지라고 알아 두면 아무런 문제가 없습니다. 우리나라의 프랑크 소시지는 Frankfurter Wurstchen과 똑같은 소시지가 아닙니다만, 프랑크 소시지건 Frankfurter Wurstchen 건 한 잔의 맥주와 환상 궁합이라는 점은 누구나 인정하는 공통점입니다.

소시지는 건강에 안 좋은 음식이라는 인식이 있습니다. 햄, 소시지, 베이컨 등의 육가공품은 WHO 산하 기관 중 하나인 국제암연구소(IARC)에서 1군 발암요인으로 분류한 음식입니다. 1군 발암요인이란, 사람에게 암을 일으키는 것이 확인된 물질, 혹은 음식입니다. IARC에 따르면 가공육을 매일 50g 먹을 경우, 암에 걸릴 가능성이 18% 높아진다고 합니다. 그렇다면 소시지를 즐겨 먹는 독일 사람들은 다른 나라 사람들보다 암에 걸릴 확률이 높아야 하는데 독일 사람들 아주 건강하게 잘 살고 있습니다.

육가공품이 1군 발암요인이라고 분류된 이유는 육가공품을 먹음직스럽게 유지시키는 아질산염(NO_2)이라는 첨가물 때문입니다. 육류, 특히 붉은색 고기는 시간이 지나면 '갈변'이라는 과정을 겪습니다. 고기 색깔이 갈색으로 변하는 과정입니다. 먹는 사람 입장에서 봤을 땐 그리 먹음직스러운 색이 아닙니다. 육가공품의 색깔이 갈색으로 변하는 것을 방지하기 위해, 또한 장기 보존 및 보툴리눔 세균 감염 예방 목적으로 소시지를 만들 때 아질산염을 사용합니다.

소시지에 첨가된 아질산염은 우리 몸에서 니트로소아민Nitrosoamine이라는 발암물질로 변할 수 있습니다. 그래서 소시지가 발암 식품이고, 많이 먹으면 건강에 좋지 않다고 주장하는 사람들이 있습니다. 정말 맞는 주장일까요?

우선, 어떤 음식이든지 많이 먹으면 건강에 좋지 않습니다. 한국인의 보약이라는 밥도 많이 먹으면 건강에 좋지 않고, 김치도 많이 먹으면 건강에 좋지 않습니다. 소시지도 마찬가지로 많이 먹으면 건강에 좋지 않습니다. 첨가된 아질산염을 걱정해야 할 정도로 소시지를 먹어야 한다면 지금보다 10배 이상 더 먹어야 하는데 인간의 위장을 가지고 있다면 절대 불가능합니다. 매일 프랑크 소시지 20개씩 먹는 사람은 아무도 없습니다. 만일 매일 소시지 20개씩 먹는다면 아질산염에 의한 문제가 생기기 전에 살이 쪄서 건강을 잃을 겁니다.

아질산염이 많이 들어 있는 식재료는 채소입니다. 특히 무, 시금치에 많이 들어 있습니다. 우리나라 사람들이 아질산염을 가장 많이 섭취하는 경로는 채소입니다만, 누구도 깍두기나 시금치를 먹으면서 아질산염에 의한 피해를 걱정하진 않습니다. 하루에 깍두기 1킬로를 먹거나 시금치 한 단을 먹어치우는 사람은 없기 때문입니다. 설사 그 정도 양을 하루에 먹는다고 해도 아무 문제가 없을 겁니다. IARC에서 발표한 1군 발암요인 목록 중에 햇빛이 있습니다. 아시다시피 피부암과 관련이 있습니다만, 누구도 햇빛이 발암요인이라는 이유로 외출을 꺼려하진 않습니다. 마찬가지 이유로, 소시지가 1군 발암요인이라고 하더라도 절대 먹지 말아야 할 음식은 아닙니다. 독일 맥주 한 잔과 소시지 한 입의 즐거움을 포기할 이유도 없습니다.

뮌헨과 맥주순수령

　세상의 모든 지역에서는 그곳에서 흔히 자라는 과일이나 곡식으로 술을 만들어 마셨습니다. 포도가 자라는 지금의 프랑스, 이탈리아, 스페인 지역에서는 포도로 만든 술, 와인을 마셔 왔고, 포도 농사가 어려웠던 신성 로마제국(독일, 벨기에, 네덜란드)과 영국, 아일랜드, 그리고 체코 지역에서는 보리로 맥주를 만들어 마셨습니다. 유럽인에게 밀은 주식인 빵을 만드는 재료였습니다. 밀가루를 물에 섞어서 반죽을 하면 밀의 성분 중 글루텐이라는 물질이 반죽을 쫄깃하게 만들 수 있었기 때문에 맛있는 빵을 만들어 먹을 수 있었습니다. 반면, 보리는 글루텐이라는 물질이 별로 없었기 때문에 빵을 만들기 쉽지 않았습니다. 그래서 그들은 보리를 가지고 맥주를 만들어 마셨습니다.

　16세기 무렵 유럽의 밀 생산량은 빵을 만들기에도 충분하지 않았습니다만, 밀을 사용하여 만든 밀맥주는 독특한 맛이 있었습니다. 16세기 어느 날 신성로마제국의 일부였던 바이에른 공국의 빌헬름 4세가 새로운 법령을 공포하였습니다. 빵 만들 밀도 부족하여 백성들이 충분히 먹지도 못하니 밀로 맥주를 만들지 못하게 하는 취지였다고 합니다. 이 법령이 1516년 4월 23일 바이에른 공국의 공작 빌헬름 4세가 공표한 맥주순수령입니다. 맥주순수령의 가장 중요한 내용은 "지금부터 맥주는 보리, 홉, 물만 가지고 만들어야 한다. 이를 어기면 엄벌에 처한다"입니다. 일종의 인류 최초의 식품 위생법입니다.

　빵의 재료인 밀을 확보하여 백성이 굶지 않게 하자는 명분이었지만,

빌헬름 4세 가문만큼은 예외적으로 밀맥주 제조 및 유통을 할 수 있게 되었습니다. 일종의 밀맥주 전매권을 얻은 셈입니다. 바이에른Bayern, 영어로 Bavaria 지역은 우리나라로 치자면 경상도쯤 되는 위치입니다. 바이에른 공국의 주도(主都)가 뮌헨입니다. 맥주순수령으로 인해 뮌헨을 포함한 바이에른에서 생산되는 맥주는 벨기에 맥주처럼 다양하고 화려하진 않지만 통일된 맛과 묵직하면서도 정확한 품질을 유지할 수 있었습니다. 또한 바이에른 공국의 귀족 가문이 독점하였던 밀맥주가 명맥이 계속 유지되어 뮌헨은 밀맥주의 중심이 되었습니다.

18, 19세기로 세월이 흐르면서 신성로마제국에서 가장 강대국이자 신성로마제국의 황제를 이어갔던 가문이었던 합스부르크 왕가의 힘이 약해집니다. 한편, 우리나라로 치면 함경도쯤 되는 곳에 위치한 프로이센(영어로 프러시아)이라는 나라의 힘이 강대해집니다. 결국 수백 개의 작은 나라로 이루어져 있던 지금의 독일 지역은 프로이센에 의해 1871년 독일 연방(도이칠란드)으로 통일됩니다. 이때 바이에른 지역도 독일로 합병되는데 독일 연방은 바이에른의 맥주순수령을 독일 연방 전체의 법으로 적용시켜버립니다.

21세기에도 독일 맥주는 맥주순수령이라는 기본 원칙을 거의 지킵니다. 당시에 금지하였던 밀맥아를 사용해도 맥주순수령에 어긋나지 않는다는 점, 1856년 파스퇴르에 의해 효모의 역할이 발견되어 물, 보리, 홉 이외에 효모가 맥주순수령의 4가지 재료 항목에 추가된 점을 제외하고는 1516년 빌헬름 4세가 공포한 맥주순수령 원본과 큰 차이가 없습니다. 맥주순수령 때문에 벨기에 등 다른 나라에서 판매되는 부재료가 들어간 맥주가 독일에서는 맥주로 팔 수 없는 아이러니가 있어서 결국 국제 재판소의 판결에 의해 독일 맥주순수령은 더 이상 법으로 남아 있는 강제 조항은 아닙니다. 다만 대부분의 독일 양조장에서는 아직도 맥주순수령을 지키려 노력합니다. 맥주순수령 덕분에 독일 맥주는 품질에 일관성이 있고 맛있습니다.

쾰른에서
쾰쉬를 맛보다
#2

독일에서의 첫 운전

　독일에서의 첫 밤이 지났습니다. 유럽 여행을 다녀 보면 항상 둘째 날 아침은 시차 덕분에 6시 전에 눈을 뜨게 됩니다. 유럽의 아침 6시는 한국 시각 오후 1시 혹은 2시라서 자연스럽게 일찍 일어나게 됩니다. 호텔 조식은 여행의 작은 즐거움입니다. 유럽의 다른 나라와 다른 점이 2가지 있습니다. 커피 인심이 후해서 커피 주전자를 통째로 테이블에 올려 준다는 것과 소시지의 나라답게 소시지 종류가 많다는 것입니다. 소시지만 종류별로 하나씩 먹었을 뿐인데 배가 불러 옵니다.

　유럽에서 처음으로 렌터카를 빌려 운전을 시작합니다. 유럽, 미국에서 차를 빌려 본 적이 한 번도 없어서 렌터카rent-a-car가 맞는 용어인 줄 몰랐습니다. 렌트카rentcar, 핸드폰handphone 모두 콩글리쉬Konglish입니다. 아자 아자 파이팅fighting~! 참고로, 외국인은 신용카드가 있어야 렌터카를 빌릴 수 있습니다. 과속, 주차 위반을 신나게 하고 나서 본국으로 날라 버리면 청구할 방법이 없기 때문에 호텔 체크인할 때처럼 신용카드로 미리 디파짓deposit해 놓는 것입니다. 처음 운전이지만 크게 어려운 점은 없습니다. 이곳의 국산차인 BMW, 벤츠가 너무 자주 눈에 띄는 게 흥미롭습니다. 택시도 독일 국산차 벤츠 E클래스입니다.

퀼른 대성당으로 유명한 퀼른Koln 표지판을 따라 세계에서 가장 유명한 고속도로 아우토반에 진입합니다. 말로만 듣던 아우토반을 운전하는 첫 느낌은 '편안하다'입니다. 1차선은 추월 차선이라는 인식이 확실하여 1차선 뒤에서 차가 접근하면 앞차는 우측 깜빡이를 켜고 2차선으로 비켜 줍니다. 2차선에서도 구간에 따라 200km/hr로 달려도 편안합니다. 저속 차량은 하위 차선으로 달린다는 원칙을 지키기 때문에 운전도 편하고 차량 흐름도 아주 자연스럽습니다. 아우토반은 속도 무제한이므로 차들이 꼬리에 불붙은 경주마처럼 질주할 거라는 선입견은 틀린 생각이었습니다. 약 2시간을 편하게 운전하고 나니 라인 강이 보이고 퀼른의 랜드 마크 퀼른 대성당이 강 건너에 보이기 시작합니다.

~~~~~~

독일 도시 인구(총 인구 8천만 명)

1. 베를린Berlin   : 3,500,000명
2. 함부르크Hamburg   : 1,780,000명
3. 뮌헨Munchen   : 1,450,000명
4. 퀼른Koln   : 1,060,000명
5. 프랑크푸르트Frankfurt :   730,000명

~~~~~~

로마제국의 식민 도시

쾰른은 1,000,000명 조금 넘는 인구가 살고 있는 독일에서 4번째로 큰 도시입니다. 대한민국으로 치면 광역시 승격 기준이 되는 도시입니다. 울산광역시 인구가 약 1,160,000명, 경기도 고양시 인구가 약 1,000,000명입니다. 독일 전체 인구는 약 8천만 명으로 대한민국보다 훨씬 많습니다만, 인구 백만 명을 넘는 도시는 4개 밖에 되지 않습니다. 도시마다 인구가 고르게 분포되어 있고 각각의 특색이 강한 이유는 신성로마제국의 역사적 배경과 관련이 깊습니다. 지금의 독일 지역은 명목상으로는 신성로마제국이라는 나라였지만 실질적으로는 수백 개의 작은 공국, 왕국으로 갈라져 있었던 곳이기 때문입니다.

라인 강이 관통하는 도시 쾰른은 서기 1세기 무렵 로마제국이 군사 기지로 활용했던 식민 도시였습니다. 그만큼 쾰른은 교통, 군사, 경제의 요충지로 적합한 도시였습니다. 쾰른Koln이라는 이름도 로마제국 시절 이곳의 이름이었던 콜로니아 아그리피넨시스Colonia Agrippinensis라는 이름에서 기원한 것입니다. 콜로니아colonia는 식민지colony라는 뜻으로, 콜로니아 아그리피넨시스는 '아그리피나의 식민지'라는 뜻입니다.

이 도시 이름에 출연하는 아그리피나Agrippina는 네로 황제의 어머니입니다. 중학교 미술 시간에 누구나 한번쯤 그려 본 적이 있는 아그리파 Agrippa 장군의 손녀이기도 합니다. 기원 전 27년 로마 초대 황제가 된 아우구스투스의 오른팔이 세계에서 가장 많이 그린 초상화의 주인공 아그리파 장군입니다. 아그리파의 손녀 아그리피나는 권력욕이 강한 여인이었습니다. 황후의 자리에 올랐으면서도 남편인 클라우디우스 황제를 죽이고 아들을 황제로 만들었지만 결국 아들(네로 황제)에 의해 죽임을 당합니다.

　독일에 머무르는 대부분의 한국 관광객은 쾰른을 과감히 생략합니다. 어쩌다 쾰른을 방문해도 이곳의 랜드 마크인 쾰른 대성당만 잠시 보고 숙제를 마친 기분으로 다른 도시로 이동할 뿐입니다. 아마 쾰른 대성당 하나만 보기 위해 이 도시를 방문하는 것이 비효율적이라 생각해서인가 봅니다. 하지만 맥덕들에게 쾰른은 쾰른 대성당 뿐 아니라 쾰쉬Kolsch라는 맥주 스타일을 경험하기 위해 일부러 방문해야 하는 도시입니다. 맥덕은 '맥주 덕후'의 약자이고, 덕후는 일본어 오타쿠(オタク)에서 비롯된 단어입니다. 어떤 취미나 물건에 전문가 이상의 열정을 가지고 시간과 돈을 투자하는 사람을 뜻합니다. 긍정적인 의미와 동시에 부정적인 의미를 가지고 있는 말입니다.

쾰쉬Kolsch VS 쾰쉬 스타일

쾰쉬는 쾰른에서 만든 맥주입니다. 1985년 제정한 쾰쉬 협약Kolsch Konvention이라는 규정에 의해 쾰른과 쾰른 주위의 허가 받은 곳의 양조장에서 만들어야 쾰쉬Kolsch라는 명칭을 라벨에 붙여 사용할 수 있습니다. 독일 맥주 종류 중에서 베를린 특산품인 베를리너 바이세Berliner Weisse와 함께 원산지 통제 명칭(AOC, Appellation d'origine Controlee)의 적용을 받는 맥주입니다. 적어도 유럽연합(EU) 내에서는 그렇게 지켜야 합니다. 독일 다른 지역에도 쾰쉬를 만드는 양조장이 10여 곳 더 있지만 그들은 쾰쉬라는 이름 대신 '쾰쉬-스타일Kolsch-style'이라는 라벨을 붙여서 판매합니다.

한 가지 재미있는 사실은 일본의 지역 맥주(지비루 地ビール) 회사에서 쾰쉬를 종종 만든다는 점입니다. 케루슈 스타이루(쾰쉬-스타일)이라고 병에 표기해야 할 것 같은데 일본어로 케루슈(ケルシュ)라고만 표기되어 있습니다. 알파벳으로 Kolsch라고 표기하지 않아서 괜찮은 것인지 그들이 "우리가 만든 맥주는 Kolsch가 아니라 케루슈다"라고 주장하는 것인지 잘 모르겠습니다만, 일본에 가서 지역 맥주를 고를 때 케루슈(ケルシュ)라고 표기되어 있다면 쾰쉬와 같은 방식으로 만든 맥주라고 생각하면 됩니다.

쾰쉬 맥주는 상면발효 맥주입니다. 에일ale 효모를 사용하여 발효시키지만 라거Lager처럼 10도 전후의 차가운 온도에서 장기 숙성을 하여 출시되기 때문에 에일 맥주를 마실 때 느껴지는 과일향도 은근히 올라오면서 라거의 특징인 깔끔함이 훨씬 돋보이는 맥주입니다. 만일 쾰쉬를 모르는 사람에게 이 맥주를 한 잔 권하면서 라거인지 에일인지 맞춰 보라고 한다면 10명 중 8명은 라거라고 말할 것입니다. 색깔도 필스너보다 밝은 황금색이라 라거로 오해하기 딱 좋은 스타일입니다.

이 맥주는 라거, 특히 필스너가 대세인 독일 맥주 시장에서 점유율이 높진 않습니다. 다른 도시의 레스토랑에 방문하여 쾰쉬를 달라고 하면 웨이터가 '넌 왜 하고 많은 맥주 중에서 하필 그걸 찾니?'라는 표정을 지을 수도 있습니다. 하지만 적어도 쾰른에서만큼은 라거와 당당히 경쟁할 수 있는 맥주 스타일입니다. 쾰른에서 쾰쉬를 마시지 않는 것은 쾰른 대성당을 보지 않고 쾰른 관광을 마치는 것만큼이나 아쉬운 일입니다.

우리나라에 수입되는 대표적인 쾰쉬 브랜드 2가지는 가펠 쾰쉬Goffel Kolsch와 프뤼 쾰쉬Fruh Kolsch입니다. 둘 다 쾰른 대성당 근처에 레스토랑이 있기 때문에 쾰른 대성당을 관람하고 나서 쉬면서 목을 축이기 딱 좋은 위치입니다. 단, 대성당을 관람하기 전 쾰쉬를 먼저 마시면 절대 안 됩니다. 홀짝홀짝 마시다 보면 기분이 좋아져서 관광을 포기하는 불상사가 발생할 가능성이 높기 때문입니다. 반드시 성당 관람 후 쾰쉬를 마셔야 합니다.

라거와 에일

적어도 19세기 중반까지는 술은 저절로 만들어지는 것으로 생각하였습니다. 더운 날씨에 술을 만들면 쉽게 상해버린다는 것, 맥주를 만들고 나서 통에 남아 있는 하얀 부유물을 다음 맥주를 만들 때 사용하면 좋다는 것을 알고 있었을 뿐입니다. 1856년 프랑스 과학자 파스퇴르에 의해 술은 저절로 만들어지는 것이 아니라 효모라는 미생물이 있어야 한다는 사실이 밝혀졌고, 1883년 덴마크의 칼스버그 연구소에서 효모를 최초로 배양하였습니다. 효모를 배양할 수 있다는 뜻은 맥주의 품질을 인간이 조절할 수 있게 되었다는 의미입니다. 칼스버그 연구소에서는 배양한 효모를 영업 비밀로 간직하지 않고 다른 양조장과 맥주 회사에 무상으로 제공하였습니다. 그 결과 맥주 산업은 맥주의 품질 향상과 더불어 빠른 속도로 발전하게 됩니다.

효모를 배양하여 원하는 품질의 맥주를 만들다 보니 맥주를 만들고 나서 통에 남아있는 하얀 것이 효모라는 것을 알게 되었고, 효모는 2가지 종류로 구분할 수 있다는 것을 알게 되었습니다. 어떤 효모는 차가운 온도(10도 전 후)를 좋아하고 맥주통의 아래쪽에 가라앉아 활동하는 것을 좋아합니다. 하면발효 효모bottom-fermented yeast입니다. 하면발효 효모를 라거Lager 효모라고 하고, 라거 효모로 만든 맥주를 라거 맥주라고 부릅니다. 반면, 다른 종류의 효모는 상온(20도 전 후)에서 활동하는 것을 좋아하고 맥주통 위에 둥둥 떠서 활동합니다. 위에 떠서 활동하기 때문에 상면발효 효모top-fermented yeast 혹은 에일 효모ale yeast라고 하고, 이 효모로 만든 맥주를 에일Ale 맥주라고 부릅니다.

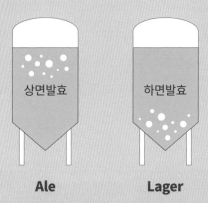

Ale　　　　**Lager**

　　에일 맥주는 향이 좋습니다. 반면 빨리 발효되기 때문에 탄산이 적고 청량감이 떨어집니다. 영국의 페일 에일Pale Ale, 스타우트Stout, 독일과 벨기에의 밀맥주(물론 그들은 자기네 밀맥주를 에일이라고 절대 부르지 않겠지만), 미국의 IPA(Indian Pale Ale)가 에일 맥주에 속하는 스타일입니다. 라거 맥주는 반대입니다. 차가운 온도에서 천천히 발효하기 때문에 탄산이 많고 깔끔합니다. 향보다는 청량감이 우선입니다. 우리나라 사람들에게 익숙한 하이네켄, 버드와이저 같은 대기업 맥주들이 라거 맥주이고, 일본의 아사히 슈퍼드라이, 기린 이치방시보리도 라거 맥주입니다. 라거 맥주를 상상하면 운동 후 샤워를 막 마친 후, 냉장고를 열고 한 캔을 뚝 따서 꿀꺽꿀꺽 마시는 장면을 연상하게 됩니다. 저만 그렇게 느끼는 것은 아닐 것입니다. 반면, 에일 맥주를 떠올리면 샤워 후 마시는 느낌보다는 레스토랑에서 맛있는 음식을 한 입 먹고 나서 천천히 들이키는 한 모금이 연상됩니다. 너무 차갑지 않은 온도의 에일 한 모금에서는 꽃 향, 과일 향, 혹은 소나무 향 등 에일 특유의 향이 배어나옵니다.

21세기는 양조 기술이 발달하여 에일 맥주임에도 깔끔·청량한 스타일도 있고, 라거 맥주임에도 향이 좋은 스타일도 있습니다. 그래서 맥주 한 병을 마실 때 라거냐 에일이냐를 구분하고 마시는 것이 그다지 중요하지 않게 되었습니다만, 마트에 맥주를 사러 갔을 때 안내판에 '라거', '에일' 이라고 붙어 있기 때문에 라거와 에일의 차이를 대충 알아야 맥주를 골라 마실 수 있습니다.

쾰른 대성당은 쾰른의 자존심

쾰른 대성당 근처 큰 길에 마침 빈자리가 있어 차를 댑니다. 나중에 알고 보니, 빈자리는 맞는데 5미터 옆에 있는 주차 계산기에 동전으로 요금을 미리 계산하고 영수증을 차 유리에 꽂아놓아야 하는 시스템입니다. 귀국 후 25유로 벌금이 카드에서 빠져나가고 메일로 벌금 안내장이 날라옵니다. 3만원짜리 비싼 주차를 한 셈입니다.

쾰른 대성당은 첨탑의 높이가 157m로 세계에서 3번째로 높은 고딕양식의 성당입니다. 쾰른에서 가장 높은 건물이고 주위 건물과 달리 검정색에 가까운 회색이기 때문에 라인 강변에 우뚝 솟은 쾰른 대성당을 보면 그 존재 자체로 도시의 선과 악을 판단하는 옥황상제 같은 느낌입니다. 내부는 외부보다 더 웅장합니다. 좁고 긴 복도와 스테인드글라스를 통해 새어 나오는 햇빛은 42m의 높은 돔 모양의 천정을 더 높아 보이게 합니다. 1248년부터 짓기 시작하여 1880년 완공될 때까지 약 600년에 걸쳐 완성한 성당으로, 그 문화적 가치를 인정받아 1996년 유네스코 세계문화유산에 등재되었습니다. 쾰른에서 가장 높은 건물로 남게 된 이유는 다음과 같습니다.

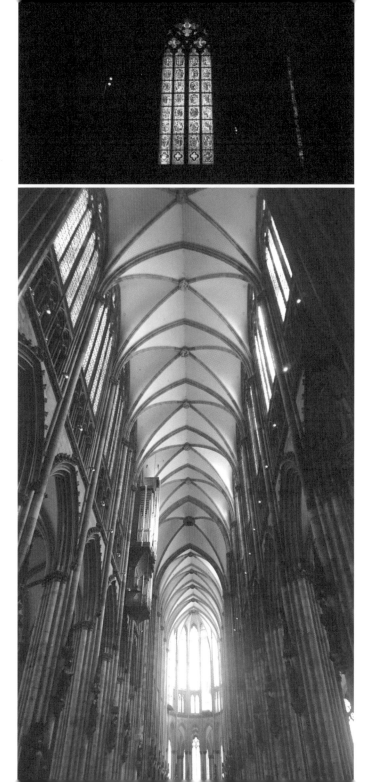

어느 날 성당 앞 라인 강변에 고층 건물이 들어설 계획이 발표됩니다. 유네스코 위원회에서는 라인 강변의 수호신 같은 쾰른 대성당이 고층 건물로 인해 문화유산으로서 가치가 떨어질 것으로 판단하여 위험 리스트에 올리게 됩니다. 쾰른 시에서는 쾰른의 자존심인 대성당을 문화유산으로 지키기 위해 건물을 축소하여 짓는 것으로 건축 계획을 수정합니다. 그래서 쾰른 대성당은 쾰른에서 가장 높은 건물이자 유네스코 세계문화유산으로 계속 남아 있습니다.

쾰른 대성당은 가톨릭 성당입니다. 독일은 가톨릭과 개신교가 공존하는 나라입니다. 가톨릭 32%, 개신교 31%로 비슷한 분포입니다. 16세기 무렵부터 시작된 종교 개혁 운동의 영향으로 북부, 동부 독일은 개신교가 많고 남부, 서부 독일은 가톨릭이 많습니다.

여행 중 마주치는 건축물 중 가장 흔한 것은 종교 건축물입니다. 불교 문화권에서는 사찰을 볼 수 있고, 이슬람 문화권에서는 모스크, 기독교 문화권에서는 성당 건축물을 볼 수 있습니다. 유럽을 방문하는 관광객들이 성당을 볼 때 흔히 하는 질문이 있습니다.

"저게 교회예요? 성당이에요?"

굳이 궁금하시다면 정문 근처의 표지판을 한번 보시면 됩니다. 교회 church라는 단어 앞 글자에 다음과 같이 구별되어 있습니다.

1. 가톨릭 교회 : Catholic church
2. 동방정교 교회 : Orthodox church
3. 성공회 교회 : Anglican church
4. 침례교 교회 : Baptist church

그러나 국내 여행 중 사찰에 잠시 들렀을 때 절의 종파가 조계종인지, 천태종인지 구별하지 않는 것처럼 유럽 여행 중 방문한 성당 건축물을 볼 때 가톨릭인지 개신교인지 혹은 성공회인지를 굳이 알려고 애쓸 필요는 없습니다. 역사적으로 가톨릭이었던 도시라면 가톨릭 성당일 가능성이 높고, 신교가 우세했던 곳이라면 개신교 교회일 가능성이 높다고 생각하고 편하게 관람하면 충분합니다. 종교 건축물의 용도가 변경되는 경우도 있습니다. 영국의 경우, 헨리 8세-메리 여왕-엘리자베스 1세 시절 종교 탄압을 겪으면서 성공회, 가톨릭, 개신교로 여러 번 바뀐 교회도 제법 있습니다. 이스탄불의 아야소피아(성 소피아 대성당)는 동로마제국 시절 동방정교 교회 용도로 사용되다가 오스만투르크가 동로마를 멸망시킨 이후 이슬람 사원(모스크)으로 바뀝니다. 현재는 박물관으로 사용되고 있습니다.

대한민국 세계문화유산 - 11

해인사 장경판전 1995

종묘 1995

석굴암과 불국사 1995

창덕궁 1997

수원 화성 1997

경주역사유적지구 2000

고창, 화순, 강화 고인돌 2000

조선 왕릉 2009

하회, 양동 마을 2010

남한산성 2014

백제역사유적지구 2015

대한민국 세계자연유산 - 1

제주 화산섬과 용암 동굴

가펠 암 돔Goffel am Dom, 프뤼 암 돔Fruh am Dom

가펠 암 돔 Goffel am Dom

퀼른 대성당 산책을 마치고 드디어 가펠 쾰쉬Goffel Kolsch를 파는 가펠 암 돔 레스토랑에 들어갔습니다. 돔Dom은 영어로 돔dome입니다. 반구형 지붕을 의미합니다만, 예전에 반구형 지붕을 가진 건축물은 궁전을 제외하고는 성당밖에 없었기 때문에 성당, 특히 대성당이라는 의미로 널리 사용됩니다. 이탈리아어로도 두오모duòmo는 대성당이라는 뜻입니다. 가펠 암 돔을 해석하자면 '대성당 근처의 가펠' 정도 되겠습니다. 예전엔 양조장을 겸하는 레스토랑이었지만 양조 규모가 커지면서 양조장은 이곳으로부터 수십 킬로미터 떨어진 곳으로 옮겼다고 합니다. 지금도 예전에 맥주를 발효시키던 발효 탱크가 레스토랑 한 쪽에 전시되어 있습니다. 레스토랑의 콘셉트는 블루blue입니다. 간판도 파랗고 맥주를 나르는 트레이도 파란색입니다. 웨이터들은 흰색의 반팔 셔츠에 파란 조끼를 입고 종아리까지 내려오는 파란색 앞치마를 두르고 있습니다. 가펠 퀼쉬 한 잔과 슈바인학세를 주문합니다. 퀼쉬 맥주는 직원기둥 모양의 200ml 전용잔에 서빙됩니다. 슈탕에Stange라 불리는 잔입니다. 슈탕에 잔 10개가 들어가는 전용잔 트레이를 크란츠Kranz라고 부르고 서빙하는 웨이터는 쾨베스Kobes라고 부릅니다.

가펠 암 돔 내부. 예전에 사용하던 발효탱크가 한 구석에 남아있다.

쾰쉬 맥주 용어 정리

1. 슈탕에Stange : 쾰쉬 맥주 전용잔
2. 크란츠Kranz   : 쾰쉬 전용잔 트레이
3. 쾨베스Kobes   : 쾰쉬 서빙 웨이터

슈탕에 잔은 200ml 용량입니다. 작은 우유팩 한 개 정도의 용량이라, 한 번에 마시기 어렵지 않습니다. 1000ml 전용잔에 맥주를 퍼 마시던 뮌헨 사람들이 쾰른에 놀러오면 쾨베스(웨이터)를 가지 말라고 멈춰 세운 후 직접 크란츠(트레이)에서 서너 잔씩 한꺼번에 뽑아 마시기도 합니다.

가펠 암 돔 레스토랑을 나와 두 번째로 들어간 곳은 프뤼 암 돔Fruh am Dom 레스토랑입니다. 이곳에서는 프뤼 쾰쉬Fruh Kolsch를 팔고 있습니다. 프뤼 암 돔을 상징하는 색은 빨간색입니다. 쾰른 대성당과 주변 건물들의 흑색과 회색 배경 사이로 빨간 파라솔 여러개가 펼쳐져 있는 모습이 인상적입니다. 영업 방식은 비슷합니다. 프뤼 쾰쉬를 상징하는 빨간색 크란츠(트레이)에 빨간색 로고가 새겨져 있는 슈탕에(200ml 전용잔)가 서빙되는 것이 파란색이 상징인 가펠 암 돔과의 차이입니다. 이곳의 쾨베스 복장은 빨간색 대신 검정색입니다. 검정 조끼, 검정 앞치마를 두른 모습이 빨간색의 프뤼 암 돔 레스토랑 분위기와 잘 어울립니다.

프뤼 암 돔 Fruh am Dom

쾰쉬를 마실 때 한 가지 주의할 점은, 보통의 호프집에서 500ml 잔을 따를 때와는 달리, 맥주통 마개를 열어 놓은 채 수십 개의 200ml 슈탕에 잔에 맥주를 쉴 틈 없이 따르기 때문에 잔에 맥주가 묻어 끈적끈적하다는 점입니다. 다음에 쾰른에 방문하여 쾰쉬를 마실 땐 일회용 비닐장갑을 반드시 끼고 마셔야겠다고 생각했습니다. 이곳의 영업 방식 중 하나는, 잔 용량이 작아 후딱 입에 털어 넣고 나면 손님의 언급이 없어도 웨이터들이 새 잔으로 교체해 준다는 것입니다. 맥주를 그만 마시고 싶다는 느낌이

어떤 감정인지 잘 모르지만, 만일 그만 마시고 싶다면 사용하던 코스터(맥주 컵 받침)를 컵 위에 올려 놓으면 됩니다.

프뤼 암 돔에서 한 잔을 시켜 놓고 여기 저기 사진을 찍고 있던 중, 저와 닮은 체형의 쾨베스와 마

주칩니다. "당신이랑 나랑 합하면 180킬로 넘는다"라고 농담을 했더니 어떻게 알았냐며 껄껄 웃으며 같이 사진 찍자고 먼저 제의합니다. 선입견과 달리, 독일의 웨이터들은 친절하고 성실합니다.

쾰른 대성당, 쾰쉬 맥주 이 2가지만으로도 쾰른은 충분히 의미 있는 도시입니다. 이웃 도시 뒤셀도르프로 바로 이동해야 해서 엽서에 흔히 등장하는 라인 강변과 쾰른 대성당의 야경을 못 보게 되어 아쉬움이 남습니다. 아쉬움도 여행의 또 다른 즐거움입니다.

로마네스크Romanesque VS 고딕Gothic

서기 476년 서로마 멸망 후 게르만족의 일파인 프랑크족이 세운 프랑크 왕국이 번성합니다. 프랑크 왕국의 클로비스 왕은 서기 496년 기독교를 수용하고 영토 여기저기에 교회 건축물을 세우기 시작했습니다. 당시 그들에게 최고의 건축 기술은 로마 건축을 따라서 만든 아치arch입니다. 그래서 '로마스러운'이라는 뜻의 로마네스크Romanesque라고 후세 사람들이 부르게 되었습니다. 큰 건축물을 세워 올릴 땐 아치를 여러 개 연결하는 방식으로 성당을 만들었습니다만, 한계가 있었습니다. 성당 벽은 두꺼워야 했고, 여러 개의 기둥이 필요했습니다. 밖에서 보면 커다란 성당인데 안에 들어가 보면 생각보다 작은 공간과 두꺼운 벽 사이에 뚫린 작은 창문, 그리고 여기 저기 세워진 기둥으로 인한 공간 제약이 로마네스크 건축의 한계였습니다.

12세기가 되면서 기술이 발달하여 아치를 더 뾰족하게 올릴 수 있게 되었습니다. 그만큼 건물을 높게 지을 수 있게 되었습니다. 벽 두께가 상대적으로 얇아지고, 첨탑도 더 높이 세울 수 있었습니다. 얇아진 벽 사이사이에 크고 넓은 창문을 만들고 색깔을 칠했습니다. 스테인드글라스입니다. 창문을 통해 빛이 들어와 내부는 더 밝고 웅장해졌습니다. 당시 나라마다 누가 더 높고 멋진 성당을 만드는지 경쟁을 하였습니다. 쾰른 대성당을 비롯한 파리의 노트르담 성당 등 현재의 많은 성당들이 이 방식으로 지어졌습니다. 이런 웅장한 건축 방식을 르네상스 이후의 이탈리아 건축가들이 보니, 아름다움은 전혀 없고 높고 웅장하기만 하다고 생각하여 "야만스러운 건축이다"라는 뜻으로 게르만족의 일파인 고트족의 이름을 따서 고딕 Gothic 양식이라고 이름을 붙였습니다. (실제 고트족이 그렇게 높은 건물을 짓고 살진 않았을 것입니다.) 서양 건축물, 특히 성당을 관람할 때 고딕 양식과 로마네스크 양식을 구분해 보는 것도 여행의 한 가지 즐거움입니다. 낮은 천장, 두꺼운 기둥, 상대적으로 작은 창문의 로마네스크 양식에 비해 하늘을 향해 쭉쭉 뻗은 첨탑과 높은 천장, 커다란 창문이 특징인 고딕 양식의 성당을 보면 웅장함과 경이로움을 느끼게 됩니다.

대한민국 교회 건축에도 고딕, 로마네스크 양식이 남아 있습니다. 명동 성당이 대표적인 고딕 양식이고, 정동의 성공회 서울성당이 우리나라의 유일한 로마네스크 양식의 건축물입니다.

이론적 배경을 떠나 가장 쉽게 고딕과 로마네스크를 구별하는 방법은, 20미터 앞에서 카메라를 대 보는 것입니다. 가로로 찍을 수 있으면 로마네스크, 세로로 찍어야 하면 고딕 양식일 가능성이 높습니다.

가로로 찍으면 여지없이 잘립니다.

뒤셀도르프Dusseldorf와

알트Alt

#3

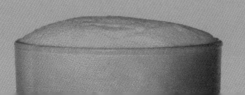

뒤셀도르프는 독일 최대 상업 도시

쾰른과 뒤셀도르프는 자동차로 한 시간 미만의 거리입니다. 둘 다 라인 강 유역의 도시이고 뒤셀도르프가 쾰른보다 강 하류에 위치해 있습니다. 이곳은 580,000명의 인구가 살고 있는 도시이고(독일 인구 순위 7번째), 노르트라인–베스트팔렌Nordrhein-Westfalen 주의 중심 도시입니다. 라인Rhein 강은 아주 넓은 강입니다. "당신은 어느 강변을 걷고 싶나요?"라고 묻는다면 많은 사람들이 영화 '퐁네프의 연인들'을 기억하며 파리의 센 Seine 강이라고 대답할 것입니다만, 센 강을 실제로 보면 생각보다 강폭이 많이 좁습니다. 좁은 곳은 강폭이 50미터 미만인 곳도 있습니다. 반면 뒤셀도르프를 흐르는 라인 강의 강폭은 300미터 정도로 아주 넓습니다. 강물은 바다와 달리 파도가 일렁이지 않습니다. 넓은 라인 강과 천천히 흐르는 강물을 보면 누구나 여유로움과 평화로움을 느끼게 됩니다. 그래서 라인 강변에 서 있는 사람들의 표정도 편안해 보입니다.

라인 강 연안의 도시들은 옛날부터 무역과 상업이 발달했습니다. 21
세기의 뒤셀도르프도 과거의 명성을 이어 받아 아주 큰 국제 상업 도시로
발전했습니다. 잘 알려진 '라인 강의 기적'의 중심에 있는 도시이고 우리
나라와 일본의 대기업들이 뒤셀도르프에 많이 진출해 있습니다. 독일에
서 일본인이 가장 많이 사는 곳이기도 합니다. 약 10,000명의 일본인이 이
곳에 살고 있다고 합니다. 그래서인지 일본 음식점, 일본 식자재 가게들
이 참 많습니다. 제가 예약한 니코 호텔도 일본 호텔입니다. 발달한 공업
과 상업 때문에 뒤셀도르프는 2차 세계 대전 당시 집중 포격 대상이 되어
쑥대밭이 되었지만 지금은 독일에서 가장 살기 좋은 도시 중 하나입니다.

상면발효 맥주 알트Alt

뒤셀도르프의 대표 맥주는 알트Alt 맥주입니다. 알트Alt는 영어로 올드
Old라는 뜻입니다. 알트 맥주를 직역하면 '옛날 맥주'입니다. 독일어로 구
시가지를 알트Alt와 슈타트Stadt의 합성어 알슈타트Altstadt라고 부릅니다.
독일에서 가장 많이 팔리는 맥주 스타일은 필스너Pilsner입니다만 이웃 동
네의 쾰쉬Kolsch처럼 옛날 방식을 고수하면서 만드는, 독일에서 흔하지 않
은 상면발효 맥주이기 때문에 '옛날 스타일로 만든 맥주'라는 의미에서
'알트'라는 명칭이 붙었다고 합니다. 여행 루트를 짜면서 쾰른에서 1박을
할지 뒤셀도르프에서 1박을 할지 고민했던 기억이 납니다. 쾰른 대성당의
야경을 포기하면서까지 상업 도시 뒤셀도르프에서 묵기로 정한 건, 쾰쉬

는 우리나라 마트에서 쉽게 구할 수 있어서 종종 마셨지만 알트는 한 번도 마셔 본 적이 없었기 때문에 하루 밤 알트에 흠뻑 취하고 싶어서였습니다.

뒤셀도르프의 알트 맥주는 퀼른의 퀼쉬처럼 상면발효 맥주입니다. 하지만 라거를 만들 때처럼 2, 3달의 긴 숙성 과정을 거쳐 생산되기 때문에 에일 맥주의 일반적인 특징에서 조금 벗어난 깔끔한 스타일의 맥주입니다. 밝은 노란색의 퀼쉬와 비교해 보면 알트는 갈색에 가까운 진한 색에 단맛도 느낄 수 있고, 과일 향, 견과류 향도 올라옵니다. 한 모금 마시고 나면 홉의 쓴맛도 과하지 않은 뒷맛으로 남습니다. 맥주는 와인과 달라서 잔을 코에 가까이 댔을 때 느껴지는 향보다는 한 모금 마신 후 콧속에서 올라오는 향을 확인해야 맥주의 향을 제대로 느꼈다고 말할 수 있습니다. 물론 트림을 하라는 뜻은 결코 아닙니다. 애프터-테이스트after-taste(적당한 우리말을 찾아보니 '뒷맛'이라는 표현이 비슷합니다), 잔에 담긴 맥주를 한 모금 기분 좋게 꿀꺽 삼키고 나서 코끝으로 내쉰 바람과 함께 느껴지는 맛과 향입니다. 이 애프터-테이스트를 느끼는 것이 바로 맥주를 제대로 마시는 방법입니다.

아주 유쾌한 작은 여우의 웨이터들

　뒤셀도르프의 어느 레스토랑을 가든지 메뉴판 맨 앞에 알트가 적혀져 있습니다. 오늘 기어코 비어홀 5곳 이상 방문해 보겠다고 마음을 굳게 먹고 성지 순례하는 마음으로 비어홀을 찾아 나섰습니다. 첫 번째로 방문한 비어홀은 브라우어하이 임 퓌셴Brauerei im Fuchschen입니다. '작은 여우 양조장'이라는 뜻입니다. 이곳은 1848년에 세워진 아주 오래된 맥주집입니다. 입구엔 손잡이가 달린 커다란 맥주잔과, 넘치는 거품에 코와 입을 대고 있는 갈색 여우 간판이 걸려 있습니다.

도착 시각이 오후 4시인데도 유명한 비어홀이라서인지 손님이 거의 차 있습니다. 이곳에서는 독일어를 몰라도 상관없습니다. "알트Alt~~!!"라고 외치며 식지 손가락을 들어 보이면 아무리 무뚝뚝한 웨이터라도 포수의 사인을 받은 투수처럼 OK 사인을 보냅니다. 알트 한 잔과 소시지를 주문합니다.

　　소시지와 맥주는 언제나 옳습니다. 알트도 쾰쉬처럼 직원 기둥 모양의 200ml 잔에 서빙됩니다. 알트 전용잔은 쾰쉬 전용잔 슈탕에보다 좀 더 짧고 굵습니다. 갈색의 알트 한 잔이 제 앞에 놓이는데 웨이터가 귀에 꽂은 연필을 꺼내어 제 코스터(컵받침)에 선을 하나 그어 놓습니다. 이곳은 주문한 맥주가 나올 때마다 웨이터가 손님의 코스터에 연필로 선을 하나씩 추가해서 그려진 연필 선 만큼 계산하는 시스템인 것 같습니다. 왜 갑자기 지우개 생각이 났는지 제 자신을 반성해 봅니다. 마음 같아선 연필 자국을 10줄 정도 남기고 싶었지만 혼자 마시는 맥주는 생각만큼 많은 양이 되지는 못하는 것 같습니다. 처음 주문한 맥주 한 잔을 들고 레스토랑 안을 어슬렁거립니다. 알트가 들어 있는 맥주통이 보입니다. 스테인리스 통Keg 대신 옛날 방식으로 나무통Cask에 들어 있는 맥주를 이산화탄소 탱크를 연결하지 않고 그냥 따라 주는 방식입니다.

　작은 여우 양조장에서 맥주를 마시다 보니 독일 사람들은 무뚝뚝하다는 말은 우리의 선입견일 수도 있겠다는 생각이 듭니다. 웨이터들이 아주 친절하고 장난기가 넘쳐흐릅니다. 테이블의 맥주와 음식 사진을 찍고 있는데 일부러 안 가고 기다립니다. 자기도 찍어달라는 제스처 입니다. 뽀빠이 포즈도 기꺼이 취해줍니다. 제 사진을 요청하니 제가 모델이라는 착각이 들 정도로 여러 장의 사진을 웃으며 찍어 줍니다. 이곳은 취해서 기분 좋고, 친절해서 기분 좋은 곳입니다. 우리나라 사람들이 유럽 레스토랑에 가면 당황스러울 정도로 불편한 점이 많다고 이야기합니다. 웨이터들은 대체적으로 무뚝뚝하고 아무리 불러도 안 나타납니다. 우리는 테이블에 앉아 있는 꿔 놓은 보릿자루일 뿐입니다. 호출 벨을 누르기만 하면 종업원이 바쁘게 테이블로 다가오는 우리나라 식당 시스템에 익숙한 우리는 동양인이라 무시당했다고 생각합니다. 대부분 오해입니다. 한 가지 알아야 할 그들만의 시스템은 다음과 같습니다. 유럽 레스토랑의 웨이터에겐 할

당된 테이블이 있는 것 같습니다. 1번, 2번 테이블이 제니퍼 담당인데 3번 테이블 손님이 제니퍼를 부르면 그녀는 '저 사람들이 왜 나를 부르지?'라고 생각하는 것 같습니다. 매번 "저는 당신의 담당 웨이터가 아닙니다."라고 말할 수도 없기 때문에 못 본 체 하는 것입니다. 좋은 방법이 있습니다. 오지 않는 옆 테이블 담담 웨이터를 원망하지 마시고 맥주 한 잔 마시며 느긋하게 기다리면 담당 웨이터가 알아서 "더 필요한 건 없나요?"라고 웃으며 말을 건넬 것입니다.

작은 여우 비어홀에서 웨이터들과 즐겁게 웃고 떠들다 다른 비어홀 방문을 위해 자리를 이동합니다. 구시가지 광장 한쪽에 아이들 2명이 옆 구르기를 하는 동상이 서 있습니다. 옆 구르기 하는 아이들은 뒤셀도르프의 상징입니다. 13세기 무렵 뒤셀도르프는 베르크 가문의 땅이었습니다. 그런데 가문의 대가 끊기자 여기저기서 뒤셀도르프의 소유권을 주장하였습니다. 어떤 가문은 자기 땅도 아니면서 뒤셀도르프 소유권을 다른 가문

장난스럽고 친절한 작은 여우의 웨이터들

에 팔아버리기도 하면서 뒤셀도르프는 누구의 소유인지 불분명해졌습니다. 할아버지가 사망했는데 같이 사는 아들, 손자 대신 옆집 사람들이 집에 대한 소유권을 주장하고 또 어떤 옆집 아저씨는 다른 사람에게 소유권을 팔아버리는 상황이 벌어진 것입니다. 결국 뒤셀도르프의 소유권을 두고 1288년 부링겐 전투가 벌어졌고, 이 전쟁에서 승리한 뒤셀도르프 시민들은 자치권을 획득하였습니다. 이기고 돌아오는 뒤셀도르프 병사들을 축하하는 의미에서 마을 아이들이 옆 구르기 세레모니를 한 이후 옆 구르기 하는 아이들은 도시의 상징이 되었습니다. 지금도 매년 이 도시에서 옆 구르기 대회가 열린다고 하고, 이곳 뿐 아니라 시내 여기저기 옆 구르기를 하는 아이들을 상징하는 조형물을 볼 수 있습니다. 20년 전 옆 구르기 뿐 아니라 텀블링이 가능했던 기억이 떠올라 한번 해볼까 하고 아주 잠시 생각했다가 피식 웃고 가던 길을 계속 걷습니다. 동상은 멀리서 바라만 보아야 합니다. 올라가거나 동상의 포즈를 따라하다가는 다칠 수도 있습니다.

　　바로 근처 광장에는 1288년 당시의 부링겐 전투를 기념하는 까만색 조형물이 있습니다. 싸우는 병사, 피난가는 시민, 쌓여 있는 무기와 방패 모양의 조형물 앞에서 "1288-부링겐, 1288-부링겐"이라고 나지막이 중얼거리고 지나갑니다. 의대생 시절의 무엇이든 외우는 습성이 아직까지 남아 있어서 그렇습니다.

　알트를 마시기 위해 들어간 두 번째 비어홀은 임 골드넌 링Im Goldenen Ring입니다. 우리 말로 '황금 반지 술집'입니다. 1536년부터 양조를 해 온 뒤셀도르프에서 가장 오래된 양조장이라고 홈페이지에 소개되어 있습니다. 물론 지금은 이 건물에서 양조는 더 이상 하지 않습니다. 이 레스토랑에서는 알트 중 가장 유명한 브랜드인 프랑켄하임Frankenheim을 팔고 있습니다. 프랑켄하임의 알코올 도수는 4.8%입니다. 첫 번째 비어홀에서 한 잔, 지금 한 잔 겨우 두 잔 마셨을 뿐인데 취기가 올라옵니다. 한국에서 회식할 땐 항상 자리에 앉자마자 맥주를 벌컥벌컥 마셨기 때문에 취하는 줄도 모르고 마셨던 것일 뿐, 이렇게 천천히 마시면 조금만 마셔도 취하는 것은 당연한 일입니다. 이 양조장이 문을 열었던 1536년은 신성로마제국의 카를 5세가 황제로 재임하던 시절입니다.

신성로마제국 - 독일 제 1제국

　독일 맥주를 이해하기 위해서는 독일의 문화와 역사를 조금은 알아야 합니다. 독일 역사에서 가장 많이 등장하는 나라는 신성로마제국입니다. 아우구스투스, 네로, 마르쿠스 아우렐리우스 황제가 다스리던 로마제국과는 전혀 다른 나라입니다.

　서기 330년, 로마 황제였던 콘스탄티누스는 수도를 로마에서 콘스탄티노플로 이전합니다. 콘스탄티노플은 지금의 이스탄불입니다. 서기 395년, 당시의 황제 테오도시우스가 사망하면서 로마제국을 아들 2명에게 나누어 줍니다. 이때부터 로마제국은 동로마와 서로마로 나뉘게 됩니다. 동로마는 1453년 오스만투르크에 망하기까지 천 년 이상 유지되었지만, 서로마는 게르만족의 침입으로 서기 476년 멸망합니다. 멸망한 서로마 지역에 여러 게르만족이 들어와 나라를 세웁니다. 고트족이 세운 동고트 왕국, 서고트 왕국, 부르군트족의 부르군트 왕국, 프랑크족이 세운 프랑크 왕국이 대표적인 나라입니다. 그중 가장 힘이 센 프랑크족이 다른 나라들을 통합하여 프랑크 왕국을 건설했습니다. 프랑스, 프랑크푸르트는 프랑크족에서 기원한 단어입니다. 솔직하다는 뜻의 frank도 프랑크와 같은 어원입니다.

　프랑크 왕국은 강한 왕권을 인증받기 위해 교황의 힘이 필요했습니다. 로마 교황 역시 프랑크 왕국의 힘이 필요했습니다. 드디어 서기 800년, 당시 프랑크 왕국의 샤를마뉴 대제는 교황 레오 3세로부터 로마 황제의 관을 수여받습니다. 프랑크 왕국이 서로마의 정통성을 계승했다기보다는 "많이 도와주었으니 로마 황제라고 불러 드릴게요"라는 상징적인 의미였을 것입니다. 서기 800년의 프랑크 왕국이 신성로마제국의 시초라고 볼 수 있습니다.

세월이 흘러 샤를마뉴 대제가 죽은 후, 프랑크 왕국은 아들 3형제에 의해 동프랑크, 서프랑크, 중프랑로 쪼개지고, 신성로마제국 황제의 관은 비치발리볼처럼 여기저기 돌아다니다 흐지부지됩니다. 10세기 무렵이 되어 동프랑크 왕국의 오토 1세가 등장합니다. 그는 이탈리아의 롬바르디아를 정복하고 마자르족과의 전투에서 승리하는 등 승승장구하고, 이에 당시의 교황 요하네스 12세는 오토 1세에게 신성로마제국의 관을 씌워 줍니다. 서기 962년의 일입니다. 지금의 독일, 네덜란드, 벨기에, 북부 이탈리아 + α가 오토 1세 때의 신성로마제국의 영토입니다. 독일 사람들은 서기 800년 당시의 샤를마뉴 대제가 신성로마제국의 황제가 된 시점보다 962년 오토 1세가 신성로마제국의 관을 쓴 시점을 독일 제 1제국이라고 말합니다.

신성로마제국의 '신성'은 하나님의 이름으로라는 의미이고, '로마'는 로마의 정통성을 계승했다는 의미입니다. '제국'은 왕이 아닌 황제가 다스리는 나라라는 뜻입니다. 이때의 '신성로마제국의 황제'라는 타이틀도 샤를마뉴 대제 때의 황제 타이틀과 마찬가지입니다. 중국의 진시황처럼 강력한 권한을 가진 황제가 아닌, '하나님의 이름으로 로마제국의 정통성을 계승한 황제'라는 상징적인 의미입니다.

독일 도시 이름은 비슷

뒤셀도르프로 이동하는 중 갑자기 '도르프dorf'라는 말이 무슨 뜻일까? 하는 궁금증이 생겼습니다. 독일 지도를 보면 **도르프dorf, ***베르크berg, **부르크burg가 붙은 도시 이름이 제법 많습니다. 도르프는 독일어로 마을, 시골이라는 뜻입니다. 한자의 '고을 주(州)'에 해당되는 의미입니다. 우리나라의 전주(全州), 청주(淸州)가 독일로 치면 도르프에 해당되는 도시 이름입니다.

독일 도시 이름에 붙은 접미사의 뜻

'burg' : 성(castle, 城)   - 안성(安城), 음성(陰城)

'berg' : 산(mountain, 山)   - 부산(釜山), 안산(安山)

'dorf' : 마을, 시골(州)   - 나주(羅州), 광주(光州)

'bach' : 시냇물(川)   - 과천(果川), 홍천(洪川)

프랑스어로 부르주아Bourgeois의 원래 뜻은 '성 안에 살고 있는 사람'입니다. 성직자, 귀족 신분은 아니지만 성 안에 살 수 있을 정도의 재력이 있는 계층을 일컫는 말입니다. 부르주아는 '성Castle'을 뜻하는 프랑스어 부어Bourg에서 온 단어입니다. 독일어 접미사 부르크burg와 같은 의미입니다.

독일이나 우리나라는 도시 이름에 지명을 뜻하는 접미사가 붙는 경우가 많은 반면, 미국 캘리포니아에는 San Francisco, Santa Maria의 경우에서처럼 San, Santa라는 접두사가 붙는 도시가 제법 있습니다. 영어로 신성하다

saint라는 뜻으로, 남자 성인 앞에 San을 붙이고, 여자 성인 앞에 Santa를 붙여서 도시 이름으로 부릅니다. San Jose, San Diego, Santa Monica 모두 기독교 성인의 이름입니다. 예외가 하나 있습니다. 산타클로스Santa Claus는 틀림없이 남자인데 여자 성인을 의미하는 santa가 붙어 있습니다. 산타클로스가 원래 여자였다기보다는 별 의미 없이 붙인 이름일 것입니다.

볼커거리Bolkerstrasse

황금 반지 술집에서 프랑켄하임 알트를 간단히 마시고 뒤셀도르프에서 가장 알트를 마시기 쉬운 볼커거리Bolkerstrasse를 방문합니다. 한 쪽 끝에서 반대쪽까지 약 300미터에 걸쳐서 양쪽으로 레스토랑이 꽉 차 있고 레스토랑마다 알트 맥주잔을 든 사람들로 꽉 차 있는 이곳은 '유럽에서 가장 긴 카운터'라는 별명을 가지고 있는 거리입니다.

왁자지껄한 분위기인 볼커거리 중간쯤에 뜬금없이 독일에서 가장 유명한 시인 하인리히 하이네Heinrich Heine의 생가가 있습니다. '로렐라이Die Lorelei', '노래의 날개 위에Auf Fluegeln des Gesanges' 등 우리에게 잘 알려진 아주 로맨틱한 노래 가사의 원작자입니다.

로렐라이

옛날부터 전해 오는 쓸쓸한 이 말이

가슴 속에 그립게도 끝없이 떠오른다

구름 걷힌 하늘 아래 고요한 라인 강

저녁 빛이 찬란하다 로렐라이 언덕

노래의 날개 위에

노래의 날개 위에 그대를 보내오리

행복에 가득 찬 그곳 아름다운 나라로

향기로운 꽃동산에 달빛은 밝은데

한 송이 연꽃으로 그대를 반기리

아름답고 행복한 꿈속의 나라로

그대여 함께 가자 향기로운 낙원으로

사랑스런 꽃동산이 우리를 부른다

산들 부는 바람도 우리를 부른다

종려나무 그늘 아래 사랑에 취하여

고요히 님과 함께 꿈속에 잠기리

하이네는 1797년 뒤셀도르프에서 태어났습니다. 정확히 표현하자면, 노래 가사를 하이네가 만든 게 아니라, 하이네가 시를 먼저 썼고 시가 너무 아름다워 작곡가들이 나중에 노래를 붙인 것입니다. 로렐라이는 1839년 프리드리히 질허Freidrich Silcher라는 작곡가가 곡을 만든 것이고, 노래의 날개 위에는 유명한 음악가 멘델스존Mendelssohn이 1834년 작곡한 곡입니다. 슈만과 슈베르트도 하이네의 시에 곡을 붙였습니다. 희한하게도 하이네 같은 유명한 사람들은 대부분 이루어지지 못한 사랑의 아픔을 가지고 있습니다. 하이네는 사촌 2명으로부터 실연의 아픔을 겪습니다. 이루어지지 못한 사랑을 몇 번씩 경험해 보아야 그렇게 낭만적인 시를 쓸 수 있나 봅니다.

볼커거리에서 알트를 마시기 위해 방문한 곳은 브라우어하이 점 슐리셀Brauerei Zum Schlussel 레스토랑입니다. 슐리셀Schlussel은 '열쇠'라는 뜻입니다. 건물 2층에 걸려 있는 간판에 레스토랑 이름과 함께 열쇠 문양이 그려져 있습니다. 초록색 네온사인이 켜진 열쇠의 끝부분이 왕(王)자와 똑같이 보이기 때문에 차이니스 레스토랑으로 착각하기 쉬운 간판입니다.

유명한 알트 레스토랑답게 앉는 자리가 꽉 차 있어서 바깥의 서서 마시는 테이블에 자리를 잡습니다. 알트 맥주잔에도 열쇠 그림이 그려져 있습니다. 레스토랑 이름이 '열쇠'인 이유를 웨이터에게 물어 보니, 옛날 뒤셀도르프 성의 열쇠를 보관하던 장소가 이곳이었다고 설명합니다. 한 잔 마시고 있는데 기타 소리와 함께 버스킹하는 아저씨가 골목에 등장합니다. 프로 레슬러도 아니면서 가죽으로 된 아랫도리 속옷 한 장에 종아리까지 올라오는 부츠를 신고 엉덩이를 실룩거리면서 버스킹을 합니다. 스페인 람블라스 거리에서나 볼 수 있는 자유로운 광경입니다만, 독일은 질서의 나라입니다. 아니나 다를까 2분도 채 지나지 않아 경찰

4명이 현장에 출동합니다. 버스킹 하던 그는 의외로 경찰에게 고분고분합니다. 볼커거리에서 알트를 마시던 주위 모든 사람들에게 잠깐의 즐거움을 주고 그는 사라집니다.

한 곳에서 알트 한 잔씩, 총 3잔의 알트를 마셨을 뿐인데 이미 취해버립니다. 5곳 이상을 방문하겠다는 계획이 무모했음을 깨닫고 볼꺼(?) 많은 볼커거리를 빠져나옵니다.

쾰쉬와 알트의 경쟁

쾰른의 쾰쉬와 뒤셀도르프의 알트는 라거가 대세인 독일에서 몇 종류 남지 않은 상면발효 맥주라는 점, 상면발효 맥주임에도 불구하고 저온 장기 숙성을 한다는 점에서 비슷한 스타일의 맥주입니다. 거리도 가깝고 비슷한 스타일의 맥주를 만드는 두 도시가 서로 사이좋게 지내면 좋겠으나, 꼭 그렇지만은 않다고 합니다. 각자의 맥주에 대한 자부심이 강해서인지 서로에 대한 비난도 서슴지 않습니다. 만일 뒤셀도르프 레스토랑에서 쾰쉬를 주문한다면 바르셀로나 길거리에서 레알 마드리드 유니폼을 입고 돌아다니는 것만큼 황당한 행동일 수도 있습니다.

Die bessere ALTernative(The better ALTernative)라는 광고 카피가 있습니다. 해석하면 "더 좋은 선택"이라는 뜻입니다. 쾰쉬보다 알트가 더 좋은 선택이라는 의미가 내포된 광고입니다. 더 심한 광고도 있습니다. 쾰쉬를 마신 말이 싸고 있는 오줌이 알트라는 광고입니다. 만약 말오줌이 알트 맥주처럼 갈색이라면 의학적으로 요로 결석을 의심해 봐야 합니다. 실제로 이렇게 광고를 했는지 인터넷에 도는 합성 사진인지는 확인할 길이 없습니다만 둘 사이가 그만큼 좋지 않다는 것을 의미하는 광고입니다. 한때 우리나라에서도 모 자동차 회사에서 "누비라로 힘차게 왕복할 것인가? 아, 반대로 힘없이 왕복할 것인가?"라는 경쟁사 자동차를 비방하는 광고를 낸 적도 있었고, 모 피자 회사에서 "이제껏, 프라이팬에 익혀 기름이 뚝뚝 떨어지는 피자를 제 맛이라고 드셨습니까? 그렇다면 피자, 헛 먹었습니다"라는 광고를 했던 적도 있었습니다. 그들이 싸우거나 말거나 우린 쾰른에선 쾰쉬를, 뒤셀도르프에서는 알트를 맛있게 마시기만 하면 충분합니다.

뒤셀도르프는 상업 도시이기 때문에 여행 목적으로 방문하면 2% 부족하다고 느낄 수 있습니다. 부링겐 전투, 옆 구르기 하는 아이들을 학교 다닐 때 배웠던 적이 없기 때문입니다. 일부러 방문하기 망설여지는 도시입니다만 기왕 방문하게 되었다면 적어도 두 곳 이상의 레스토랑을 방문하여 알트를 마셔 봐야 합니다. 우리나라에서 할 수 없는 경험이기 때문입니다. 그리고 해 질 무렵의 라인 강변을 반드시 산책해 보아야 합니다. '구름 걷힌 하늘 아래 고요한 라인 강', '저녁 빛이 찬란하다 로렐라이 언덕'이라는 노래 가사에 나오는 아름다운 라인 강은 뒤셀도르프보다 한참 남쪽 동네의 모습이지만 뒤셀도르프 구시가지의 강변에서 바라 본 해 질 무렵의 라인 강의 모습도 별반 다르지 않습니다.

프랑크푸르트 - 쾰른 - 뒤셀도르프

도르트문트에서
엑스포트Export를 마시다
#4

도르트문트와 노동자들

독일 여행 3일째 아침입니다. 첫 방문지는 도르트문트Dortmund입니다. 뒤셀도르프에서 차로 50분 정도 떨어진 곳입니다. 이곳은 어제 방문했던 쾰른, 뒤셀도르프와 함께 노르트라인–베스트팔렌 주Land Nordrhein-Westfalen에 속한 도시입니다. 독일의 행정 구역은 크게 16개 주로 구분되어 있습니다. 그중 가장 넓은 곳은 바이젠Weizen의 고향 바이에른 주이고, 가장 인구가 많은 곳이 이곳 노르트라인–베스트팔렌 주입니다. 노르트라인은 '라인 강 북쪽'이라는 뜻입니다.

독일어와 영어의 동 / 서 / 남 / 북
Ost / West / Süd / Nord
East / West / South / North

라인 강 하류, 즉 독일 동북부의 도시들은 중세 때부터 상업과 공업이 발달해 왔습니다. 이웃 도시 뒤셀도르프가 독일 최대의 상업 도시라면 이곳 도르트문트는 독일 최대 공업 도시 중 하나입니다. 중고등학교 지리 시간에 도르트문트가 어디에 있는 줄은 몰라도 철강, 석탄 산업으로 유명한 도시라고 외웠던 기억이 납니다.

제가 산업 시찰단이나 행정자치부 공무원도 아닌데 석탄과 철강의 도시 도르트문트를 굳이 방문한 이유는 이곳에서 유명한 '도르트문터 엑스포트Dortmunder Export'를 맛보기 위해서입니다. 도르트문트에서 맥주 산업이 가파르게 성장했던 이유는 19세기 철강과 석탄 산업이 발달하면서 폭발적으로 늘어난 노동자들 덕분이었습니다. 도르트문터 엑스포트는 그들이 힘든 육체 노동을 마치고 마시던 맥주입니다. 수많은 노동자들이 한 잔씩 마신 덕분에 도르트문트의 맥주 산업은 아주 크게 성장했고 이웃 도시와 다른 나라에도 수출되었습니다. 그래서 수출이라는 단어 '엑스포트 Export'가 붙어 도르트문터 엑스포트라고 불리게 되었습니다.

2014년 개봉작 국제시장을 본 분들은 영화 중간에 파독 광부와 파독 간호사의 쌍쌍 파티 장면을 기억할 것입니다. 파티 중 오달수가 맛있게 병째 마시던 맥주가 도르트문터 엑스포트일 가능성이 높습니다. 영화의 배경이 되는 도시는 도르트문트에서 약 50km 떨어진 뒤스부르크라는 곳입니다. 날씨 좋은 어느 날 황정민이 라인 강변에서 자전거를 타다가 혼자 노래를 부르는 김윤진을 발견하고 한눈팔다 과일 노점상 위로 엎어지는 장면이 그들의 첫 만남입니다. 그 장면에서 김윤진이 부르고 있던 노래가 하이네의 시에 노래를 붙인 로렐라이입니다. 파독 광부들이 가장 많이 일했던 뒤스부르크의 함보른 탄광은 지금은 폐광이 되었고 체육 시설이 들어와 있습니다. 독일 노동자들이 하루 일과를 마치고 시원하게 마시던 엑스포트를 파독 광부들도 자주 마셨을까요? 실제로는 엑스포트 한 병 마실 돈까지 아껴 가며 번 돈의 대부분을 고국으로 송금했을 것입니다.

도르트문터 엑스포트가 노르트라인–베스트팔렌 지역의 노동자들 덕분에 성장한 것처럼 영국의 포터porter 맥주도 노동자들에 의해 성장한 맥주입니다. 우리나라에는 흑맥주

schwarz : 검은
dunkel : 어두운

로 알려져 있습니다만 모든 흑맥주가 포터는 아닙니다. 흑맥주 중 슈바르츠비어Schwarzbier, 둥켈Dunkel은 독일의 라거입니다.

포터는 18세기 영국에서 유행하던 맥주 스타일입니다. 당시의 영국도 산업 혁명으로 인해 도시 노동자들이 폭발적으로 증가하였습니다. 우리가 퇴근 후 집에 와서 소파에 앉으면 맥주 한 잔이 생각나는 것처럼 그들(포터porter)도 힘든 하루 일과를 마치고 나면 맥주 한 잔을 마시고 싶었을 것입니다. 포터의 어원에 대한 설명은 2가지입니다. 첫 번째는, 당시 노동자들의 대부분은 항구에서 물건을 나르는 포터들이었고, 그들이 즐겨 마시던 어두운 색깔의 맥주를 언젠가부터 포터라고 불렀다는 설명입니다. 그들은 왜 어두운 색깔의 맥주를 즐겨 마셨을까? 라고 생각할 필요 없습니다. 이유는 단순합니다. 어두운 색깔의 맥주는 가격이 저렴했기 때문입니다. 두 번째 설명은 맥주 수요가 많아져서 술집마다 맥주통 배달이 늘었고, 새로운 맥주통이 펍에 배달될 때마다 배달하는 사람이 '맥주 배달 왔습니다'라는 의미로 "포터!!"라고 외쳤기 때문에 사람들이 당시의 맥주 스타일을 포터라고 부르게 되었다는 것입니다.

포터와 비슷한 스타일 맥주로는 스타우트stout가 있습니다. 스타우트는 '용감하다', '강하다'는 뜻입니다. 원래는 스타우트 포터stout porter, 즉 강한 도수의 포터를 의미하기도 했으나 요즘은 그런 구분 없이, 포터와 스타우트는 같은 스타일이라고 이해해도 큰 문제없습니다.

도르트문트 맥주 박물관

　도르트문트 시내에 진입하여 처음 눈에 들어온 건물은 '도르트문터 U'라는 건물입니다. 도르트문트의 랜드 마크인 이 건물 이름 뒤의 U는 연합Union의 약자입니다. 독일은 마을마다, 도시마다 소규모 양조장이 많습니다. 19세기 이전의 도르트문트에서는 다른 도시와 마찬가지로 수십 개의 양조장에서 그들만의 맥주를 만들어 왔습니다. 19세기 이후, 철강, 석탄 산업과 더불어 맥주 산업이 폭발 성장하게 됩니다. 도르트문트의 양조장들은 그들의 규모와 시스템만으로는 성장하는 맥주 산업을 따라갈 수 없었습니다. 그들은 스스로 한계를 느끼고, 모여서 회의를 했습니다. 작은 양조장들을 합쳐 한 개의 큰 양조장을 만드는 것에 의견이 모아지고, 1873년 한 개의 큰 양조장을 설립하였습니다. 회사 이름은 도르트문터 유니온 브라우어하이Dortmunder Union Brauerei라고 짓고, 줄여서 DUB라고 불렀습니다. 지금 보이는 도르트문터 U 건물은 예전 DUB 맥주 회사의 양조장 및 맥주 창고 건물이었습니다. 이름에서처럼 연합 양조장이었습니다.

도르트문터 'U' 건물. 옥상의 'U'가 선명하다.

그로부터 승승장구하던 DUB 맥주 회사는 2번의 세계대전과 석탄/철
강 산업의 쇠락으로 인한 노동자 인구 감소로 인해 결국 1994년 문을 닫
게 되고, DUB 빌딩을 제외한 주위 건물들은 철거됩니다. DUB 빌딩만 철
거되지 않았던 이유는 이곳이 도르트문트의 상징과도 같은 장소였기 때
문입니다. 도르트문트 시는 이 건물을 잘 리모델링해서 오늘날의 DUB는
전시관, 박물관 등 복합 문화 공간으로 사용됩니다. 서울의 동대문디자인
플라자DDP와 비슷한 용도입니다. 이 건물의 옥상에는 금빛 'U' 장식이 세
워져 있어서 멀리서도 이 건물을 쉽게 찾을 수 있습니다. 'U' 장식의 크기
는 9미터라고 합니다. 건물 꼭대기에 알파벳 하나 붙어 있을 뿐인데도 아
주 근사합니다.

DUB는 망했지만, DAB라는 맥주 회사는 아직도 건재합니다. 도르트
문트 악티엔 브라우어하이Dortmund Actien Brauerei의 약자입니다. DAB 맥주
회사도 엑스포트를 만들었던 여러 양조장을 합병한 큰 맥주 회사입니다.
DAB의 대표 맥주는 DAB입니다. 양조장 이름과 맥주 이름이 같습니다.
DAB 맥주 공장은 도르트문트의 외곽에 있습니다. 공장 바로 옆에 도르트
문트 맥주 박물관이 있고, 오늘의 목적지는 이곳입니다.

DAB 공장과 맥주 박물관

이곳은 DAB에서 운영하는 맥주 박물관이지만 도르트문트 맥주 산업에 대한 전반적인 내용이 전시되어 있습니다. 19세기 맥주를 운반하던 트럭도 전시되어 있고, 당시 맥주를 만들던 설비들도 전시되어 있습니다. DAB는 회사 이름과 같은 DAB 맥주 브랜드 외에도 크로넨Kronen, 티어 Thier 같은 한 때 잘 팔렸던 맥주 브랜드를 생산하고 있습니다.

DAB 맥주 박물관 내부

맥주 박물관을 구경하는 중에 약 20명 정도의 단체 독일 관광객을 만납니다. 놀랍게도 인솔 교사 1명과 설명 가이드 1명을 제외하고는 모두 고등학생들입니다. 독일에서 맥주를 마실 수 있는 나이는 만 16세이기 때문에 그들이 맥주 박물관을 흥미로워 할 수도 있을 것 같다는 생각이 들었습니다. 술은 발효를 통해 만들어지는 결과물이기 때문에 맥주 공장이나 맥주 박물관을 관람하는 것은 알코올 발효 뿐 아니라 모든 발효 과정을 이해할 수 있는 아주 좋은 경험이 됩니다. 발효를 완벽하게 이해하면 수능 과학 등급이 1등급 올라갑니다.

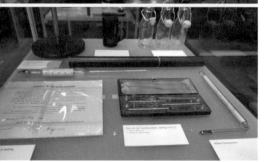

다른 전시실에는 유리로 된 눈금이 그려져 있는 기구들이 전시되어 있습니다. 흰 종이에 Saccharometer(사카로미터)라고 적혀져 있습니다. 우리말로 당도계입니다. 사카로saccharo는 당분이라는 뜻입니다. 인공감미료 사카린saccharin도 같은 어원입니다. 미터meter는 '측정하다'라는 뜻입니다. 유식해서 알고 있는 것은 아니고, 의대를 졸업하면 어설프게나마 라틴어, 그리스어 어원을 대충 이해할 수 있게 됩니다.

당도계Saccharometer는 설탕물이 얼마나 진한지를 측정하는 기구입니다. 당도계를 이해하면 맥주 만드는 과정을 쉽게 이해할 수 있습니다. 단맛이 나는 과일 즙와 달리 곡식으로 만든 곡주는 원재료인 곡식을 알코올 발효가 가능하도록 한번 다듬어 주는 과정이 필요합니다. 과일주의 재료인 포도, 사과는 포도당(단당류)과 수분이 많기 때문에 그냥 두어도 효모에 의해 알코올 발효가 일어날 수 있습니다만, 맥주의 원료가 되는 보리와 청주의 원료가 되는 쌀은 전분(다당류)이기 때문에 저절로 발효되기 어렵습니다. 곡주를 만들기 위해선 곡식 속의 전분을 단당류로 바꿔 주는 과정이 필요합니다. 보리는 싹을 틔워 말려 맥아를 만들어야 하고, 쌀은 쪄서 밥을 만든 후 누룩곰팡이를 뿌려 주어야 합니다. 옛날 어느 부족은 곡식을 입으로 씹어 뱉는 방법으로 술을 만들기도 했다고 합니다. 곡식을 씹으면 침의 아밀레이스amylase 성분에 의해 다당류인 전분이 잘게 쪼개져 단당류 혹은 이당류로 바뀌게 됩니다. 우리가 밥을 오래오래 씹다 보면 단맛이 나는 것과 같은 원리입니다.

보리를 싹을 틔우면 보리 속의 아밀레이스amylase라는 효소가 활성화되어 전분이 단당류로 바뀝니다. 싹 튼 보리를 그냥 두면 상해버리기 때문에 장기 보존을 위해 수분을 없애야 합니다. 이 과정이 맥아malt를 만드는 과정입니다. 한 움큼 쥐어 먹어 보면 콘플레이크처럼 단맛이 납니다. 단맛이 나는 맥아를 분쇄하여 60~70도의 따뜻한 물에 섞어 두면 식혜 같은 달달한 맥즙이 만들어집니다. 달달한 맥즙의 당도를 측정하는 기구가 당도계입니다. 맥즙의 당도를 측정하는 이유는 맥즙의 당도를 정확히 알아야 맥주의 알코올 도수를 정확히 예측할 수 있기 때문입니다. 진한 맥즙일수록 효모가 먹을 당분이 많기 때문에 높은 도수의 맥주가 만들어지고 연한 맥즙일수록 낮은 도수의 맥주가 만들어집니다.

당도를 측정하는 가장 유명한 단위는 독일의 과학자 아돌프 브릭스 Adolf. F Brix가 고안한 브릭스Brix 당도입니다. 용액 100g 속의 당 함량을 의미합니다. 예를 들어 12Brix라고 하면 용액 100g 속에 당분이 거의 12g 들어 있는 것을 의미합니다. 거의라고 표현한 이유는, 소량 들어 있는 미네랄, 단백질 같은 물질도 같이 계산되기 때문입니다. 브릭스는 과일의 당도 측정이나 와인을 만들기 위한 포도즙의 농도를 측정할 때 흔히 사용합니다. 맥즙의 당도를 측정하는 단위는 브릭스보다는 플라토Plato 단위를 많이 사용합니다. 브릭스와 원리는 동일합니다. 맥즙 100g 속에 당이 얼마나 들어 있는지를 측정하는 단위입니다. 1843년 체코의 과학자 발링Balling이 개발했고 독일 과학자 플라토Plato가 완성한 개념입니다.

· 맥주를 만드는 재료 맥즙 : wort   · 맥즙의 당도 측정 : Plato
· 와인을 만드는 재료 포도즙 : must   · 포도즙의 당도 측정 : Brix

어떤 맥주 라벨을 보면 퍼센트(%) 도수 대신 10°P, 12°P처럼 숫자 뒤에 °P라고 라벨에 표기되어 있습니다. 현재 맥주병에 담긴 맥주의 알코올 농도를 표기한 것이 아니라, 발효되기 전의 맥즙 농도를 표기하는 방식입니다. 10°P는 '10 디그리–플라토degree-plato'라고 읽습니다. 맥주가 발효되기 전의 맥즙 농도가 10Plato였다는 의미입니다. 10°P를 % 농도로 환산하면 대략 4.2% 정도 되고, 12°P는 대략 5% 정도 됩니다. 체코나 중국에서 주로 사용하는 알코올 표기 방식으로, 그 나라에 방문한 사람들이 흔히 "10도짜리 맥주를 마셨는데 맛있는 체코 맥주라서 그런지 전혀 독하다는 느낌이 없는데"라고 자랑하고 다닙니다만 그는 알코올 농도 10%짜리 맥주를 마신 것이 아니라 10°P, 즉 4.2%짜리 맥주를 실컷 마신 것입니다. 당연히 독한 느낌은 없었을 것입니다.

도르트문터 엑스포트 한 모금

예전에 수출을 많이 해서 도르트문터 엑스포트라고 불리던 도르트문트 맥주는 종종 체코 플젠 지방에서 처음 만들어진 필스너Pilsner와 비교되는 '라거' 맥주입니다. 필스너와 엑스포트의 차이는 그리 크지 않습니다만, 엑스포트는 필스너에 비해 홉을 많이 넣지 않아 홉의 쌉싸름한 느낌이 적은 대신 상대적으로 맥아malt의 맛이 돋보이는 맥주입니다. 그리고 수출을 많이 했던 맥주이기 때문에 보존을 위해 도수를 약간 높게 만들었던 전통을 유지하여 대부분 알코올 도수 5% 이상으로 출시되는 맥주입니다. 독일의 유명한 라거 맥주 중에는 바이에른 지방에서 시작된 뮌헨 라거도 있습니다. 이 스타일은 홉의 향을 더욱 자제시킨 스타일입니다. 엑스포트라는 스타일을 한마디로 정리하자면 필스너와 뮌헨 라거의 중간 정도라고 표현할 수 있습니다만, 박물관의 가이드 분께 엑스포트에 대해서 "너네 맥주 스타일은 어떤 스타일의 라거인데?" 라고 질문했을 때 그녀는 아무렇지도 않게 "우리 맥주는 라거가 아니고 엑스포트다"라고 답변합니다. 그만큼 도르트문트 시민들은 엑스포트에 대한 자부심이 대단합니다.

엑스포트는 독특한 맥주 스타일도 아니고 도르트문트 이외의 곳에서는 거의 만들지 않는 맥주입니다만 우리나라 마트에서 쉽게 구할 수 있습니다. DAB라는 브랜드입니다. DAB가 아니더라도 라벨에 엑스포트Export라는 글자가 쓰여 있는 맥주가 가끔 있습니다. 뮌헨의 헬레스보다는 살짝 깔끔하고 필스너보다는 덜 쌉싸름할 것이라는 선입견을 갖고 고르면 됩니다.

　엑스포트 박물관을 관람하고 나니 도르트문터 엑스포트 맥주 스타일을 완벽하게 이해하게 되었습니다. 로비로 다시 나오자마자 맥주가 가득 채워져 있는 냉장고에서 500ml 엑스포트 병맥주 한 병을 꺼냅니다. 공짜는 아니지만 500ml 한 병에 1유로로 공짜나 다름없습니다. 도르트문터 크로넨 엑스포트Dortmunder Kronen Export라는 브랜드입니다. 도르트문트의 맥주 브랜드인데 1994년 DAB에 팔린 회사입니다. 컵이 없어서 병째 한 모금 마셔 봅니다. 라거 계열은 때로는 병째 마시는 것이 기분 좋을 때도 있

습니다. 병째 마실 때의 장점은 컵에 마실 때보다 오히려 천천히 음미하면서 마실 수 있다는 점입니다. 잔에 따라놓은 맥주는 '완샷'이 가능하지만 병째 마시는 맥주는 몇 모금 마시면 병 속의 압력이 낮아져서 병에서 입을 떼고 쉬었다 마셔야 합니다. 필스너와 달리 홉향이 그리 세지 않습니다. 모르고 마셨다면 페일 라거라고 생각할 정도로 향이 별로 없고 단맛도 없는 깔끔한 느낌입니다. 수출용으로 만들어서 알코

올 도수를 높였다고 알고 있었는데 그리 세지 않은 느낌이라 라벨을 보니, 알코올 도수는 5.1%입니다. 일본 프리미엄 맥주 시장의 양대 산맥 중 하나인 산토리 프리미엄 몰츠 필스너의 알코올 도수가 5.5%, 벨기에에서 가장 유명한 필스너인 스텔라 아르투아도 5.2%인데 크로넨 엑스포트의 알코올 도수가 더 낮습니다. 엑스포트는 알코올 도수가 얼마 이상이어야 한다라는 법적인 기준은 없습니다.

일반적으로 인디언 페일 에일Indian Pale Ale, IPA이 페일 에일Pale Ale보다 도수도 높고 홉도 많이 들어가 더 쌉싸름한 맥주 스타일입니다. 하지만 반드시 A라는 양조장의 IPA가 다른 양조장의 페일 에일보다 강한 것은 아닙니다. 단지 A 양조장에서 페일 에일과 IPA 스타일을 둘 다 만든다면 IPA를 좀 더 도수도 높게, 홉향도 강하게 만드는 겁니다. 마찬가지로, 엑스포트가 필스너보다 도수는 0.5%~1% 정도 높고 홉 향은 약하게 만든 스타일은 맞지만 크로넨 엑스포트가 다른 양조장의 필스너보다 꼭 도수가 높은 것은 아닌 것입니다. 크로넨 브랜드에서 만약 필스너를 생산한다면 틀림없이 엑스포트보다 낮은 도수일 것입니다. 실제로 찾아보니, 크로넨 필스너의 알코올 도수는 4.8%입니다.

맥주 한 모금 마시며 기념품 샵의 아이템들을 구경합니다. 소장하고 싶은 아이템들이 아주 많습니다. 특히 여러 스타일의 3리터 용량의 맥주잔을 팔고 있습니다만 도저히 한국까지 무사히 가져갈 자신이 없어서 눈요기만으로 만족합니다. 맥주잔 이외에 야외용 고무 방석, 차에 들어가는 접이식 의자, 블루투스 스피커도 진열되어 있습니다. 이건 깨뜨리지 않고 가져갈 수 있을 것 같아서 가격을 물어보니, 웃으며 A3 크기의 종이 한 장을 건네줍니다. 독일어로 된 간단한 설명과 함께 고무 방석 50, 스피커

300, 의자 500 이라는 빨간 숫자가 종이에 써 져 있습니다. 숫자 단위가 센트라고 치기엔 너무 싸고 유로라고 치기엔 너무 터무니없는 가격이라 뭐지? 하고 퍼즐을 푸는 기분으로 고민하고 있는데 40대 아저씨 한 명이 까만 비닐봉지를 들고 카운터에 나타납니다. 봉지 안에 병뚜껑을 모아 왔습니다. 의문이 풀렸습니다. 종이에 적힌 숫자의 의미는 병뚜껑을 모아 온 개수만큼 상품으로 바꾸어 준다는 의미였습니다. 맥주 한 병에 1유로니까 유로의 의미도 맞는 말입니다. 맥주 500유로 어치 사 먹으면 병뚜껑 500 개에 해당하는 의자를 받을 수 있습니다.

맥주를 정말 많이 마실 것 같이 생긴 병뚜껑을 들고 온 아저씨는 100 개의 병뚜껑을 반납하고 50에 해당되는 상품인 고무 방석 2개를 받아 갑니다. 그들의 행동을 물끄러미 보고 있자니, 손님과 주인 모두 병뚜껑 개수를 정확히 세지 않는 것입니다. '병뚜껑 96개 들고 와 놓고 100개라고 거짓말하진 않겠지?'라는 생각은 적어도 독일 사람들에겐 불필요한 생각일 것입니다. 우리나라 마트에서 '골라 담기 10개 오천 원' 하는 아이스크림 행사에서 11개 담으면 걸릴까? 하고 고민해 본 적 있었던 저를 반성해 봅

기념품 샵의 탐나는 아이템들

니다. 고무 방석 2개를 산타 할아버지에게 받은 크리스마스 선물처럼 의기양양하게 받아 가는 그의 얼굴에서 세상을 얻은 것 같은 행복한 표정을 읽었습니다. 그를 따라 나서서 말을 건네 봅니다. "당신 집에 이거 무지 많을 것 같다. 나한테 한 개 팔면 어떻겠니?"라고 물었더니 한 개는 자기 것, 또 하나는 자기 친구 것이라 절대 안 된다며 차를 타고 가버립니다. 이미 집에 고무 방석 20개 정도 있을 것 같은데 말입니다.

도르트문트는 공업 도시이기 때문에 도르트문트 U 빌딩과 DAB 맥주 박물관 외에는 특별히 볼만한 곳은 없습니다만, 쾰른이나 뒤셀도르프에서 북쪽의 브레멘, 함부르크로 올라가는 길에 잠시 들러 엑스포트 박물관을 방문하기 딱 좋은 위치에 있는 도시입니다. 맞습니다. 다음 행선지는 브레멘 음악대로 유명한 도시 브레멘과 햄버거의 고향 함부르크입니다.

수출용 맥주

도르트문터 엑스포트처럼 다른 나라에도 수출용으로 만든 맥주 스타일이 몇 가지 있습니다. 인디언 페일 에일Indian Pale Ale과 러시안 임페리얼 스타우트Russian Imperial Stout입니다. 인디언 페일 에일은 줄여서 IPA라고 부릅니다. 16세기~19세기까지 인도 반도를 지배했던 나라는 무굴제국입니다. 무굴제국은 이슬람 왕조가 지배했던 제국입니다. 인도 관광객의 98%가 방문한다는 세계에서 가장 유명한 무덤 타지마할이 무굴제국의 5대 황제 샤 자한Shah Jahan 때의 건축물입니다. 영국은 1600년 동인도 회사를 설립하고 인도 반도에 진출합니다. 자선 사업을 하러 진출한 것은 아니고 식민지 작업을 위해 진출했기 때문에 인도 반도에 영국인 군인, 관리, 상인들이 많아집니다. 영국인들은 늘 맥주를 마시고 삽니다. 이들에겐 본국에서 마시던 맥주가 필요했습니다. 그러나 영국에서 인도로 맥주를 실어 나르는 과정은 쉬운 일이 아니었습니다. 당시 지중해와 홍해를 연결하는 수에즈 운하가 없었기 때문에 영국에서 배에 실린 맥주는 아프리카의 희망봉을 거쳐 가는 경로를 따라 적도를 두 번이나 건너서 인도에 도착해야만 했습니다. 참고로, 수에즈 운하는 1869년 11월에 개통됩니다. 적도를 두 번 건너 인도에 도착한 맥주는 영국에서 마시던 맛좋은 맥주가 아니었습니다.

18세기 무렵 조지 호지슨George Hodgson이라는 사람이 맥주에 홉을 왕창 넣은 스타일의 맥주를 만들어 인도에 수출합니다. 홉은 맥주의 향과 쓴맛을 내는 역할도 있지만, 방부제 역할도 하기 때문입니다. 홉을 왕창 넣은 맥주는 덜 상했습니다. 사람들은 이런 스타일의 맥주를 '인도에 수출했던 페일 에일'이라는 의미로 인디언 페일 에일, 줄여서 IPA라고 부르게 됩니다. 인디언은 아메리칸 인디언이 아니라 인도라는 뜻입니다. 맥주 라벨에 IPA라고 붙어 있다면 페일 에일보다 홉을 많이 넣어 쌉싸름하지만 홉의 꽃 향, 소나무 향, 혹은 시트러스 향이 듬뿍 배어 있는 맥주라고 생각하면 됩니다.

러시안 임페리얼 스타우트는 영국에서 러시아로 수출하던 맥주 스타일입니다. 임페리얼이라는 단어에서 알 수 있듯, 러시아 왕실에서 주로 마시기 위해 수출되었습니다. 스타우트는 포터와 비슷한 장르입니다. 당시 영국에서 러시아까지 맥주를 실어 나르려면 북해와 발트 해를 거쳐야 했습니다. 아주 추운 곳입니다. 냉동실에 맥주를 넣고 깜박 잊었는데 며칠 후 냉동실을 열어 보니 맥주가 얼어버린 경험이 한두 번쯤 있을 겁니다. 러시아에 도착한 맥주도 추운 날씨 때문에 얼어버리기도 했습니다. 그래서 맥주의 알코올 도수를 10도 이상으로 높여 독하게 만들었습니다. 물의 어는점은 0도인 반면, 알코올의 어는점은 -117도입니다. 알코올 도수를 올려서 맥주를 만들면 덜 얼게 됩니다. 아무리 추운 날씨라도 맥주는 얼지만 소주는 웬만해서는 얼지 않는 이유도 소주의 알코올 도수가 높기 때문입니다. 추운 날씨 때문에 보드카를 물 마시듯 먹는 러시아 사람들이 독한 술을 선호하는 것도 알코올 도수를 올려 만든 원인이었을 것입니다. 과거 러시아에 수출하던 맥주 스타일에서 힌트를 얻어 도수를 올려 만든 스타우트 맥주를 요즘엔 러시아라는 단어를 빼고 임페리얼 스타우트라고 부르게 됩니다. 세계 어느 양조장에서도 더 이상 왕실을 위해 임페리얼 스타우트를 만들진 않습니다만 커피, 코코아, 초콜릿의 느낌이 팍팍 살아 있는 9도 이상의 높은 알코올 도수로 만들어진 임페리얼 스타우트를 겨울밤 한모금 마시고 나면 러시아의 황제 차르Tsar가 된 기분을 잠시 동안 느낄 수 있어 아주 좋습니다.

넓은 제국의 주인 카를 5세

1438년, 오스트리아 지역을 통치하던 합스부르크 가문의 알브레히트 2세가 신성로마제국의 황제에 선출됩니다. 이때부터 1806년 신성로마제국이 해체될 때까지 합스부르크 가문이 신성로마제국의 황제를 세습하게 됩니다. 합스부르크 가문의 가장 유명한 황제는 카를 5세입니다. 전쟁을 하지 않고 상속만으로 조부모와 외조부모의 유산을 물려받기만 했는데 세계에서 가장 큰 영토의 주인이 되었기 때문입니다. 할아버지는 신성로마제국의 황제 막시밀리언 1세(재위 1493~1519), 할머니는 부르고뉴 공국의 유일한 상속녀 마리(재위 1477~1482)입니다. 부르고뉴 공국은 벨기에, 네덜란드와, 프랑스 와인 산지로 유명한 부르고뉴 지방을 차지하고 있던 매우 부유한 공국이었습니다. 공국이란 공작이 다스리는 나라입니다. 1477년 부르고뉴 공국의 샤를 공작이 전투에서 사망합니다. 유일한 상속녀였던 마리와 결혼하기 위해 프랑스와 합스부르크 가문은 물밑작업을 합니다. 결국 1477년, 합스부르크 가문의 막시밀리언 대공이 부르고뉴 공국의 공주 마리와 결혼합니다. 부르고뉴 공국을 물려받은 마리는 1482년 어느 날 말에서 떨어져 25세의 나이로 사망합니다. 의학적으로는 아마 비장파열이었을 것입니다. 21세기였다면 살 수 있었을 텐데 안타깝습니다.

한편, 외가 쪽의 이베리아 반도에서는 카스티야 왕국의 이사벨 여왕과 아라곤 왕국의 페르난도 2세가 결혼을 하고 힘을 합쳐 마지막 남은 이슬람 세력을 그라나다에서 몰아냅니다. 1492년의 일입니다. 1492년은 콜럼버스가 산타마리아호를 타고 서인도 제도를 발견한 해이기도 합니다. 이사벨 여왕과 페르난도 2세가 카를 5세의 외할머니와 외할아버지입니다.

1516년, 카를은 스페인 왕으로서 카를로스 1세가 되어 외할머니, 외할아버지의 영토였던 에스파냐와 남미 지역을 물려받습니다. 3년 후 할아버지 막시밀리언 1세가 사망하자 신성로마제국의 카를 5세가 되어 부르고뉴 공국과 기존의 신성로마제국을 물려받습니다. 유산 상속에 의해 세계에서 가장 넓은 제국을 물려받은 행운의 황제입니다.

그는 1516~1556년까지 스페인의 왕 카를로스 1세로서, 1519년~1556년까지 신성로마제국의 황제 카를 5세로서 넓은 제국을 통치합니다. 이는 과거의 로마제국보다 훨씬 넓은 영토입니다. 넓은 영토를 다스렸던 만큼 통치 기간 중 수많은 사건이 일어납니다. 1517년 마르틴 루터가 95개의 반박문을 발표한 종교 개혁, 술레이만 대제가 통치하던 시절의 오스만투르크와의 수 차례의 전쟁 등 여러 문제를 해결하다 보니, 광대한 제국을 한 명이 통치하는 것이 비효율적이라고 판단하여 신성로마제국은 동생 페르디난트 1세에게, 에스파냐 왕국은 아들 펠리페 2세에게 물려주고 1556년 은퇴합니다. 아들이 물려받은 에스파냐 합스부르크 가문의 왕위는 1700년까지만 유지됩니다. 다른 나라와의 전쟁에서 패배하여 왕위를 잃은 것이 아닙니다. 어이 없이 왕위를 이을 자손을 더 이상 낳지 못하고 대가 끊겨서입니다. 동생이 물려받은 신성로마제국은 1806년까지 유지되다가 나폴레옹에 의해 해체됩니다.

같은 이름의 나라별 호칭

영어　　　: Charles(챨스) John(존)

불어　　　: Charles(샤를) Jean(장)

독일어　　: Karl(카를) Johann(요한)

스페인어　: Carlos(카를로스) Juan(후안)

맥주 마시면 살찌나요?

맥주 마시면 배나온다는 말이 있습니다. 주위에 소주나 위스키를 좋아하는 사람보다 맥주 마시는 사람이 훨씬 뚱뚱한 것 같기도 합니다. 알코올의 칼로리는 1g당 7kcal의 열량을 냅니다. 예를 들어 알코올 도수 5%짜리 맥주 1리터를 마셨다고 하면, 1리터의 5%, 즉 50ml의 알코올을 섭취하게 되는 것입니다. 알코올의 비중은 약 0.8입니다. 50ml × 0.8g/ml = 40g, 즉, 맥주 1리터를 마시면 알코올 40g을 섭취하는 것이고, 이를 칼로리로 바꾸어 환산하면 7kcal/g × 40g = 280kcal가 나옵니다. 즉, 맥주 1리터엔 알코올 칼로리로만 공기밥 하나 정도의 칼로리가 들어 있습니다.

알코올의 칼로리는 살이 찌는 것과 상관없다는 주장도 있습니다. 아시다시피 알코올은 우리 몸에서 불필요한 물질입니다. 몸에 들어온 불필요한 알코올은 간에서 다른 물질로 바뀌어 소변을 통해 몸 바깥으로 배출됩니다. 몸에서 알코올을 분해하는 데 필요한 칼로리가 알코올을 섭취했을 때의 칼로리만큼 필요하기 때문에 알코올 섭취로 얻은 칼로리만으로는 살이 찌지 않는다는 설명입니다. 서울역 앞에서 노숙하면서 식사를 거의 안하고 술만 마시는 분들의 경우, 알코올이 칼로리가 높음에도 불구하고 마른 분들이 많은 것을 봐도 알코올 자체는 살이 찌는데 큰 역할을 하지 않을 수도 있다는 주장이 나름 일리가 있어 보입니다.

알코올 칼로리 때문에 살이 찌는 것은 아니지만, 맥주를 많이 마시면 살찝니다. 이유는 맥주에 포함된 당분 때문입니다. 맥주엔 기본적으로 5% 전후의 알코올이 들어 있고, 알코올 이외에도 단백질, 당분, 미네랄이 함께 들어 있습니다. 아사히 슈퍼드라이처럼 드라이 맥주라고 하여 단백질과 당분을 최대한 제거하여 깔끔한 맛을 내는 맥주도 있지만, 단백질과 당분은 맥주의 풍미에 중요한 역할을 하는 물질이기도 합니다. 보통 맥주 1리터에는 약 3~5%의 당분이 포함되어 있습니다. 병원에서 사용하는 포도당 수액의 당분 함량과 비슷합니다. 맥주 1리터를 마실 경우 섭취한 당분의 칼로리를 계산해 보면 120~200kcal입니다. 이 정도의 칼로리는 편의점에서 파는 유리병에 들어 있는 스타벅스 커피 한 병의 열량과 비슷합니다.

　매일 맥주 500ml 한두 캔만 마시는 사람은 맥주 때문에 살찌진 않습니다. 그런데 맥주를 퍼 마시는 사람은 편의점에 가서 스타벅스 커피를 한번에 3, 4병씩 따서 마시는 사람과 같습니다. 혹은, 병원에 와서 포도당 수액을 따서 입으로 몇 병 마시는 사람과 같습니다. 오늘 회식 중 500ml 맥주열 잔을 마셨다면 알코올 칼로리는 제외해도 1200~2000kcal의 열량을 먹은 셈입니다. 살이 찌는 것은 당연합니다. 왜 맥주를 많이 마시면 배가 나오는지에 대한 답변은 맥주에 들어 있는 당분 때문이라고 이해하면 됩니다.

　위스키, 코냑 같은 증류주는 알코올, 물, 그리고 숙성된 향만 존재합니다. 증류를 했기 때문에 당연히 탄수화물이나 단백질이 없습니다. 증류주를 마시는 사람은 맥주를 마시는 사람보다 살이 덜 찔 수 있습니다만 맥주를 마시는 사람보다 위장과 간이 더 일찍 망가질 수 있습니다.

드라이 맥주
맥주의 당분, 단백질을 최대한 제거하여 깔끔한 맛을 내는 것을
우선적으로 만든 맥주
장점 : 칼로리가 적다, 불순물이 없어 깔끔하다.
단점 : 맥주의 복합적이고 깊은 풍미가 적다.

브레멘Bremen과
벡스Beck's 맥주
#5

한자 도시 브레멘

브레멘은 벡스Beck's 맥주의 본고장입니다. 독일 제2의 도시 함부르크에서 남서쪽으로 약 120킬로미터 정도 떨어진 이곳은 인구 55만 명의 독일에서 10번째로 많은 사람들이 살고 있는 도시입니다. 우리나라 사람들이 자주 방문하는 도시는 아닙니다만, '브레멘 음악대'라는 동화 속의 도시이기 때문에 언젠가 한번쯤 가본 느낌이 드는 도시입니다. 브레멘의 공식 명칭은 '자유 한자 도시 브레멘Freie Hansestadt Bremen'입니다. 우리나라로 치면 '브레멘 광역시' 정도라고 생각하면 될 것 같습니다. 독일의 행정구역은 16개 주로 구성되어 있습니다. 이 중 도시 하나가 한 주를 구성하는 곳이 3곳입니다. 독일의 수도 베를린, 자유 한자 도시 함부르크, 그리고 자유 한자 도시 브레멘입니다. 우리나라의 광역시는 인구 백만 명 이상이라는 조건을 충족시켜야 합니다만, 함부르크와 브레멘이 도시로서 한 주를 형성하게 된 이유는 대도시여서라기보다는 중세 때 자유 한자 도시였던 전통을 존중해서입니다.

중세 유럽의 북해, 발트 해 연안 도시들은 무역의 중심지였습니다. 당시 물건을 실어 나르는 가장 좋은 수단은 배였기 때문에 바다에서 물건을 싣고 온 큰 배가 들어갈 수 있는 강이 흐르는 북부 독일의 브레멘, 함부르크, 뤼베크는 무역으로 크게 번창했던 도시입니다. 도시들은 무역으로 돈을 많이 벌게 되자, 그들의 이익을 위해 단체를 결성하였습니다. 북독일의 무역 도시들이 중세 때 결성한 동맹을 한자 동맹Hanseatic League이라고 부릅니다. 한자Hansa는 옛 독일어로 '무리'라는 뜻이라고 합니다. 한자 동맹의 주목적은 가입된 회원 도시들끼리의 보호 무역입니다. 자체적으로 법을 만들었고, 군대를 두어 회원 선박이 안전하게 무역을 할 수 있도록 하였습니다. 15세기 전 후 가장 번창할 때는 북독일 도시 뿐 아니라 라인 강 하류의 쾰른, 영국의 런던 등 100여 개 도시가 한자 동맹에 가입되어 있었습니다.

이들은 콜럼버스의 신대륙 발견 후 유럽의 무역이 신항로를 따라 대서양으로 옮겨지면서 점차 쇠퇴하게 됩니다. 한자 동맹의 여왕이라 불리던 14, 15세기 무렵의 북부 독일 최고의 도시 뤼베크Lübeck는 지금은 인구 20만 명의 작은 도시로 남아 있습니다만, 브레멘과 함부르크는 각각 자유 한자 도시 브레멘과 자유 한자 도시 함부르크로 남아 한자 동맹의 흔적을 간직하고 있습니다. 독일 항공 루프트한자Lufthanza의 이름도 한자 동맹에서 비롯된 이름입니다. 한자 동맹은 중국이 사용하는 한자와는 아무 상관없는 단체입니다.

벡스의 창업자는 Beck

벡스Beck's 맥주는 이곳 브레멘에서 처음 만들어졌습니다. 독일에서 가장 많이 수출되는 맥주입니다. 아시아나 항공 기내에서도 제공됩니다. 브레멘의 맥주답게 도시 어디를 가든지 초록색과 빨간색 테두리에 까만 글씨로 쓰인 'Beck's'라는 로고를 쉽게 찾을 수 있습니다. 혹시 브레멘에 가서 약속 장소를 정할 때 '시청 앞 Beck's 간판이 걸린 건물에서 보자'라고 약속하고 헤어지면 절대 약속 장소를 찾을 수 없으니 주의해야 합니다. 벡스 맥주의 상징은 열쇠입니다. 병맥주 라벨에도 열쇠가 그려져 있고 간판에도 열쇠가 그려져 있습니다. 브레멘의 상징 문양과 같습니다. 단, 열쇠의 방향이 서로 반대입니다. 창업 초기 브레멘 시의 문양인 열쇠를 맥주 라벨에 사용하고 싶어 허락을 구하였으나, 시에서 허락해 주지 않자 고민 끝에 열쇠의 좌우를 바꾸어 라벨에 사용하게 되었습니다. 물론 열쇠 모양까지 똑같은 것은 아닙니다.

벡스 맥주 라벨 상단

브레멘 시의 상징 문양

'혹시 벡스 맥주의 창업자는 Beck 할아버지가 아닐까?'라는 생각이 갑자기 들어, 검색해 보니 정확히 맞습니다. 벡스 양조회사Brauerei Beck & Co.는 1873년 하인리히 벡Heinrich Beck이 창업한 회사입니다. 하이네켄Heineken의 설립자도 하이네켄이고 기네스Guinness의 설립자도 기네스입니다. 자기가 만든 회사에서 자기 이름이 붙은 맥주를 만들어 파는 것은 생각만 해도 신나는 일입니다만, 제품 이름도 유행이 있어서 21세기에는 더 이상 창업자 이름을 딴 맥주는 출시되기 어렵습니다. 병원 이름도 유행을 탑니다. 20년 전만 해도 박대영 소아과, 이건창 성형외과처럼 원장의 이름을 간판으로 걸었던 병원이 많았습니다만 지금은 이 편한 치과, 달빛 소아과 같은 이름이 대세입니다. 우리나라도 정배 맥주, 재훈 맥주 같은 창업자 이름이 붙은 맥주 브랜드가 출시되어 날개 돋친 듯 팔렸으면 좋겠습니다.

창업자 이름이 들어간 맥주

Beck's   : 독일 브레멘(1873년), Heinrich Beck
Heineken   : 네덜란드 암스테르담(1873년), Gerard Adriaan Heineken
Guinness   : 아일랜드 더블린(1759년), Arthur Guinness
Schneider   : 독일 뮌헨(1872년), Georg Schneider
Birra Moretti : 이탈리아 우디네(1859년), Luigi Moretti

　벡스 맥주 공장은 홈페이지를 통해 미리 예약을 하여야 견학이 가능합니다.

　견학은 2시간에 걸쳐 진행됩니다. 1시간의 공장 견학 과정에 이어 1시간의 시음 과정이 있습니다. 영어, 독일어로 진행되는데 예약할 때 선택할 수 있습니다. 늘 그렇듯 맥주 공장 견학은 어학연수를 하러 온 느낌입니다. 영어가 아직은 서툴러 가끔씩 알아듣는 말이 나올 때마다 즐겁습니다. 리셉션 데스크에 체크인을 하니 노란 형광 조끼를 입으라고 건네줍니다. 노란 조끼를 입고 나니 교통 공원에 현장 학습을 간 유치원생 같습니다. 이날 견학 팀은 저, 미국인 커플, 영국인 커플 이렇게 5명입니다. 보통 1회 견학에 30명 정도 견학에 참여한다고 하는데 소수 정예 요원으로 뽑힌 느낌입니다. 우리를 2시간 동안 즐겁게 안내해 주는 가이드는 벡스 맥주에 대한 자부심과 애사심이 넘쳐흐르는 20대 처자입니다. 네이버나 다음에서 벡스 맥주 공장을 검색해 보면 블로그에 아주 많이 출연하는 분입니다. 다른 맥주 공장 견학 프로그램과 마찬가지로, 맥주의 역사에 대한 설명으로 견학을 시작합니다. 맥주 공장 견학을 많이 다녀 보았기 때문에 가이드 처자의 질문에 영어를 모국어로 사용하는 영국인과 미국인을 제치고 제가 가장 먼저 대답을 하니 그들은 저를 향해 "Wonderful"이라고 칭찬합니다. 거만하게 웃으며 "한국인은 누구나 이 정도 안다"라고 대답합니다.

맥주의 역사

인류가 맥주를 만들어 마시기 시작한 때는 곡식을 재배한 이후부터일 것입니다. 수렵, 채집을 하던 구석기 시대에는 우연히 만들어진 과실주를 마셨을 것입니다. 과일은 땅에 떨어져 그냥 두면 저절로 발효되어 술이 됩니다. 과일 자체로 효모가 먹을 수 있는 당분과 수분이 충분히 많기 때문입니다. 반면, 곡식은 주성분이 단당류가 아닌 전분이고 수분 없이 말라 있는 상태이므로 땅에 떨어져도 술이 만들어지기 어렵습니다. 그래서 맥주의 기원은 농사를 짓기 시작한 이후일 것이라고 생각합니다. 기록상 맥주를 처음 만들어 마셨던 민족은 기원 전 4000년 전의 수메르인입니다. 그들은 티그리스 강과 유프라테스 강 사이의 농사짓기 아주 좋은 땅에 살던 민족입니다. 그들이 살던 땅을 그리스어로 '사이'를 뜻하는 '메소meso'와 '강'을 뜻하는 '포탐potam'을 합쳐 메소포타미아라고 부릅니다. 강 사이의 땅이라는 뜻입니다. 지금의 이라크 지역으로, 세계 4대 문명의 발상지 중 한 곳입니다.

수메르인은 농사를 짓기 시작했습니다. 우연한 기회에 밀과 보리를 따뜻한 물에 섞은 후 놔두었더니 술이 되었습니다. 요즘의 맥주 만드는 방법과는 좀 다릅니다. 오히려 막걸리 만드는 방법과 비슷합니다. 당시 마시던 맥주를 상상하면서 맑고 짜릿한 라거 맥주나 홉향 가득한 에일 맥주를 떠올리면 안됩니다. 곡식을 걸러내지 않은 맥주였기 때문에 걸쭉한 액체였을 것입니다. 맥주를 액체 빵이라고 표현하는 이유입니다. 알코올 도수도 낮았다고 합니다. 도수를 높이기 위해서는 충분히 발효되어야 하는데 발효할 때 생성되는 이산화탄소 때문에 맥주 통에 술이 넘쳐흐르는 것이 싫어서였다고 합니다. 제 생각에 당시 맥주 만드는 효율이 지금보다 훨씬 떨어졌기 때문에 충분한 알코올을 뽑아내기도 어려웠을 것입니다. 탄산 함량도 적었을 것이고, 당분이 충분히 발효되지 않아 지금보다 달달한 맛이었을 것입니다. 수메르인들이 만들어 마시던 맥주를 시카루Sikaru라고 부릅니다. 단어가 마치 일본어 같은데 일본어와 전혀 관계없는 단어입니다. 참고로, 일본어 시카루(しかる)는 꾸짖다, 야단치다라는 뜻입니다.

메소포타미아 지역에서 만들기 시작한 맥주는 그리스, 이집트 문명을 통해 전 세계로 전파됩니다. 당시엔 동양이라는 개념이 없었으므로 전 세계란 유럽을 의미합니다. 유럽에 맥주가 전파되었지만, 맥주는 주로 포도가 자라지 않는 추운 지역에서 사는 게르만 민족들이 만들어 마셨습니다. 와인을 만들어 마시던 지역은 포도가 자라기 딱 좋은 따뜻한 남유럽과 스페인, 프랑스, 이탈리아 지역, 다시 말해 로마 문화권입니다. 그래서 오랜 세월 동안 와인은 고급 술, 맥주는 야만인들이 마시는 싸구려 술이라고 생각하게 된 것입니다. 맥주는 기원 전 4000년 전부터 만들어 마시던 매우 오래 된 술입니다. 그래서 모든 문화가 전부 담겨져 있습니다. 맥주를 공부하면 입시 공부할 때도 잘 이해하지 못했던 수메르인에 대해 쉽게 이해할 수 있고, 메소포타미아, 바빌론에 대해서도 이해할 수 있습니다. 학생 때는 공부가 해야 할 일이었기 때문에 재미없었지만, 지금은 재미있습니다. 해야 할 일이 아니면 뭐든 재미있습니다.

견학 과정 중 19세기 설립 당시의 맥주를 만들던 설비를 보여 줍니다. 이 도구들로 맥주를 만들던 시절에는 지금보다는 훨씬 비효율적인 시스템으로 맥주를 만들었을 것입니다. 맥주는 보리를 싹을 틔워 말린 맥아를 사용하여 만든 술입니다. 포도를 으깨어 놓으면 포도의 과즙으로 와인이 만들어지므로 물을 따로 섞지 않아도 됩니다만, 맥주는 와인과 달리 물이 필요합니다. 맥주 1리터를 만드는 데 필요한 물의 양은 당연히 1리터가 넘습니다. 요즘은 효율이 좋아져서 맥주 1리터를 만드는 데 5리터의 물이 필요하다고 알려져 있습니다. 맥아를 곱게 가루로 만든 후 물을 넣고 끓여 맥즙을 만드는 데 들어가는 물, 끓인 맥즙을 식히는 데 필요한 냉각수 목적의 물, 맥주를 만든 후 맥주 통 세척에 필요한 물의 양을 합하면 약 5배의 물이 필요하다는 계산입니다.

맥주 만드는 데 필요한 물의 양을 나타낸 그래프가 전시되어 있습니다. 1925년엔 맥주 1리터를 만드는 데 물이 무려 50리터가 필요했습니다. 물이 아무리 싸도 맥주 1리터를 만드는 데 50배의 물이 필요하다면 누가 들어도 비효율적인 공정입니다. 이렇게 비효율적인데도 맥주를 만들어 마셨던 이유는 맥주가 맛있어서였기보다는 물을 마시는 것보다 맥주를 마시는 것이 안전했기 때문이었을 겁니다. 세월이 흐르면서 맥주 만드는 과정도 점점 효율적으로 변하여, 1957년엔 맥주 1리터를 만드는 데 필요한 물의 양이 28.2리터로 줄어들었고 2011년이 되면 맥주 1리터를 만드는데 겨우 3.55리터의 물만 필요하게 되었습니다. 맥주 만들어 마시기 참 좋은 세상입니다.

인간이 느끼는 제7의 맛 '병맛'

한쪽 벽엔 다양한 크기의 벡스 맥주병을 전시해 놓았습니다. 초록색 병에 담긴 벡스 맥주는 250ml 용량의 작은 병부터 640ml 용량의 큰 병까지 다양한 크기의 병에 담겨 세계 각국으로 수출됩니다. 가이드 처자 분이 또 질문합니다. 어느 나라에서 큰 병을 선호하고 어느 나라에서 작은 병을 선호하는지에 대한 질문입니다. 제가 또 답을 맞혀서 한국인에 대한 이미지를 한층 업그레이드 시킵니다. 사실 제가 기분 좋았던 이유는 답을 맞혀서라기보다 가이드 처자가 말하는 영어를 알아들어서입니다. 나라마다 선호하는 병의 크기에 대한 답은 다음과 같습니다.

아시아 지역에 수출되는 벡스는 큰 병으로 많이 팔리고, 유럽 쪽은 주로 작은 병에 담아 수출한다고 합니다. 유럽 사람들은 전용 잔에 맥주 마시는 것을 좋아합니다. 그래서 한 병 = 한 잔, 이렇게 딱 떨어지는 용량의 맥주 포장을 선호합니다. 그들은 다른 사람이 맥주를 따라 주지 않습니다. 맥주를 따르고 난 후의 거품 두께까지 고려한 전용 잔에 맥주 한 병을 알아서 따라 마십니다. 앞 사람이 빨리 마시거나 말거나 자기 전용 잔에 담긴 맥주 한 잔을 자기 페이스대로 마실 뿐입니다. 반면, 중국, 일본, 우리나라 사람들은 작은 잔에 여러 번 따라 마시는 것을 좋아합니다. 우리나라 식당에 가서 국산 맥주를 주문하면 500ml 용량의 맥주와 200ml 정도의 작은 잔이 서빙 되고, 가만히 있으면 앞사람이 한 잔 따라줍니다. 자기가 따르고 싶어도 병을 빼앗듯 가로채서 한 잔 따라줍니다. 그리고 10~15분에 한 번씩 건배를 하고 맥주를 비웁니다. 국산 맥주는 작은 잔에 그렇게 마셔야 맛있습니다. 일본이나 중국은 잔이 더 작습니다. 아마 150ml 정도 되는 것 같습니다. 작은 잔에 큰 병의 맥주를 적당히 따라서 털어 넣는 느낌이 너무 좋습니다. 그래서 250ml나 330ml의 작은 용량보다는 소위 말하는 댓병에 담긴 맥주를 선호한다고 합니다.

다양한 크기의 병에 담긴 벡스 맥주의 맛은 동일합니다만, 나라마다, 개인마다 병의 크기에 대한 선호도가 각각 다릅니다. 같은 공장에서 만든 병과 캔 속의 맥주는 동일한데 이상하게 병맥주가 캔맥주보다 맛있게 느껴집니다. 어떤 브랜드는 반대로 캔맥주가 더 맛있습니다. 개인의 취향에 따른 느낌의 차이일 뿐입니다. 라면 2개를 똑같은 냄비에 끓인 후 하나는 고급 유리그릇에 담고 다른 하나는 오래된 양은 냄비에 담아 두면 2개가 다른 맛으로 느껴지는 것처럼, 맥주 맛의 차이보다는 병이나 캔의 모양, 라벨의 디자인에 따라 선호하는 맥주 브랜드가 결정되기도 합니다. 우리나라 맥주 브랜드 카스와 하이트를 구별하는 것도 맥주 맛의 차이보다는 맥주병 혹은 캔의 모양으로 구별하는 경우가 많고, 처음처럼과 참이슬에 대한 각각의 선호도의 차이도 병 디자인의 선호도로 구별하는 경우가 많습니다. 인간이 느끼는 맛 중에 아직 과학적으로 규명되지 않은 소위 말하는 '병맛'이 존재할 수도 있습니다만, 정확히 말하자면 시각적인 차이를 맛의 차이라고 착각하는 것입니다.

누구나 기다리는 시음 시간

약 한 시간 동안의 벡스 공장 견학 후 시음장으로 이동합니다. 맥주 공장에 견학 온 대부분의 사람들은 공장 견학보다는 시음을 위해 방문한 사람들입니다. 대부분의 맥주 회사에서는 맥주 공장 견학 프로그램을 운영합니다. 유럽이나 미국의 양조장은 유료로 운영하는 경우가 많고, 일본의 산토리, 아사히, 기린은 모두 무료로 견학 프로그램을 운영합니다. 유료건 무료건 섭섭지 않은 접대를 받고 온 기분이 들 정도로 가격 대비 훌륭한 프로그램입니다. "자, 이제 공장 견학이 끝났고 시음 코스가 남았습니다"라는 가이드 처자의 말에 일행들의 표정이 갑자기 밝아집니다. 축제 분위기입니다. 100명 넘는 인원이 들어갈 수 있는 넓은 시음장의 한쪽 테이블엔 벡스 맥주 4병이 볼링 핀처럼 가지런히 놓여 있습니다. 벡스의 창업년도인 1873년을 기념하여 만든 1873 필스Pils와 레드 에일Red ale, 페일 에일Pale ale, 그리고 앰버 라거Amber lager 맥주 4종입니다. 생맥주도 2종 제공됩니다. 참고로, 외국 사람들은 생맥주라고 하면 못 알아듣습니다. "I want a glass of live beer"라고 말하면 여행 내내 생맥주를 한 잔도 못 먹을 수도 있습니다. 생맥주를 주문하려면 드래프트Draft 혹은 탭Tap이라고 해야 알아듣습니다. 수도꼭지나 마개를 tap이라고 합니다.

시음장의 맥주를 따라주는 청년

벡스 오리지널 & 하케 벡 맥주

생맥주 2종은 벡스 오리지널과 하케 벡Haake Beck입니다. 하케 벡은 벡스에서 출시되는 다른 브랜드입니다. 2종을 한 잔씩 따라 준 후 맞춰 보라고 합니다. 벡스 오리지널은 알코올 도수 5.0%의 필스너이고, 하케 벡은 알코올 도수 4.9%의 필스너입니다만 하케 벡이 좀 더 홉을 강조한 맛이고, 벡스 오리지널은 맥아를 강조한 맛이라고 가이드 처자가 힌트를 줍니다. "One is more hoppy, the other is more malty" 설명을 듣고 나면 어렵지 않게 2종을 구분할 수 있습니다. 하나는 더 쓰고, 하나는 더 구수합니다.

다른 나라의 맥주 공장 시음 시간에는 2잔, 혹은 3잔 정도의 정해진 잔만 마실 수 있습니다만, 독일 양조장의 맥주 인심은 너무 후합니다. 대놓고 마시라고 퍼 주진 않지만, 마음만 먹으면 원하는 만큼 마실 수 있습니다. 숙소를 옆 도시 함부르크에 잡아 놓았기 때문에 한 모금만 마시고 나온 것이 아쉬움으로 남습니다. 볼링 핀처럼 놓인 맥주병 옆에는 프레첼pretzel 과자가 A3 용지 크기의 은쟁반
에 수북하게 쌓여 있습니다.
제가 평생 먹어 본 프레첼보
다 더 많은 양입니다. 소믈리
에들이 맥주를 여러 종 시음
할 땐 물로 입을 헹구거나 프
레첼처럼 단맛과 향이 거의

없는 과자를 한 입 먹어 입맛을 정리하곤 합니다. 우리나라에서는 맥주를
시음하는 중간에 아이비 크래커를 종종 먹습니다. 단맛과 버터 맛이 없고
짠맛도 적어서 맥주 시음용으로 아주 좋습니다. 인터넷에 '맛없는 크래커'
를 검색하면 가장 많이 검색되는 크래커가 아이비 크래커입니다. 나쁜 의
미는 아니고 아무 맛도 나지 않는다는 의미입니다. 카나페 만들어 먹기엔
아이비 크래커가 최고입니다.

견학을 같이 한 미
국인 커플은 둘 다 21살
입니다. 제가 알아들을
수 있도록 쉬운 영어를
천천히 또박 또박 쓰면
서 이야기합니다. 배려

해 주어 감사하다고 칭찬했습니다. 예전에 뉴욕에 갔을 때 그들이 사용하
는 영어를 반도 못 알아들었다고 이야기했더니 위스콘신 주에 사는 그들
은 "뉴욕, 보스턴에 사는 사람들은 말을 빨리 하고 발음을 너무 굴려서 자
기들도 100% 못 알아들을 때가 많다."라고 웃으며 알려줍니다. 그리고 위

스콘신 지역 사람들은 말을 또박또박 천천히 하는 편이라고 이야기합니다. 이런 저런 이야기 도중, 자기들이 사는 지역은 법적으로 맥주를 마실 수 있는 나이가 만 21세라서 합법적으로 맥주를 마신 지 얼마 안 되었다고 즐거워했습니다. 그의 설명에 의하면, 독일은 맥주를 마실 수 있는 나이가 16세이기 때문에 미국 대학생들 중 맥주를 실컷 마시고 싶은데 법적으로 못 마시는 19세, 20세 친구들이 오로지 맥주를 실컷 마시기 위해 대서양을 건너 독일에 놀러오는 경우도 있다고 합니다.

다른 한 커플은 영국 런던에서 온 커플입니다. 브레멘에 2박을 하면서 자전거를 빌려 벡스 공장에 견학을 왔다고 합니다. 그들에게 몇 년 전 영국에 가서 좋았던 이야기와 함께 영국의 대표 맥주 런던 프라이드London Pride, 브루독 펑크 IPA(Brewdog Punk IPA)를 좋아한다고 이야기하니 매우 즐거워합니다. 우연히 만난 외국인과 대화를 풀어 나가는 가장 좋은 방법은 그들의 음식, 특히 그들이 마시는 술을 칭찬하는 것입니다. 외국인이 막걸리, 소주가 맛있다고 칭찬하면 내가 자주 마시는 술도 아닌데 기분이 좋아지는 것과 같은 이유입니다. 저는 주로 여행 도중 외국인을 만나면 그들의 맥주 브랜드에 대해 아는 체를 합니다. 왜냐면 그들보다 제가 맥주를 많이 알기 때문입니다. 비행기 옆자리에 탄 외국인과 10시간 동안 한마디도 안 하고 내리는 경우는 거의 없습니다. 옆자리 외국인에게 던지는 "I'm from Korea, where are you from?"이라는 질문 후에 아는 체 하는 그 나라의 맥주 칭찬을 그들은 대단히 좋아합니다. 외국인을 만나게 되면 괜히 "Do you like Kimchi?", "Do you like Bibimbab?"이라는 강요된 질문을 던지지 말고 그들의 맥주를 칭찬해 주는 것이 좋습니다.

시음 후 반갑게 인사하는 영국인 커플

외국인은 김치와 비빔밥을 썩 좋아하지 않는다.

　　냉장고가 널리 사용되기 시작한 때가 20세기입니다. 그 전까지는 모든 나라마다 음식을 오래 보존하기 위해 여러 가지 방법을 사용하였습니다. 음식을 소금에 절여 두기도 했고, 세균의 존재를 모르던 시절이었지만 훈연을 하여 균을 죽이기도 했습니다. 유익한 미생물에 노출시켜 음식을 발효시키기도 했습니다. 발효와 썩는 것의 차이는 사람이 먹을 수 있는가 아닌가의 차이입니다. 우리가 알고 있는 발효 식품으로는 대한민국의 김치, 불가리아의 요구르트, 독일의 자우어크라프트, 유럽의 치즈 등이 있습니다. 음식을 발효시키면 음식의 맛과 향이 변합니다. 그래서 발효된 음식은 호불호가 명확합니다. 치즈는 유럽인들에겐 감칠맛 풍부한 매일 먹는 먹거리지만 누군가에겐 역겨운 냄새가 나는 느끼한 음식일 뿐입니다. 우리나라 사람들은 김치를 즐겨 먹지만, 많은 외국인들은 김치 특유의 시큼한 맛과 향을 좋아하지 않습니다. 우리가 김치의 시큼한 향을 역겨워하지 않는 것은 어릴 때부터 먹어 왔기 때문이고, 유럽인들이 발 냄새 나는 치즈를 즐겨 먹는 이유도 항상 먹어 온 음식이기 때문입니다. 김치는 그들이 좋아하지 않을 가능성이 높은 음식입니다. 우리가 외국인에게 "Do you like Kimchi?"라고 묻는다면 그들은 아마 예의상 웃으며 "Not bad"라고 대답할 것입니다.

음식을 장기 보존하기 위한 방법
염장, 훈연, 말림, 발효

김치 뿐 아니라 외국인들에게는 비빔밥 역시 어색한 음식입니다. 유럽 사람이 기내식으로 비빔밥을 먹는 모습을 종종 관찰합니다. 그들은 도라지, 오이, 갈아 놓은 쇠고기를 순서대로 먹을 뿐 식재료를 비벼 먹지 않습니다. 식재료를 밥에 비벼 먹으면 맛있다는 것을 설명해도 못 알아들을 겁니다. 누가 더 효율적인지의 차이는 아닙니다. 팥빙수를 비벼 먹는 사람과 그냥 먹는 사람이 있는 것처럼 습관의 차이일 뿐입니다.

우리는 반찬 문화가 있습니다. 밥 한 숟갈 먹고 반찬을 입에 넣습니다. 2가지 반찬을 한꺼번에 입 안에 넣고 우물우물 씹을 때도 있습니다. 비빔밥은 밖에서 비벼서 입 안으로 가져가는 음식이고 백반은 입 안에서 비벼지는 음식입니다. 그래서 우리에겐 온갖 재료와 밥을 고추장에 비벼 먹는 것이 어색하지 않습니다. 반면, 유럽 사람들에게는 반찬이라는 개념이 없습니다. 반찬에 해당하는 영어, 독일어 단어는 없습니다. 영어로 비빔밥과 반찬을 설명할 수 있다면 그 사람은 영어를 매우 잘 구사하는 능력의 소유자입니다. 그들에게 비빔밥은 라이스가 포함된 샐러드일 뿐입니다. "Do you like Bibimbab?"이라고 물어보면 예상되는 그들의 답변은 역시 "Not bad"입니다.

세계 최대 맥주 기업 AB InBev

맥주를 마구 퍼 주는 시음 시간이 끝나고 참석했던 미국인, 영국인 커플과 인사를 나눈 후 공장 밖을 나섭니다. 운전 때문에 맥주를 마시지 못한 아쉬움은 마치 월드컵 결승 때 그라운드 가까운 곳에 서 있지만 관중석을 바라보고 있어야만 하는 보안 요원이 느끼는 아쉬움과 비슷합니다. 벡스 공장 바로 옆에는 세계 최대 맥주 기업 AB 인베브AB InBev 건물이 있습니다. 벡스 맥주 회사는 2002년 AB 인베브에 팔렸습니다.

안호이저–부쉬 인베브AB InBev는 세계 맥주 시장의 20%를 차지하는 가장 큰 맥주 기업입니다. 버드와이저, 코로나, 호가든, 벡스, 뢰벤브로이 등 우리가 마시는 많은 브랜드가 이 기업의 맥주입니다. 우리나라의 OB 맥주도 AB InBev가 최대 주주입니다. 세계 2위 기업 사브–밀러SAB-Miller의 시장 점유율이 약 9.5%이므로 2위와 2배 이상 차이가 납니다.

AB InBev를 인수 합병(M&A)을 통해 세계 1위 맥주 기업으로 만든 3명에 관한 책이 있습니다. 제목은 드림 빅Dream Big입니다. 주인공은 시쿠피라, 레만, 텔레스 삼총사입니다. 시/레/텔 이라고 외우면 됩니다. 앞 글자 외우기는 의과대학 출신의 나쁜 습관입니다. 이들은 1971년 '가란치아'

라는 은행을 설립합니다. 은행이 성공하자 16년 후인 1987년 브라질 국민 맥주 브라마Brahma를 약 600억 원에 인수합니다. 브라질 로컬 맥주 회사 의 CEO가 되었을 뿐인데, 이들은 사람들에게 "언젠간 버드와이저를 인수 할거야"라고 말하고 다닙니다. 동네 병원 원장이 "언젠간 삼성병원을 인 수할거야"라고 말하는 것과 같은 느낌입니다. 버드와이저는 미국에서 가 장 많이 팔리는 맥주 중 하나로 안호이저-부쉬Anheuser-Busch라는 세계 3위 맥주 기업에서 만든 맥주입니다. 그런데 그들이 농담 반 진담 반으로 했던 버드와이저를 인수한다는 말은 결국 현실이 됩니다. 그래서 책의 제목이 드림 빅, '꿈을 크게 가져라'입니다.

1. 세계 5위 맥주 기업 : 1999년 브라질 맥주 점유율 1위 브라마는 2 위 맥주 회사 안타르티카Antarctica와 합병, 회사 이름을 암베브AmBev로 바 꿉니다. 암베브는 브라질 맥주 점유율 70%의 세계 5위 맥주 기업이 됩 니다.

2. 세계 2위 맥주 기업 : 암베브는 2004년 스텔라 아르투아, 호가든 브랜드를 가지고 있는 세계 3위의 벨기에 최대 맥주 기업 인터브루Inter-brew와 합병하여 인터브루의 앞 글자 In과, 암베브의 뒷글자 Bev를 합쳐 인베브InBev로 이름을 짓습니다. 세계 5위와 3위가 합병한 인베브는 미국 의 사브-밀러에 이어 세계 2위 맥주 기업이 됩니다.

3. 세계 1위 맥주 기업 : 2008년 인베브는 결국 그들이 장난처럼 했 던 말대로 미국의 안호이저-부쉬와 M&A를 하여 AB InBev라는 시장 점 유율 20%를 차지하는 세계 1위 맥주 기업이 됩니다. "회사의 크기는 자 본의 규모가 아니라 생각의 크기, 꿈의 크기다"라는 그들의 말이 증명된

것입니다. 세계 1위 맥주 기업이었던 사브–밀러 입장에서 보면 황당할 수도 있습니다. 자기들이 열심히 일을 하지 않은 것도 아니고 회사의 일부를 매각한 것도 아닌데 어느 날 갑자기 세계 2위 맥주 기업이 된 것입니다.

세계 맥주 기업 순위와 점유율

1위 : Anheuser-Busch InBev(20%)

2위 : SAB-Miller(9.5%)

3위 : Heineken group(9.0%)

4위 : Carlsberg group(6.0%)

요즘 우리나라 대형 마트의 맥주 매장에 가면 수입 맥주를 싸게 살 수 있습니다. 심지어 편의점에서도 다양한 종류의 수입 맥주를 4캔 만원에 팔고 있습니다. 마트나 편의점에서 싸게 구입하는 맥주의 대부분은 세계 1~4위 맥주 기업이 인수한 맥주 브랜드입니다. 제가 대학생이었던 1990년대 초반, 맥주집에서 마시던 수입 맥주 한 병 가격이 이천 원 정도 했던 것으로 기억합니다. 당시 수입 맥주 가격과 비교해 보면 요즘의 수입 맥주 가격은 매우 저렴합니다. 이 가격이라면 굳이 마트에 가서 큰맘 먹고 맥주를 왕창 사서 집에 쟁여 놓을 필요가 없습니다. 동네 편의점을 개인 맥주 냉장고처럼 사용해야 하는 가격입니다. 그들이 서로 인수 합병을 하거나 말거나 우리는 만원에 4캔을 사서 홀짝 홀짝 마시면 됩니다.

브레멘의 명소 브레멘 음악대 동상

벡스 맥주 공장 방문을 마치고 1.5km 거리의 구시가지로 이동합니다. 브레멘 구시가지와 벡스 공장 사이로 베저 강Weser이 흘러갑니다. 독일 중부에서 발원하여 브레멘을 관통하여 북해로 흘러나가는 베저 강은 독일 영토에서 시작하여 독일 영토에서 끝나는 유일한 강입니다. 베저 강 하류를 따라 북해로부터 수많은 무역선이 드나들었던 브레멘은 중세 한자 동맹의 가장 번창한 도시 중 하나였기 때문에 지금도 구시가지에서 그 화려한 흔적을 쉽게 찾을 수 있습니다. 독일 도시들의 공통점은 구시가지가 잘 보존되어 있다는 것입니다. 어느 도시를 방문하건 마르크트 광장Marktplatz라 불리는 큰 광장이 있고, 시청사, 성당 같은 건물이 광장을 병풍처럼 둘러싸고 있습니다. 브레멘 구시가지의 마르크트 광장에도 유네스코 세계문화유산으로 지정된 시청사Rathaus가 있고, 역시 유네스코 세계문화유산으로 지정된 높이 5.5미터의 롤란트Roland 석상이 서 있습니다. 롤란트 석상은 과거 자유 도시였던 브레멘의 자유와 주권을 상징하는 의미이자, 도시를 지키는 성자의 의미입니다. 회색 석상의 왼쪽 가슴에는 머리가 2개인 독수리가 새겨진 노란색 방패가 걸려 있습니다. 노란 바탕, 쌍두 독수리는 신성로마제국의 상징입니다.

시청사 정면에서 오른쪽 코너를 돌면 브레멘 음악대 동상이 있습니다. 이곳이 마르크트 광장에서 관광객에게 가장 인기 좋은 곳입니다. 동화 브레멘 음악대는 주인에게 버림 받을 위기에 처한 늙은 당나귀가 브레멘으로 도망가는 도중에 비슷한 처지의 개, 수탉, 고양이를 만나 도둑을 물리치고 한 집에서 행복하게 살게 된다는 이야기입니다. 독일의 유명한 언어학자인 그림 형제Jacob Grimm & Wilhelm Grimm가 언어학을 연구하던 중 독일 지역의 민담을 모아 "어린이와 가정을 위한 옛날 이야기Kinder und Hausmarchen"라는 제목의 책을 발간합니다. 우리나라에서는 그림동화집으로 알려진 이 책에는 브레멘 음악대를 비롯하여 우리가 알고 있는 많은 이야기들이 수록되어 있습니다. 책에 그림이 많아서 그림동화집이 아닙니다. 수록된 대표적인 이야기로는, 백설 공주, 잠자는 숲속의 미녀, 황금 거위, 늑대와 7마리의 새끼양 등이 있습니다.

등장 동물인 당나귀, 개, 고양이, 그리고 수탉이 몸무게 순서로 등에 타고 있는 브레멘 음악대 동상 앞은 관광객들이 사진을 찍기 위해 줄을 서 있는 곳입니다. 특히 당나귀를 만지면 소원이 이루어진다고 하여 청동색 동상의 당나귀 앞발과 입 주위는 유독 금빛으로 번들거립니다.

관광객에게 인기 좋은 브레멘 음악대 동상.
당나귀 앞발과 코가 닳아 있다.

미신인 줄 누구나 알지만, 브레멘까지 와서 앞발을 만지지 않고 그냥 가는 사람은 아무도 없습니다. 저도 앞발을 한 번 만져보며 제가 쓴 책이 많이 팔리도록 소원을 빌어 봅니다. 성당에 들어가 하나님께 기도하자마자 5분도 지나지 않아, 성당 오른쪽의 브레멘 동상을 만지며 소원을 비는 주술적인 모습을 조금은 반성해 봅니다.

관광객들이 줄을 서서 사진을 찍는 곳은 어느 도시던 한두 곳 정도 있습니다. 진실을 말하지 않으면 물어버린다는 로마의 진실의 입 앞에서도 입 안에 손을 넣고 깜짝 놀라는 사진을 찍기 위해 사람들이 줄을 서 있고, 미국 보스턴의 하버드 대학교에 있는 하버드 동상의 구두도 사람들이 하도 만져서 황금빛으로 번들거립니다. 브레멘 음악대 동상의 당나귀 앞발을 만지는 사진을 찍기 위해 약 5분 정도 기다리며 중국인 단체 관광객이 없어서 다행이라고 생각합니다. 여행 중 중국 단체 관광객과 마주치게 되면 인증샷 찍는 것을 포기해야 합니다. 그들은 기본 대형 버스 2대 이상의 인원입니다. 몇 년 전 영국의 그리니치 천문대를 방문했을 때 하필 중국 단체 관광객과 겹치게 되어 누구나 찍어야 하는 본초자오선 인증샷, 즉 본초자오선 라인을 가랑이 사이에 두고 왼발은 지구의 동쪽, 오른발은 지구의 서쪽에 놓인 사진 2장을 찍기 위해 한 시간을 기다렸던 기억이 납니다. 이곳 브레멘은 독일의 북쪽 끝자락이기 때문에 아직까지 중국인 단체 관광객의 발길이 뜸한 곳입니다. 많이 기다리지 않아서 좋습니다.

북부 독일에는 동화 속의 도시가 하나 더 있습니다. 브레멘에서 남쪽으로 약 130km 정도 떨어진 하멜른Hameln입니다. 평화로운 마을 하멜른에 쥐들이 많아져 사람들이 매우 불편해합니다. 어느 날 한 사나이가 나타나 피리를 불어 마을의 쥐를 모두 물에 빠뜨려 퇴치시키지만, 마을 사람들로부터 약속한 돈을 못 받게 됩니다. 그는 다시 나타나 피리를 붑니다. 이번에는 쥐 대신 마을 아이들이 피리 부는 사나이를 따라 사라집니다. 동화 피리 부는 사나이의 줄거리입니다. 인구 6만 명이 사는 작은 마을 하멜른은 베저 강 중류에 위치한 마을입니다. 참고로 브레멘은 베저 강 하류의 도시입니다. 피리 부는 사나이에 의해 쥐들이 빠진 곳이 베저 강입니다. 쥐들이 빠진 강물로 벡스 맥주를 만든다고 당황스러워 할 필요는 없습니다. 하멜른의 피리 부는 사나이는 13세기경의 일이고 벡스 맥주의 창업 시기는 1873년입니다.

구시가지가 아름다운 브레멘과 벡스 맥주 한 잔은 잘 어울리는 한나 절입니다. 함부르크로 이동해야 해서 벡스 한 잔을 제대로 못 마시고 브레멘을 떠나 아쉬울 뿐입니다.

도르트문트 - 브레멘 - 함부르크

브레멘 시청사

롤란트(Roland) 상

적당량의 술은 건강에 도움이 된다?

술에 포함된 알코올은 국제암연구소(IARC, International Agency for Reserch on Cancer)에서 규정한 발암 물질입니다. 즉, 술을 마시면 마실수록 암 발생률은 올라갑니다. 그걸 알면서도 술이 주는 즐거움 때문에 적당히 마시는 것일 뿐, 건강을 위해 술을 마시는 것은 아닙니다. 술과 건강에 대한 잘 못 알려진 유명한 주장이 있습니다. 프렌치 패러독스 French Paradox입니다. 패러독스paradox라는 말은 모순, 역설이라는 뜻입니다. 일반적으로 포화 지방을 많이 먹으면 심장병 발병률이 올라가는 것으로 알려져 있습니다만, 프랑스 사람들은 포화 지방을 많이 먹는데도 불구하고 심장병이 적다는 것이 프렌치 패러독스입니다. 프렌치 패러독스를 이야기할 때 항상 등장하는 인물이 있습니다. 세흐쥬 르노Serge Renaud 라는 프랑스 학자입니다. 그는 1991년 미국의 유명한 TV 프로그램인 60 minutes 에 출연하여 "대부분 나라마다 포화지방을 많이 먹는 것은 관상동맥질환으로 인한 사망률과 관계가 있다. 그러나 프랑스는 좀 다르다. 이 역설paradox은 아마 프랑스 사람들이 와인을 많이 마셔서일 수도 있겠다"라는 주장을 하고 관련 논문을 여러 편 발표합니다. 방송이 나온 이후 1년 만에 미국의 레드 와인 소모량이 44%나 급증하고, 레드 와인 열풍이 붑니다. 급기야 레드 와인은 건강식품으로 둔갑하게 됩니다. 레드 와인과 심장병에 관한 이론일 뿐인데도 레드 와인을 마시면 건강해진다라고까지 생각하게 됩니다.

이후 많은 학자들이 레드 와인 속의 어떤 물질이 영향이 있을까? 라는 연구를 진행합니다. 그 결과, 레드 와인에 들어 있는 폴리페놀의 일종인 레즈베라트롤resveratrol이 우리 몸에서 항산화 물질로서의 좋은 기능을 하는 것으로 알려집니다만, 효과를 볼 수 있는 레즈베라트롤 1g을 먹기 위해서는 레드 와인을 하루 500병 이상 마셔야 하는 것으로 결론이 납니다. 다시 말해서 프랑스 사람들이 심장병이 적은 이유는 아직 밝혀지지 않은 다른 이유 때문이지, 적어도 그들이 레드 와인을 많이 마시기 때문은 아니라는 것입니다.

서양의 술 관련 효능에 대한 에피소드는 프렌치 패러독스밖에 없지만, 우리나라의 경우 아직도 항암 식품, 발암 식품 등 음식마다 효능을 부여하는 습관이 있어서 술도 약주라는 표현을 사용하곤 합니다. 복분자가 건강에 좋다고 하여 복분자주도 건강에 좋다는 것은 말도 안 되는 이야기입니다. 마찬가지로 매실의 효능을 보기 위해 매실주를 마실 이유도 없습니다. 복분자주와 매실주는 복분자와 매실의 독특한 향을 즐기면 됩니다.

프렌치 패러독스의 예에서처럼 적당량의 술이 건강에 도움이 된다는 주장은 두 가지 면에서 큰 의미 없는 주장입니다. 첫째, 누구도 본인의 적당한 음주량을 알지 못합니다. 설사 본인의 적당량을 알고 있다고 해도 항상 적당량 이상의 술을 마시게 됩니다. 둘째, 어떤 술에 포함된 성분의 효과를 보기 전에 알코올 때문에 간이 망가집니다. 술은 마시는 양에 비례하여 암 발생률도 올라가고 건강에 해롭다는 사실을 인정해야 소위 말하는 '적당한 양'을 마실 수 있게 됩니다. 암 예방이 우리 인생의 첫 번째 목표가 아니기 때문에 저도 몸에 안 좋은 줄 알지만 맥주를 적당히 마시며 즐겁게 살고 있습니다.

함부르크에서
버맥을
#6

함부르크Hamburg에 방문한 이유

브레멘 음악대와 벡스의 도시 브레멘을 출발하여 약 120km 정도 떨어진 함부르크Hamburg로 이동합니다. 함부르크는 인구 약 170만 명이 살고 있는 독일 제 2의 도시이자, 독일에서 가장 큰 항구 도시입니다. 뮌헨을 독일에서 가장 큰 도시로 알고 있는 사람들이 많습니다만, 뮌헨은 베를린, 함부르크에 이어 세 번째로 큰 도시입니다. 함부르크는 햄버거의 어원이 되는 도시로, 이곳에서 1박을 하려고 계획했던 이유도 햄버거에 맥주 한 잔을 마시기 위해서였습니다. 일 때문에 함부르크에 방문하여 머무른 김에 햄버거를 먹어 보는 것이 아니라, 햄버거를 먹기 위해 일부러 함부르크에 방문하는 것은 삿포로 맥주 마시러 일본 가는 것, 칭다오 맥주를 마시러 중국 가는 것처럼 대단히 비효율적인 행동입니다만, 어차피 저는 독일 맥주를 마시러 비행기 타고 독일에 와 있는 비효율적인 아저씨입니다. 이번 여행의 모든 경로가 경제적 측면에서 봤을 때 비효율적이라고 가정하면 함부르크에 햄버거 먹으러 1박하는 것이 그리 황당할 이유도 없습니다.

함부르크도 브레멘처럼 도시 자체로 한 주를 구성하는 행정 구역입니다. 공식 명칭은 자유 한자 도시 함부르크Freie Hansestadt Hamburg입니다. 북해로 흘러 들어가는 엘베Elbe 강 하류에 위치하여 중세 때부터 유럽의 무역 중심지였던 이 도시는 부산광역시와 비슷한 점이 많습니다. 경상남도가 아닌 독립된 광역시이고, 대한민국 제2의 도시, 대한민국 최대 항구 도시인 점이 독일 제2의 도시, 독일 최대 항구 도시인 함부르크와 비슷합니다.

도시 이름에 '부'가 들어가는 것도 공통점입니다. 서로 비슷해서인지 함부르크와 부산은 자매 도시를 추진 중일 정도로 우호적입니다. 함부르크에는 부산교Busanbrücke라는 다리도 있고 한국 거리Koreastraße도 있습니다.

함부르크의 부산교 © Pauli-Pirat, CC BY-SA 4.0

독일 음식, 특히 독일 맥주 이름에 'er'이 붙은 경우가 많습니다. 영어에서는 동사 뒤에 접미사 'er'이 붙어 어떤 일을 하는 사람을 의미합니다만, 독일어에서는 도시 이름 뒤에 'er'이 붙으면 그 지역의 물건 혹은 음식이라는 의미를 갖습니다. 햄버거Hamburger는 'hamburg' + 'er'입니다. 함부르크에서 기원한 음식이라는 뜻입니다. 우리가 먹는 햄버거를 함부르크에서 처음 만들었다는 뜻은 아닙니다. 우리가 먹는 햄버거 스타일은 미국에서 만들어진 것입니다만, 적어도 햄버거라는 이름만큼은 함부르크에서 기원한 것입니다.

햄버거의 조상은 타타르tartars 스테이크입니다. 유목 생활을 하는 몽골인들은 천막에서 생활하였습니다. 농사를 지어 곡식을 먹는 대신 양고기와 말고기를 먹었습니다. 천막에서 생활하고 이동이 잦은 그들은 먹다 남은 고기를 다져서 말 안장 사이에 넣고 다녔습니다. 왜 하필 말안장 사이에? 라고 의아해할 이유는 없습니다. 직접 본 적은 없지만, 그냥 그게 편했나 봅니다. 말안장 사이의 다진 고기는 말을 타고 이동하는 동안 사람의 엉덩이와 말의 등 사이에서 지속적인 물리적인 자극을 받았기 때문에 먹기 좋게 부드러워졌다고 합니다. 적당히 발효되기도 했을 것이고, 적당히 상해도 대충 먹고 살았을 겁니다.

13세기 몽골이 러시아와 헝가리를 쑥대밭으로 만든 사건이 벌어집니다. 몽골 기마병들은 말을 타고 이동하면서 잠을 잡니다. 식사도 이동 중에 말안장 사이의 다진 고기를 먹습니다. 지금 헝가리가 공격당했으니 앞으로 한 달쯤 뒤에 우리 마을에 도착할 것이라 생각하고 방어 태세를 갖추는데 일주일도 안 되어 말발굽 소리가 들리고 마을이 풀 한포기 남지 않고 초토화됩니다. '어떻게 당했는데?'라고 물어볼 사람도 없습니다. 전 유럽이 공포의 도가니에 빠집니다. 원래 타타르족은 중앙아시아의 소수 유목 민족으로, 몽골족과는 좀 다릅니다만, 우리가 서양인을 게르만족, 슬라브족으로 구별하지 않고 유럽 사람이라고 부르는 것처럼 유럽 사람들은 그

들을 공포에 떨게 만든 중앙아시아의 유목 생활을 하는 기마민족들을 타타르인이라고 불렀습니다.

세월이 흘러 몽골인들은 물러갔지만 그들이 먹던 다진

고기는 유럽의 음식 스타일로 남았습니다. 유럽인들은 말, 양고기 대신 돼지, 소고기를 갈아서 양념한 스타일을 타타르인이 먹던 음식이라는 뜻으로 타타르 스테이크라고 불렀습니다. 어떤 문화나 음식은 대도시부터 퍼져 나갑니다. 항구 도시 함부르크는 당시의 무역 1번지였습니다. 부드럽게 다진 타타르 스테이크를 유럽에 퍼트린 주범은 함부르크였습니다.

20세기 미국의 어느 업자가 다져 익힌 고기를 먹기 좋게 빵 사이에 끼워 팔기 시작했습니다. 유럽에서 대서양을 건너 이민 온 사람들은 다져서 익힌 고기를 보고 함부르크에서 본 타타르 스테이크와 비슷하다고 하여 함부르크 스테이크, 즉 햄버거 스테이크Hamburger steak라고 불렀습니다. 우리나라에서는 함박스테이크라고 부릅니다. 언젠가부터 햄버거 스테이크는 발음하기 좋게 햄버거Hamburger라고 불립니다. 햄버거라는 단어의 기원입니다. 햄버거엔 햄이 들어가지 않습니다. 곰탕에 곰이 들어 있지 않는 것과 같습니다.

~~~~~~

한번쯤 먹어 본 레스토랑 메뉴의 원조 음식

함박스테이크 : Hamburger steak

돈까스   : Port cuttlet

고로케   : Croquette

오므라이스   : Omelet + Rice

생선까스   : Fish and chips

로스구이   : Roast

~~~~~~

함부르크의 랜드 마크 알스터 호수

숙소에 짐을 풀고 햄버거에 맥주, 일명 버맥 한 잔 하러 시내 중심가로 이동합니다. 함부르크의 중심가에는 도심의 랜드 마크인 알스터Alster 호수가 있습니다. 1.8km²의 큰 호수로 축구장 250개가 들어갈 정도의 크기입니다. 원래 이곳은 강이었습니다. 1000년 이상 함부르크를 먹여 살린 엘베 강의 지류 알스터 강에 제분소 가동을 위해 댐을 만들었는데 계산 착오로 물이 너무 고이는 바람에 알스터 강이 알스터 호수가 되었습니다. 13세기 무렵의 일입니다. 도심에 호수가 있어서 함부르크는 매우 여유롭습니다.

호수의 넓이

카스피해	: 371,000km^2 (세계에서 가장 큰 호수)
슈피리어호	: 82,360km^2 (세계에서 가장 큰 담수호)
바이칼호	: 31,500km^2 (세계에서 가장 깊은 호수)
백두산 천지	: 9.17km^2
알스터 호수	: 1.8km^2
일산 호수 공원	: 0.3km^2
산정 호수	: 0.24km^2

　　같은 북부 독일의 도시이고 한자 동맹의 중심지였음에도 함부르크와 브레멘은 느낌이 많이 다릅니다. 묵직합니다. 이날따라 함부르크의 날씨가 흐려서 더 그런 느낌이 드나 봅니다. 스팅Sting의 잉글리쉬맨 인 뉴욕 Englishman in New York 뮤직 비디오 안에 들어가서 도입부에 흐르는 쿵작거리는 반주에 맞춰 길을 걷는 착각이 드는 한편, 대도시답게 큰 건물도 많고

명품 가게도 즐비합니다. 거리를 걷다 보니 건물 여기저기 햄버거Hamburg-er라는 간판이 붙어 있습니다. '음, 역시 함부르크는 햄버거의 도시답게 햄버거 가게가 많군.'이라고 생각했습니다만, 우리가 먹는 햄버거 뿐 아니라 함부르크에서 만든 물건에도 햄버거hamburger라는 단어를 사용하고, '함부르크의'라는 뜻으로도 햄버거hamburger를 사용한다는 것을 알게 되었습니다. 역시 사람에겐 책에서 배운 지식만큼 현장에서 배운 경험이 중요합니다. 함부르크에서는 옷가게 앞에도 햄버거, 자동차 전시장 앞에도 햄버거라는 간판이 걸려 있습니다.

정작 함부르크에 9곳이나 있다는 유명한 햄버거 체인점 짐 블록Jim Block의 입구엔 햄버거hamburger라는 간판이 없습니다. 그냥 짐 블록이라고만 되어 있습니다. 적어도 9종 이상의 햄버거를 파는 곳으로, 인기가 많아 늘 줄을 서 있는 곳입니다. 이곳에서 버맥을 하려 했으나 생맥주를 팔지도 않고, 뭐 얼마나 비싼 음식 먹는다고 여기까지 와서 줄 서서 먹는다는 것이 그리 내키지 않아 숙소 레스토랑에서 저녁을 먹기로 계획하고 호텔로 돌아옵니다.

처음 먹어보는 햄버거와 맥주

숙소 레스토랑의 장점은 맥주를 편하게 마실 수 있다는 것입니다. 마시다 피곤하면 바로 올라가서 양치만 하고 자면 됩니다. 솔직히 말하면 그냥 잡니다. 마침 체크인을 할 때 받은 호텔 레스토랑 20% 할인 쿠폰이 있어 편한 마음, 편한 복장으로 호텔 1층의 레스토랑에 들어갑니다. 할인권은 통상적으로 음식은 할인해 주지만 맥주나 음료는 할인 제외 대상입니다. 혹시나 해서 물어보니 의외로 맥주 값도 깎아준다고 하여 아주 편안한 마음으로 햄버거, 스파게티를 주문하고 독일 북부의 예버Jever라는 마을에서 만드는 예버Jever 필스너와 프랑크푸르트에서 마셨던 쉐퍼호퍼 바이젠을 주문합니다.

푸근한 인상의 웨이트리스가 "한명 더 오니?"라고 질문합니다. 혼자다 먹을 거라고 말하니 욕심쟁이 유후훗~~!! 하는 표정을 짓습니다. 예버 필스너는 처음 마셔 보는 브랜드입니다. 전형적인 독일 필스너 스타일로, 깔끔한 첫 모금과 한 모금 마신 후 올라오는 홉의 쓴 맛이 좋습니다. 필스너 한 모금, 헤페바이젠 한 모금씩 번갈아 가글링gargling하듯 맥주를 마시고 있으니 주문한 햄버거가 나옵니다. 사실 우리나라 음식점에서 햄버거에 맥주를 마셔 본 적이 한 번도 없습니다. 40대 아저씨들은 주로 펍이 아닌 식당에서 식사를 겸하여 술을 마시기 때문입니다. 저는 펍을 좋아하지만, 다른 사람들은 펍보다 식당을 좋아하기 때문에 몸이 약해 큰 목소리를 낼 수 없는 저는 그들의 의견에 따라 펍을 2차로 방문하곤 합니다. 펍에서 햄버거를 팔아도 버거를 먹을 위장이 남아 있지 않은 상태가 대부분입니다. 소위 말하는 버맥을 햄버거의 본고장 함부르크에서 개시하는 기분이 참 좋습니다.

유럽 레스토랑에서는 음식을 주문하기 전 음료수 주문을 먼저 받습니다. 어떤 음식을 고를지 고민하는 동안 자기가 마시고 싶은 액체를 웨이터에게 먼저 말하면 됩니다. 한 가지 팁은 입구에 메뉴판이 적혀 있으므로 먹고 싶은 메뉴를 미리 정하고 레스토랑에 들어가는 것이 좋습니다. 답을 알고 시험 보는 사람처럼 아주 편안할 겁니다. 반면, 메뉴판 리뷰 없이 무작정 들어가면 주문 받으러 온 웨이터가 커닝한 학생 잡으러 온 선생님처럼 느껴집니다.

우리나라 식당에서는 손님이 자리에 앉으면 이모가 아닌데도 이모라 불리는 분이 물통과 컵을 인원수대로 테이블에 놓고 갑니다. 술이라면 모를까 식전 음료를 주문할 이유가 없습니다. 주문한 음식이 나오면 반드시 국 한 그릇이 딸려 나옵니다. 설렁탕, 해장국 같은 국물 음식이 아니더라도 된장국이나 미역국 한 그릇이 제공됩니다. 족발을 시켜도 국을 주고, 스시 먹을 때도 국을 줍니다. 대한민국 식당은 항상 국과 물이 넘쳐흐르는 곳이기 때문에 밥 먹을 때 음료수를 마실 이유가 없습니다. 오히려 밥 먹을 때 음료수를 같이 마시면 복달아난다고 혼납니다. 그러나 유럽의 식당은 국물이 없습니다. 물도 잘 안줍니다. 공짜로 물을 주는 나라는 제 기억에 영국 정도 밖에 없습니다. 그나마 수돗물입니다. 식사를 하면서 "Would you give me a dish of soup for free?"라고 요청하면 이상한 사람 취급할 겁니다. 그들이 식사 주문 전 술, 물, 음료를 한 잔 주문하는 것은 당연한 일입니다.

만일 유럽 레스토랑에 4명이 앉았는데 음료 주문을 하러 온 웨이터에게 "No thanks"라고 말하면 상당히 의아해 할 수도 있습니다. 어쩌면 우리나라 설렁탕 집에서 설렁탕 빼고, 밥이나 한 그릇 달라고 주문하는 사람 취급당할 수도 있습니다. 웨이터의 표정이 일그러집니다. 일그러진 웨이터의 표정을 보고 우리는 인종차별을 당했다고 오해합니다.

음료를 먼저 주문하는 것이 습관이 되어 있지 않기 때문에 당연히 어색하겠지만 그냥 그들 문화라고 이해하고 편하게 음료 한 잔을 주문하고 음료가 나올 동안 메뉴를 정하면서 여유 있게 식사를 즐기면 됩니다. 저는 자리에 앉자마자 맥주를 시리즈로 주문하기 때문에 유럽 레스토랑이 전혀 불편하지 않습니다. 현지인들 보다 더 많이 시켜 먹기 때문에 웨이터들이 매우 좋아하는 편입니다. 다음날 같은 레스토랑에 가면 다들 알아볼 정도입니다. 신나게 먹고 나갈 때 항상 하는 멘트가 있습니다. "I'll be back"

유럽 식당 중 색다른 시스템으로 운영되는 곳도 있습니다. 영국의 펍 pub입니다. 펍은 퍼블릭 하우스Public house의 준말입니다. 영국 사람들이 일을 마치고 맥주 한 잔을 시켜놓고 퍼블릭하게, 즉 편하고 격식 없이 이야기하는 공간입니다. 좌석이 부족해도 서서 맥주 한 잔을 쥔 채 한 모금씩 홀짝거리면서 이야기합니다. 서 있는 사람들에게 후불로 요금을 받는 것은 대단히 번거로운 일입니다. 그래서 영국 펍에 방문하면 맥주 꼭지가 가득 달려 있는 카운터 앞에서 돈을 내고 맥주를 주문하고 직접 받아 오는 것이 자연스럽습니다.

영국의 펍 문화를 잘 모르는 외국인, 특히 동양인이 영국 펍에 들어가 자리에 앉아 있으면 센스 있는 웨이터는 웃으며 다가와서 메뉴판을 건네거나, 카운터에 가서 주문하라고 안내를 합니다만, 별 관심 없는 웨이터는 두리번거리며 앉아만 있는 우리를 투명 인간 취급하며 주문하든지 말든지 내버려 두는 경우가 있습니다. 하염없이 앉아만 있다가 얼굴 시뻘개져서 나가버리는 동양인 처자들도 가끔 봅니다. 영국 펍에 방문하면 적어도 첫 맥주만큼은 카운터에서 주문해야 하는 것을 꼭 기억해야 합니다.

버맥, 치맥, 피맥

　햄버거와 필스너는 아주 훌륭한 궁합입니다. 버맥은 최근 우리나라 맥주계의 핫한 아이템입니다. 치맥(치킨＋맥주), 피맥(피자＋맥주), 버맥(버거＋맥주)의 앞 글자인 치킨, 피자, 버거 같은 기름진 음식을 먹고 입 안의 기름기와 양념의 강한 향을 날려버리기 딱 좋은 맥주 스타일은 필스너, 페일 라거 같은 라거 맥주입니다. 버맥이 요즘 핫한 이유는 우리나라의 외식 문화 트렌드와도 관계가 있습니다. 최근 1, 2년간의 외식 트렌드는 혼밥과 혼술입니다. 각각 혼자 먹는 밥, 혼자 마시는 술이라는 말입니다. 피자, 치킨은 적어도 두 명이 먹는 음식이라는 선입견이 있습니다. 일인 일닭을 했다고 하면 누구나 배부른 모습을 상상합니다. 혼자서 피자 한 판을 먹었다고 하면 내가 먹은 것도 아닌데 배가 터질 것 같습니다만 햄버거는 혼자 먹어도 절대 어색하지 않은 음식입니다. 그래서 버거와 맥주 한 잔, 소위 말하는 버맥은 혼밥과 혼술이라는 트렌드를 반영하고 있는 아주 좋은 아이템일 수밖에 없습니다.

　피맥, 치맥, 버맥이라는 단어를 워드로 작성하면 단어 아래에 빨간 줄이 확 나타납니다. 워드 프로그램에서 표준어로 인식하지 못해서입니다. 아직 표준어는 아니지만 위 3개 단어 중 특허청에 당당히 상표로 등록된 것이 있습니다. 피맥입니다. 피맥은 대동강 페일에일로 유명한 주식회사 더부쓰(The Booth Brewing Co.)에서 2014년에 등록하였습니다. 피자와 맥주라는 메뉴가 그리 흔하지 않던 시절이어서 등록이 가능했고, 요즘 같으면 단어의 보편성 때문에 등록을 거절당했을 것이라고 합니다. 언젠가 더부쓰 회사 대표와 합석한 자리에서 "다른 펍에서 피맥을 메뉴판에 적어 놓으면 로열티를 받을 건가요?"라고 물어보니, "피맥이라는 상표에 대한 권리는 가지고 있지만, 굳이 작은 펍 사장님들께 권리 행사를 할 생각은 없다"며 웃으며 이야기하였습니다.

치맥은 상표 등록이 안 되어 있습니다. 누군가 상표 등록을 신청하였으나, 평양냉면처럼 많은 사람들에게 알려진 보편적인 단어라서 등록이 거절된 것 같습니다. 비슷한 이유로 치맥 페스티벌, 치맥스토리, 치맥테이블로 신청한 사람들도 우르르 거절당했습니다. 버맥도 상표 등록이 안 되어 있습니다. 아직 버맥이라는 용어가 흔하게 사용되는 말이 아니기 때문에 아무도 신청하지 않은 것 같습니다. 제가 집에서 맥주 한 캔을 따 마실 때 좋아하는 메뉴 중 하나는 면 요리입니다. 라맥, 짬맥 등 면 요리와 라거는 환상의 궁합입니다. 갑자기 일본에 가서 라멘에 라거 한 잔 마시고 싶어집니다.

필스너, 필스너 우르켈

　햄버거과 함께 주문한 예버 필제너Jever Pilsener는 알코올 도수 4.9％의 밝은 노란색 필스너입니다. 색깔만큼이나 깔끔하고 홉의 쓴맛이 과하지 않을 정도로 느껴지는 맥주입니다. 독일 필스너와 체코 필스너의 차이는 홉의 차이입니다. 체코 필스너는 체코산 사츠Saaz홉을 사용합니다. 필스너 우르켈(체코), 산토리(일본), 스텔라 아르투아(벨기에)의 공통점은 사츠 홉을 사용한다는 것입니다. 사츠 홉을 사용하여 만든 필스너는 매우 쌉싸름하지만 결코 쓰거나 떫지 않습니다. 묵직한 느낌이 좋은 홉입니다. 독일 필스너는 독일산 홉을 사용합니다. 사츠 홉보다 부드럽습니다. 맥주 스타일은 같으나 홉의 차이 때문에 체코의 필스너는 좀 더 쌉싸름한 맛이고, 독일 필스너는 좀 더 깔끔한 맛입니다.

　필스너의 원조는 체코입니다. 체코의 수도 프라하에서 남서쪽으로 90km 떨어진 곳에 플젠Plzeň이라는 도시가 있습니다. 18세기까지만 해도 플젠의 시민들은 유럽의 다른 양조장과 마찬가지로 탁하고 어두운 색깔의 에일 맥주를 마시고 살았습니다. 맥주의 품질도 요즘처럼 한결같지 않았을 것이고, 냉장고가 없던 시절이므로 맥주가 자주 상했을 것입니다. 맛있는 맥주를 마시고 싶었던 플젠 시민들은 독일 바이에른에서 맥주를 잘 만드는 아저씨 한 분을 섭외하였습니다. 요제프 그롤Josef Groll이라는 뮌헨 출신 양조기술자입니다. 초상화를 보면 맥주를 잘 만들 것처럼 생기진 않았지만, 맥주를 잘 마실 것처럼 생겼습니다. 저랑 비슷하게 생겼습니다. 1842년, 요제프 그롤은 드디어 새로운 스타일의 맥주를 만들었습니다. 지금까지 플젠에서 만들어 온 걸쭉하고 어두운 맥주와 전혀 다른 황금빛의 깔끔한 맥주입니다. 때마침 비슷한 시기에 유리잔이 대중화됩니다. 불투명한 잔에 담긴 맥주는 색깔이 결코 중요하지 않았습니다만 투명한 유리잔에 담긴 흰색의 거품을 품은 황금색의 맑은 필스너는 얼마 지나지 않아 사람들의 선풍적인 인기를 얻어 유럽 대륙의 맥주 시장을 장악해 버렸습니다.

플젠이 독일어로는 필센Pilsen입니다. 게르만족들은 플젠에서 만들기 시작한 새로운 맥주 스타일을 Pilsen + er, 필스너Pilsner라고 불렀습니다. 필센에서 만든 맥주라는 뜻입니다. 필스너의 유행으로 독일 내 수많은 양조장에서는 그들이 만들던 고유한 맥주 스타일을 포기하고 필스너를 따라 만들게 되었습니다.

체코 플젠에서는 자기들이 필스너의 원조라는 것을 강조하기 위해 필스너 뒤에 우르켈urquell을 붙여서 필스너 우르켈Pilsner Urquell이라고 부릅니다. 체코어 우르켈은 오리지널이라는 뜻입니다. 독일에서는 필스너 Pilsner대신 필스Pils, 혹은 필제너Pilsener라는 이름을 주로 사용합니다. 우리 맥주는 체코의 필스너를 따라 만든 것이 아니라 우리만의 스타일이라는 독일 맥주의 자존심 때문에 필스너라는 말을 그대로 사용하고 싶지 않아서일 것 같습니다.

복Bock 맥주

예버 필제너, 쉐퍼호퍼 바이젠을 마시고 다시 메뉴판을 펼칩니다. 휘펠스 크래프트복Hövels Craftbock 한 잔을 추가로 주문합니다. 웨이트리스가 저를 경이로운 눈빛으로 쳐다봅니다. 혼자 앉아  서 옆 테이블의 70대 독일 부부보다 많은 양을 주문하기 때문입니다. 진한 마호가니색의 휘펠스 한 잔이 나옵니다. 맥주잔에 seit 1893이라고 적혀 있습니다. 자이트seit는 영어로 since입니다. 1893년부터 양조했다는 뜻입니다. 참고로, 세계에서 가장 오래된 양조장 바이엔슈테판 맥주 라벨에는 seit 1040이라고 적혀 있습니다.

휘펠스 크래프트복은 알코올 도수 7.2%의 복비어Bockbier입니다. 맥주 라벨에 복Bock이라고 써져 있으면 알코올 도수 7% 전후의 강한 맥주라고 생각하면 됩니다. 복의 어원은 북독일의 아인베크Einbeck라는 도시입니다. 하노버에서 남쪽으로 약 50km 떨어진 인구 27,000명이 사는 곳입니다. 아인베크는 품질 좋은 맥주를 만드는 것으로 유명했습니다. 중세 때의 일입니다. 아인베크 양조장에서는 품질 좋은 아인베크 맥주를 여러 곳에 수출하기 위해 도수도 올리고, 홉도 많이 넣어 만들었습니다. 지금은 독일 맥주라고 하면 뮌헨이 떠오르지만 당시의 독일 맥주 8학군은 뮌헨이 아닌 북부 독일이었습니다. 와인보다는 맥주를 만들기 유리한 기후였기 때문입니다. 남부 독일은 맥주보다는 와인을 주로 마셨고, 귀족 레벨쯤 되어야 북부 독일의 품질 좋은 맥주를 수입해서 마실 수 있었습니다.

뮌헨의 귀족들은 아인베크 맥주를 좋아했습니다. 비싼 돈을 주고 아인베크 맥주를 수입해 마셨습니다. 맥주 사 마시는데 너무 많은 돈이 들어 바이에른 공국의 빌헬름 5세(맥주순수령을 공표한 빌헬름 4세의 손자)는 직접 양조장을 차리고 아인베크의 기술자를 초빙할 정도였습니다. 뮌헨 사람들은 아인베크라는 말을 발음하기 어려웠나 봅니다. 아인베크 Einbeck를 아인보크Einbock라고 부르다가 더 줄여서 복bock이라고 부르게 되었습니다.

지금의 복비어Bockbier는 알코올 도수도 높이고 맥아와 홉의 풍미도 진하게 만든 어두운 색깔의 독일식 라거를 의미합니다. 약 7% 전후의 높은 알코올 도수라서 여름에 벌컥벌컥 마시기보다 겨울밤 영화를 보며 한 모금씩 마시는 것이 어울리는 맥주 스타일입니다. 도수를 좀 더 올려 만들면 도펠복Doppelbock입니다. 도펠doppel은 더블double이라는 뜻입니다. 도펠이라고 해서 도수가 2배는 아닙니다. 보리맥아 100% 대신 밀맥아를 섞어 도수를 올려 만든 맥주는 바이젠복Weizenbock이라고 합니다.

복비어의 라벨을 보면 염소가 그려진 경우가 많습니다. 독일어로 숫염소를 복Bock이라고 합니다. 동음이의어입니다. 실수였는지, 의도적이었는지는 모르지만 한 양조장에서 복비어의 라벨에 동음이의어인 복Bock을 그려 넣은 후 복비어의 강한 느낌과 숫염소의 강한 이미지가 잘 어울렸는지 다른 양조장에서도 따라 그려 넣었다고 합니다. 우리나라 복요리집에서 복을 먹으면 복이 온다고 마케팅하는 것과 비슷합니다.

헤페바이젠과 필스너에 이은 복비어로 훈훈한 마무리를 하고 숙소에 올라갑니다. 독일 제 2의 도시 함부르크를 넘치는 맥주 거품 핥듯 짧은 시간 동안 머무르다 갑니다. 다음에 함부르크에 방문한다면 2박을 하고 경로를 북쪽으로 돌려 바이킹의 후손들이 살고 있는 덴마크나 노르웨이 쪽으로 넘어가 볼 계획을 세워 봅니다. 함부르크에서 먹은 버거에 맥주 한잔은 평생 자랑거리로 예약해 놓습니다. "너네 함부르크에서 햄버거 먹어 봤어?"라고 말입니다.

아인베크 위치

햄버거는 억울하다

2013년 어느 날 맥도날드는 색다른 음식 경연 대회를 개최하였습니다. 맥도날드 햄버거에 사용되는 식재료를 사용하여 햄버거 이외의 다른 음식을 만드는 대회였습니다. 비프 푸딩, 치킨 토마토 탕수육 등 많은 음식이 출품되었습니다. 햄버거 식재료만으로 만들 수 있는 음식이 아주 많다는 사실은 사람들의 관심을 끌기 충분했습니다. 사실, 우리가 먹는 음식의 재료는 거기서 거기입니다. 대부분의 사람들은 마트에서 파는 식재료를 먹고 삽니다. 샥스핀, 제비집, 캐비어 같은 식재료는 1년에 한두 번 먹는 식재료일 것입니다. 비행기에서 캐비어를 몇 번 먹어 보았으나, 일부러 찾아 먹을 정도의 별미도 아닙니다. 어쨌건, 맥도날드가 주최한 이 대회에서 1등을 차지한 음식은 구절판이었습니다.

"9라는 숫자는 동양에서 완전함을 의미합니다. 형태학적으로 미의 조화가 돋보이고 영양학적으로도 충만한 음식입니다." 누군가 구절판에 대해 설명한 말입니다. 햄버거와 구절판의 재료는 거의 같습니다. 구절판은 고기, 해산물, 각종 야채를 국수처럼 썰어서 밀전병에 싸서 먹도록 만든 음식이고, 햄버거는 고기, 해산물, 각종 야채를 두툼하게 빵 사이에 끼워 먹는 음식입니다. 똑같은 식재료를 사용하여 만들었을 뿐인데 하나는 철학이 깃들어있는 몸에 좋은 음식이고 다른 하나는 몸에 좋지 않은 음식 취급을 받습니다.

햄버거는 억울합니다. 한 끼 식사로 충분한 열량, 영양소가 골고루 들어 있는 음식임에도 대한민국에서만큼은 못된 음식 취급을 받습니다. 진료

중 식중독 환자가 옵니다. 최근 먹은 음식을 물어보면 햄버거라고 이야기합니다. 3일 동안 햄버거 1번, 집밥 9번을 먹고 식중독에 걸렸다면 당연히 집밥 때문에 식중독에 걸렸을 가능성이 90%입니다만, 누구도 집에서 먹은 식사 때문이라고 생각하지 않습니다. 햄버거를 먹어서 식중독에 걸렸다고 생각합니다. 엄마가 뚱뚱한 아이를 데리고 진료실에 옵니다. 아이가 햄버거를 먹어서 뚱뚱하다고 말합니다. 햄버거를 얼마나 자주 먹는지 물어보면 일주일에 한 번도 안 먹습니다. 그들에게 햄버거는 식중독을 일으키고 살이 찌게 만드는 나쁜 음식입니다.

대한민국은 아직까지 집에서 밥을 차려 주는 것을 엄마의 정성이라고 생각합니다. 학교 가는 아이에게 아침을 만들어 주고, 생일인 아내에게 미역국을 끓여 주는 훈훈한 정이 남아 있습니다. 아이가 밖에서 햄버거를 사 먹었다고 하면 엄마는 미안한 마음이 듭니다. 김이 모락모락 피어오르는 따뜻한 밥을 직접 해 먹이지 못한 미안함입니다. 생일인 아내가 아침에 미역국을 못 먹고 회사 근처 전철역에서 모닝 버거 세트를 먹었다고 하면 미안함을 넘어 죄책감이 듭니다. 이때 사랑하는 가족이 먹은 햄버거는 미안함의 화풀이 대상으로 둔갑합니다. 심리학 용어로 투사projection라고 합니다. 햄버거는 가격 대비 성능 좋은 훌륭한 한 끼 식사 중 하나입니다. 내가 직접 차려 주지 못한 미안함이 사라지는 순간 햄버거에 대한 적대감도 사라질 것입니다.

고슬라Goslar에서
오리지널 고제 맥주를
#7

독일 호텔은 아침이 푸짐하다

　여행 4일째 아침입니다. 독일 호텔의 아침 조식 뷔페는 프랑스, 영국에 비해 아주 훌륭합니다. 특급 호텔이 아닌데도 적어도 3종 이상의 소시지, 5종 이상의 빵, 더운 야채가 기본 세팅되어 있습니다. 전날 마신 버맥 때문에 해장이 절실합니다만, 라면, 북어 해장국 같은 음식은 당연히 제공되지 않습니다. 대신 독일의 다른 도시들처럼 커피 인심이 아주 후합니다. 자리에 앉으면 주전자에 담은 커피를 통째로 갖다 줍니다. 3, 4잔 용량입니다. 커피 해장도 의외로 괜찮은 방법인 것 같습니다. 우리나라에서 술을 마신 다음날 라면이나 해장국을 먹으면 속이 든든한 이유는 해장국의 특별한 성분이 속을 든든하게 해주는 게 아니라 따뜻한 국물이 위장을 채워주기 때문일 수 있다는 생각이 듭니다. 테이블 구석에 아주 작은 글씨로 안내 문구가 적혀 있는 종이를 발견합니다. "계란 프라이 원하는 분은 해드립니다" 서유럽의 10만 원대 호텔에서 아침에 계란 프라이를 먹을 수 있는 곳은 흔하지 않습니다. 집에 쌀이 떨어지는 것은 아무렇지 않아도 계란 떨어지는 것을 몹시 불안해하는 저는 예상하지 못했던 계란 프라이에 황송할 따름입니다. 주위 환경을 잘 관찰하고 살펴야 계란 하나라도 얻어먹을 수 있습니다. 바로 옆 테이블에 한국인 아저씨 2명이 식사를 하는데 제가 계란을 먹고 있는 모습을 흘끔흘끔 쳐다봅니다. 동포애를 발휘하여 "계란은 공짜로 제공되니 마음껏 시켜 드세요"라고 알려 주려다 "누가 물어 봤어?"하며 화내실까봐 그냥 저 혼자 묵묵히 계란을 먹습니다.

그들도 어젯밤 술을 많이 마신 것 같은데 계란으로 몸 보신을 못하여 아쉬워하는 표정이 역력합니다.

오늘의 최종 목적지는 독일의 수도 베를린입니다. 독일 제 2의 도시 함부르크에서 독일에서 가장 큰 도시 베를린으로 이동하는 중간에 목적지 하나를 추가합니다. 고슬라Goslar라는 인구 5만 명이 사는 작은 마을입니다. 함부르크에서 베를린까지 바로 이동한다면 300km 거리입니다만 고슬라를 들르면 530km를 운전하게 됩니다. 고슬라는 함부르크에서 230km, 베를린에서 300km 떨어진 곳이라서 우리나라 사람들이 거의 방문하지 않는 마을입니다. 심지어 독일에 10년 이상 살았던 제 고등학교 친구인 만물박사 노명호 아저씨도 고슬라라는 마을을 모를 정도로 한적한 곳입니다만, 굳이 고슬라를 방문하는 이유는 고슬라에서만 마실 수 있는 맥주 스타일인 고제Gose를 마시기 위해서입니다.

고슬라의 고제Gose

　6월 초의 독일 날씨는 너무 매력적입니다. 함부르크에서 고슬라까지의 240km 거리가 전혀 지루하지 않을 정도입니다. 종일 운전하고 싶을 정도입니다. 약 2시간 반을 운전하여 고슬라 구시가지에 도착합니다. 고슬라는 구시가지 전체가 유네스코 세계문화유산으로 등록되어 있습니다. 특히 구시가지의 중심 마르크트 광장Marktplatz은 독일에서 가장 아름다운 광장이라고 평가 받는 곳입니다. 아름다운 마을을 그린 무명 화가의 풍경화를 보면 항상 강이 흐르고 있습니다. 고슬라 마을에도 강이 흘러갑니다. 고제Gose 강이고, 예전에 이 강물로 마을의 맥주를 만들었기 때문에 맥주 이름이 강 이름을 따서 고제Gose라 불리게 되었습니다. 고제 맥주의 가장 큰 특징 2가지는 1.짜다salty 2.시다sour입니다.

　　고제 강은 염도가 높다고 합니다. 한 모금 마셔 보고 싶었으나, 강물을 그냥 마시면 수인성 전염병에 걸릴 각오를 해야 합니다. 강물로 맥주를 만들던 시절, 물의 염도가 높았기 때문에 맥주에서 짠맛이 났습니다. 지금은 강물을 퍼다 맥주를 만들지 않고 정수된 수돗물을 사용하겠지만, 예전부터 만들어 온 고제 맥주의 특징인 짠맛을 유지하기 위해서 맥주 양조 과정 중 소금을 첨가한다고 합니다. 수박을 먹을 때 소금을 살짝 뿌려 먹으면 더 달게 느껴지는 것처럼 소금이 첨가된 고제 맥주는 상큼한 맛이 더 도드라집니다.

　　신맛이 나는 이유는 젖산 발효(유산균 발효) 때문입니다. 일반적으로 맥주에서 신맛이 나면 맥주가 상했다고 생각하여 버려야 합니다만 일부러 신맛이 나도록 만드는 맥주 스타일이 몇 가지 있습니다. 그중 하나가 고슬라의 고제입니다. 본인들은 일부러 젖산균(유산균)을 투입하지 않는다고 설명하면서 자기들이 만든 맥주에서 왜 신맛이 나는지 잘 모르겠다고 하는데, 아마 고슬라 마을의 공기 중에 돌아다니는 젖산균이 맥주에 침투하는 것 같습니다. 우리나라에서 배추를 고춧가루에 버무려 두면 젖산균을 김치에 따로 접종하지 않아도 저절로 젖산 발효가 일어나 상큼한 김치가 만들어지는 원리와 같습니다.

　　맥주는 저절로 만들어지지 않습니다. 효모가 보리맥아를 먹고 이산화탄소와 알코올을 마구 토해내는 마법과 같은 과정을 거쳐야 맥주가 완성

됩니다. 지금처럼 냉장 시설 같은 양조 시설이 완벽하지 않았던 시절, 모든 양조장의 가장 큰 관심사는 어떻게 하면 세균에 오염되지 않고 맥주를 잘 만들지 고민하는 것이었습니다. 맥주를 만드는 과정 중에 맥즙(발효되기 전의 맥주 원액)이 세균에 오염되면 맥주 맛이 시큼해지고 이상해지기 때문입니다. 심혈을 기울여 만든 맥주 통을 땄는데 기대했던 맥주 맛 대신 시큼하고 이상한 맛이 나면 그들은 한숨을 쉬었습니다. 눈물을 머금고 술을 통째로 버려야 했습니다. 맥주가 전부 상해버려 파산하는 양조장도 있었습니다.

그런데 고슬라의 고제 맥주처럼 맥주를 일부러 시큼해지도록 내버려두는 양조장이 몇 군데 있습니다. 고슬라와 라이프치히의 고제Gose, 베를린의 베를리너 바이세Berliner Weisse, 벨기에의 람빅Lambic과 플랜더스 레드 에일Flander's red Ale를 만드는 양조장에서 젖산균에 오염(?)된 맥주를 만듭니다.

신맛이 나는 맥주

베를리너 바이세Berliner Weisse	: 베를린, 독일
고슬라 고제Goslar Gose	: 고슬라, 독일
라이프치히 고제Leipzig Gose	: 라이프치히, 독일
람빅Lambic	: 브뤼셀 근교, 벨기에
플랜더스 레드 에일Flander's ale	: 플랑드르 서쪽 지방, 벨기에

벨기에의 수도 브뤼셀 근교에서 생산되는 람빅 맥주는 젖산균 뿐 아니라 100여 종 이상의 세균에 감염된 맥주입니다. 람빅 양조장에서는 맥

즙을 일부러 공기 중에 노출시켜놓습니다. 이 지역의 공기 중에 사는 미생물들은 갑자기 등장한 무방비 상태의 맥즙에 신나게 침투하여 자리를 잡습니다. 100여 종의 세균에 감염된 맥즙은 나무통에서 6개월~3년 동안 숙성됩니다. 숙성되는 동안 알코올 뿐 아니라 젖산, 초산이 생성되고, 복잡한 향이 맥주에 스며듭니다. 람빅은 상면발효나 하면발효 맥주가 아닌 자연발효 맥주입니다. 맥주에서 신맛이 나는데 싫지 않습니다. '다른 나라에서는 이런 맥주 왜 못 만들어?'라는 의문이 들 수 있습니다. 왜 그렇게 안 만들어 보았겠습니까만, 아마 상해서 몇 번 만들다 포기했을 것입니다. 람빅은 브뤼셀 근교의 공기 중에 사는 미생물과 날씨가 기가 막히게 맞아떨어지기 때문에 맥즙을 공기 중에 노출시켜도 상하지 않는 것입니다. 우리나라의 김치도 유산균만 자라는 것은 아닙니다. 수십 가지 세균이 같이 자랍니다. 대한민국 공기 중의 미생물과 날씨가 김치에 최적화된 상태이기 때문에 배추를 고춧가루와 젓갈, 소금에 절여 놓으면 맛있는 김치가 만들어지는 것입니다. 우리나라에서 재료를 공수해서 똑같은 방법으로 김치를 만들어도 외국에서는 대한민국에서 먹던 김치 맛이 나지 않는 것은 공기 중의 미생물이 다르기 때문입니다.

지금은 고슬라에서 고제 맥주를 마시러 왔고, 저녁은 베를린에서 베를리너 바이세를, 그리고 내일 점심은 라이프치히에서 라이프치히 고제를 마실 예정입니다. 입 안에 벌써부터 침이 고이기 시작합니다.

발효fermentation

거의 모든 생물의 에너지원은 포도당입니다. 식물은 광합성을 통해 포도당을 합성할 수 있습니다만, 인간을 포함한 동물은 포도당을 스스로 합성하는 능력이 없기 때문에 외부에서 포도당을 공급 받아야 합니다. 즉, 먹어야 살 수 있습니다. 미생물도 포도당을 먹고 삽니다. 효모는 포도당을 먹고 알코올과 이산화탄소를 부산물로 만들어냅니다. 젖산균 혹은 유산균은 포도당을 먹고 젖산을 만들어냅니다. 각각을 알코올 발효와 젖산 발효라고 부릅니다. 초산균은 알코올을 먹고 아세트산과 물을 만들어냅니다. 식초 발효입니다. 발효와 상하는 것의 차이는 사람이 먹을 수 있는지 아닌지의 차이입니다. 알코올, 젖산, 아세트산 모두 우리가 먹을 수 있는 화합물이라서 발효라고 합니다.

생활 속의 발효

알코올 발효 $C_6H_{12}O_6$ ➡ $2C_2H_5OH + 2CO_2$ (포도당 ➡ 알코올 + 이산화탄소)

식초 발효 $C_2H_5OH + O_2$ ➡ $CH_3COOH + H_2O$ (알코올 + 산소 ➡ 아세트산 + 물)

젖산 발효 $C_6H_{12}O_6$ ➡ $2C_3H_6O_3$ (포도당 ➡ 젖산)

발효 과정에 미생물이 관여한다는 사실을 처음 발표한 사람은 프랑스의 과학자 파스퇴르입니다. 적어도 1856년까지는 세상 사람들은 보리맥아가 저절로 맥주가 되고 포도가 저절로 와인이 되는 것으로 생각했습니다. 1856년 프랑스의 과학자 파스퇴르에 의해 효모가 포도당을 먹고 알코올과 이산화탄소를 만든다는 사실이 밝혀졌습니다. 알코올 발효 과정입니다. 재료가 되는 탄수화물에 따라 술의 종류가 결정됩니다. 보리맥아는 맥주, 포도는 와인의 재료입니다. 쌀은 청주와 탁주의 재료입니다. 단, 효모는 전분 같은 다당류는 못 먹고 포도당을 주로 먹고 삽니다. 그래서 보리는 싹을 틔워 맥아를 만들어야 하고 쌀은 누룩곰팡이를 뿌려줘야 합니다. 포도는 어짜피 단당류이고 수분이 많으므로 으깨어 두기만 해도 와인이 만들어집니다.

알코올 발효가 진행 중인 발효 통을 들여다보면 부글부글 끓고 있는 모습을 볼 수 있습니다. 알코올과 함께 생성되는 이산화탄소입니다. 맥주나 스파클링 와인은 알코올과 함께 생성되는 이산화탄소를 병 속에 잘 담아둡니다. 와인이나 사케는 알코올만 사용하고 CO_2는 날려 버립니다. 이와 반대로, 빵을 만들 때는 알코올 발효를 통해 만들어진 CO_2로 밀가루를 빵빵하게 부풀리고 함께 만들어진 알코올은 공기 중에 날려 버리게 됩니다.

알코올은 사람만 먹을 수 있는 것은 아닙니다. 알코올을 먹는 미생물도 있습니다. 공기 중의 아세트산균에게 알코올은 주식입니다. 아세트산균은 알코올을 맛있게 먹고 아세트산과 물을 부산물로 만들어냅니다. 식초 발효입니다. 빙초산을 제외한 모든 식초는 알코올에서 만들어집니다. 술을 오래 놔두면 맛이 시큼해집니다. 술의 알코올이 아세트산균에 의해 식초가 되는 것입니다. 식초는 그 지역의 술과 관련 깊습니다. 와인이 생산되는 지역에서는 발사믹 식초Balsamic vinegar를, 사과가 많이 자라는 지역에서는 사과 식초를 만들어 왔습니다. 쌀농사를 짓는 곳에서는 쌀을 재료로 한 식초를 만들어 왔습니다.

식초는 상하지 않습니다. 식초가 들어간 음식은 좀 더 오래 보존됩니다. 그래서인지 식초는 우리 몸의 독소를 제거해 주는 약이라는 착각이 들게 합니다. 한때 파인애플 식초가 살을 빼는 특효약이라고 알려진 적이 있었습니다만, 그렇지 않습니다. 파인애플 식초는 먹기 좋도록 당분을 첨가하여 달달하게 만들기 때문에 많이 먹으면 살찝니다. 식초는 식초 발효의 결과물일 뿐이고, 음식의 맛과 풍미에 도움을 주는 훌륭한 조미료입니다. 몸에 좋다는 이유로 식초를 마시는 사람은 몸에 좋을 것 같아 간장을 마시는 사람과 같습니다.

우리 주변에 흔히 일어나는 발효 과정이 하나 더 있습니다. 젖산 발효입니다. 젖산균, 혹은 유산균이 포도당을 맛있게 먹고 젖산을 만드는 과정입니다. 젖산은 특유의 시큼한 맛이 있습니다. 김치, 치즈, 요구르트 모두 젖산 발효를 통해 만들어진 음식입니다.

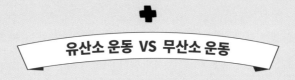

유산소 운동 VS 무산소 운동

우리 몸에서도 젖산이 만들어집니다. 몸에서 일어나는 반응이므로 발효라는 표현을 사용하지 않습니다. 젖산이 만들어질 때 체내에 젖산균이 침투하는 것도 절대 아닙니다. 움직이거나, 일을 할 때 우리 몸은 에너지가 필요합니다. 사람은 1종 영구기관이 아니기 때문입니다. 주로 근육과 간에 저장된 포도당을 에너지원으로 사용하게 되는데 산소가 있어야 효율적으로 에너지를 만들 수 있습니다. 운동할 때도 마찬가지입니다. 일상생활 때보다 더 많은 에너지를 만들어야 하므로 더 많은 산소가 필요합니다. 유산소 운동입니다.

그런데 본의 아니게 우리 몸에서 급하게 많은 에너지가 필요한 상황이 생깁니다. 빚쟁이를 만나 전속력으로 도망간다던지 담을 넘었는데 발이 닿지 않아 낑낑거리며 매달려 있는 상황입니다. 저장된 포도당을 에너지원으로 사용하는데 산소를 미쳐 사용할 시간이 없습니다. 산소 없이 포도당에서 바로 에너지를 만들어 냅니다. 무산소 운동입니다.

유산소 운동 : $C_6H_{12}O_6 + 6O_2 = 6CO_2 + 6H_2O$

무산소 운동 : $C_6H_{12}O_6 = 2C_3H_6O_3$

유산소 운동을 하면 물(H_2O)과 이산화탄소(CO_2)가 만들어집니다. 우리 몸에서 남는 물은 콩팥과 피부를 통해 소변과 땀으로 배출되고 이산화탄소는 폐를 통해 몸 밖으로 배출됩니다. 무산소 운동을 하면 젖산

($C_3H_6O_3$)이 만들어집니다. 격한 운동을 하고 나서 근육에 알이 박혔다고 하는 상태가 근육에 젖산이 쌓인 것입니다. 젖산은 피로물질로 알려져 있습니다. 젖산이 쌓여 피로를 느낄 수도 있습니다만, 젖산이 몸에 많아질 정도의 힘든 일을 해서 피곤하다고 이해하면 됩니다. 몸에 쌓인 젖산은 휴식을 취하면 저절로 사라집니다.

흔히 조깅과 수영은 유산소 운동, 역기 들기는 무산소 운동으로 알고 있지만 꼭 그런 것은 아닙니다. 100미터 달리기를 예를 들어 보겠습니다. 이봉주 선수의 마라톤 기록은 2시간 7분 20초입니다. 100미터를 18.1초에 달려야 하는 속도입니다. 이봉주 선수에게 100미터를 18초에 달리는 행위는 유산소 운동 수준입니다만, 100미터를 완주할 수 있는지조차 의심스러운 저 같은 사람이 100미터를 18초에 달린다면 완벽한 무산소 운동이 됩니다. 럭비 선수가 20kg 역기로 벤치프레스를 하는 것은 몸 풀기 수준의 유산소 운동이지만 같은 상황에서의 가냘픈 여인에게는 무산소 운동입니다. 유산소 운동과 무산소 운동의 차이는 운동 종류의 차이가 아닌 운동 강도의 차이입니다. 내가 연속으로 1분 이상 할 수 있으면 유산소 운동, 1분 못 하면 무산소 운동으로 구분하면 대충 맞습니다. 밥 먹고 30분 천천히 걷는 것은 유산소 운동도 무산소 운동도 아닌 산책입니다.

유일한 고제 양조장

구시가지에서 가장 높은 건물은 마르크트 교회입니다. 높이 66미터의 교회 종탑을 마을에서 쉽게 찾을 수 있습니다. 교회 바로 맞은편에 레스토랑이 하나 보입니다. 간판에 고슬라 양조장Brauhaus Goslar이라고 적혀 있습니다. 마을에서 유일하게 고제 맥주를 만드는 양조장입니다. 예전엔 고제 맥주를 만드는 양조장이 몇 군데 있었는데 수요 공급의 법칙에 의해 다 없어지고 이곳만 남았다고 합니다.

"고제 맥주를 마시러 한국에서 일부러 왔다"라고 하니 매우 즐거워하며 반겨줍니다. 외국인이 전라남도 장성의 보해 공장에 찾아가 복분자주를 맛보러 왔다고 말하는 것처럼 반가워합니다. 메뉴판에는 'light or dark' 2가지 고제 맥주와 체리 고제, 바나나 고제 등 고제 칵테일이 적혀 있습니다. 고제를 마시고 싶으나, 신맛이 부담스러운 사람을 위해 만든 칵테일인 것 같습니다. 밝은 색과 어두운 색 2종의 고제 맥주를 주문합니다. 드디어 오리지널 고제를 마시게 되는 감동적인 순간입니다. 맥주를 높이 들어 하늘에 비추어 봅니다. 어두운 색의 고제도 포터처럼 검은색이 아니라 레드 에일 정도의 옅은 갈색을 띄고 있습니다. 한 모금 마셔 보니 미리 예상했던 짠맛은 생각보다 강하지 않습니다. 단맛도 거의 없습니다. 신맛은 확실합니다만 상큼한 신맛이라고 표현해야 할 것 같습니다. 달지 않은 동치미 냉면 육수 한 모금 마시는 시원한 느낌입니다. 동치미 육수와 다른 점은 동치미 육수는 무와 소금의 짠내가 풍기지만 고제 맥주는 시트러스 citrus, 즉 오렌지 향과 자몽향이 난다는 것입니다. 맥주 양조 과정 중 고수 coriander를 사용하기 때문에 시트러스 향이 난다고 합니다. 참고로 우리가 먹는 쌀국수에 사용되는 고수는 잎을 사용하는 것이고, 고제 맥주나 호가든 같은 밀맥주에 사용되는 고수는 씨앗입니다. 알코올 도수 4.8%의 마시기 적당한 맥주입니다.

  고제를 맥주로 팔지 못했던 시절이 있었습니다. 1516년 바이에른의 빌헬름 4세가 공표한 맥주순수령에 위배된다는 이유였습니다. 맥주순수령에 의하면 맥주를 만들 때 물, 홉, 맥아 이외에 아무것도 넣어선 안 됩니다. 고제는 맥주 만드는 과정 중에 고수와 소금이 들어갑니다. 고제 뿐 아니라 호가든, 블루문 같은 벨기에식 밀맥주나 카스, 하이트 같은 페일 라거도 부재료가 들어가기 때문에 독일에 수입되는 순간 맥주로 판매할 수 없었습니다. 물론 독일에서 우리나라의 카스와 하이트를 수입한 적은 없습니다. 맥주순수령은 1988년 유럽 사법 재판소의 폐지 권고와 독일 내 소송으로 인해 1993년 수정되었습니다. 1993년 이후 고제 맥주는 라벨에 '맥주bier'라고 당당히 표기할 수 있게 되었습니다.

고슬라에서 만든 고제 맥주는 인근 도시 라이프치히로 건너가 상업성을 띄면서 좀 더 알려지게 됩니다. 고슬라 고제는 고슬라에서만 마실 수 있지만, 라이프치히 고제는 마트에서도 찾을 수 있습니다. 베를린에서 뮌헨으로 넘어가는 경로 중에 라이프치히 고제를 맛 볼 예정입니다.

고제를 마시면서 수첩에 이것저것 기록하고 레스토랑을 돌아다니며 사진을 찍고 있으니, 브루어brewer로 보이는 총각이 신기한 듯 말을 건네옵니다. 한적한 마을에 오랜만에 동양인이 찾아와 독일 사람들도 잘 모르는 고제 맥주에 대해 궁금해 하니, 궁금해 하는 저를 더 궁금해 합니다. 눈 마주친 김에 몇 가지 질문을 던져 봅니다.

"너네는 왜 고수를 사용했니?"라고 물었더니 중세 때 고수의 씨앗은 소화제, 강장제 같은 약으로 사용되었기 때문이라고 합니다. 몸에 좋은 것을 맥주에 넣는 마케팅의 최초였을 수 있겠다는 생각이 듭니다. 실제로 중세 유럽에서 고수를 비롯한 각종 허브는 향신료로도 사용되었지만 약으로도 사용되었습니다. 향신료가 약으로도 사용되었던 이유는 비싸고 귀해서였습니다. 무엇이든 비싸면 약으로 사용됩니다. 설탕도 의사가 약으로 처방하던 시절도 있었습니다.

고제 맥주의 색이 탁해서 혹시 밀맥아를 사용하는지 질문하니, 밀맥아를 10% 정도 사용한다고 대답합니다. 참고로, 뮌헨의 바이젠weizen이 밀맥아 50% 이상, 베를린의 바이세weisse는 30%의 밀맥아를 사용합니다. 기왕 친해진 김에 공장 설비를 보여 줄 수 있냐고 조심스럽게 요청하니, 흔쾌히 "No problem"이라고 웃으며 안내합니다. 이 건물 1층이 레스토랑이고 지하에 맥주를 만드는 시설이 갖춰져 있었습니다. 우리나라의 소규모 양조장 수준의 설비입니다. 이정도 규모라면 대량 생산이 힘들 것 같다고 하니, 본인들의 레스토랑과 고슬라 마을 몇 군데 레스토랑에만 납품하고 밖으로는 판매하지 않는 규모라고 합니다. 그래서 고슬라 고제 맥주는 고슬라 마을에서만 마실 수 있습니다. 고슬라 밖에서 마실 수 있는 유일한 방법은 레스토랑에서 파는 고제 병맥주를 사서 마시는 것입니다. 고슬라에서 귀인을 만나, 예정에 없던 고제 맥주 양조장 견학을 하니 그저 즐거울 따름입니다.

나를 더 궁금해 하던 브루어 청년과 양조 설비

마르크트 교회의 종탑

다시 야외 파라솔 자리에 앉아 고
제를 홀짝거리며 독일에서 제일 아름
답다고 책에 나와 있는 마르크트 광장
을 멍하니 바라봅니다. 다른 수식어 필
요 없이 그냥 예쁜 마을입니다. 앉은
자리 바로 앞에 마르크트 교회의 종탑
이 보입니다. 언젠가 피렌체의 두오모
에 올라가서 바라본 도시의 풍경이 고
슬라 마을의 풍경과 오버랩되면서 갑
자기 종탑에 올라가보고 싶어집니다.
높이 66미터의 종탑은 사람 두 명이
지나갈 정도로 좁은 계단을 타고 올라
가야 합니다. 한번 올라가기 시작하면

중간에 멈추어 쉴 곳이 마땅치 않은 곳입니다. 에펠탑처럼 3층 전망대,
2층 전망대, 이렇게 나뉘어 있어서 체력만큼 올라가서 쉴 수 있는 구조가
아닙니다. 걸어 올라가는데 허벅지가 터질 것 같고 숨이 찹니다. 우리나라
아파트 한 층 높이가 3미터 조금 안됩니다. 종탑까지의 66미터는 22층 아
파트를 걸어 올라가는 운동량과 같기 때문에 힘들 뿐입니다. 이게 진정한
유산소 운동입니다. 힘들게 올라간 종탑에서 바라본 고슬라 마을은 온통

오렌지색입니다. 6월 독일의 맑은 날씨와 더불어 오렌지색 지붕이 파라솔처럼 펼쳐진 종탑 위의 고슬라 풍경은 오늘 가야 할 베를린까지의 300km 일정에 대한 걱정을 깨끗이 잊게 합니다. 갑자기 베를린에 가기 싫어집니다. 일본 소설 냉정과 열정 사이의 남자 주인공 준세이처럼 종탑에서 아오이를 기다리고 싶지만 현실은 관광객들로 가득 차 발 디딜 틈조차 없는 종탑일 뿐입니다.

마르크트 교회 종탑에서 내려와 구시가지를 걸어 봅니다. 고제 강의 지류를 만납니다. 예전에는 이 강물로 맥주를 만들었겠지만 21세기에는 더 이상 강물이나 지하수로 맥주를 만들지 않습니다. 오염 여부를 알 수 없기 때문에 정수된 물을 사용할 것입니다. 저 같아도 어떤 사람이 강물을 퍼다 맥주를 만들었으니 한 잔 마셔 보라고 권한다면 차라리 저를 한 대 때리라고 할 것 같습니다.

구시가지와 고제 강의 지류

마르크트 교회 종탑에서 본 고슬라 시가지

맥주와 물

맥주의 가장 많은 성분은 물입니다. 어느 지역의 맥주가 맛이 좋아서 잘 팔렸다면 그 지역의 물맛이 좋아서였을 것입니다. 19세기 영국의 버튼 온 트렌트Burton on Trent 지역에서 만들기 시작해 큰 인기를 얻은 페일 에일 Pale Ale은 버튼 지역에 흐르는 트렌트 강River Trent의 경수(硬水) 덕분에 영국 최고의 맥주 스타일로 자리 잡을 수 있었고, 체코 필젠Plzen에서 처음 만든 필스너Pilsner 맥주의 깔끔한 맛과 맑은 황금색의 비결은 그 지역의 연수(軟水) 덕분이었습니다.

순수한 H_2O로만 구성된 물을 증류수distilled water라고 합니다. 의과 대학 시절 생리학 실습 때 증류수 맛을 본 적이 있었습니다. 예상대로, 맛과 향이 전혀 없어 밍밍한 느낌이었습니다. 너무 밍밍해서 찝찌름하다고 느껴질 정도였습니다. 우리는 물을 아무 맛이 없다고 생각합니다만 콜라, 우유 같은 음료수에 비해 맛이 없을 뿐 우리가 마시는 물에는 각종 미네랄이 들어 있기 때문에 물맛은 각각 다를 수밖에 없습니다. 지구상에 존재하는 수많은 물을 2가지로 분류한다면 연수, 경수로 나눌 수 있습니다. 미네랄, 특히 칼슘과 마그네슘이 많이 들어 있는 물이 경수hard water입니다. 반대로 미네랄이 적게 들어 있는 물을 연수soft water라고 부릅니다. 우리말로는 경수, 연수를 각각 센물, 단물로 표현합니다. 맥주 맛을 좌우하는데 가장 중요한 요인은 맥주 성분의 90% 이상을 차지하는 물일 수밖에 없습니다.

언젠가부터 마트에 가 보면 수백 가지의 수입 맥주가 먹음직스럽게 쌓여 있습니다. 어떤 맥주는 수입 맥주임에도 뒷면 라벨에 국내 생산이라고 적혀 있습니다. 우리나라 마트에서 파는 호가든Hoegaarden(병맥주만)과 버드와이저Budweiser는 국내 OB맥주 공장에서 생산됩니다. 맥주 맛을 좌우하는 데 가장 중요한 요인이 물맛인데 우리나라 공장에서 만든 호가든, 버드와이저는 물이 다르기 때문에 벨기에산 호가든과 미국산 버드와이저와 맥주 맛이 다르다고 생각합니다. 벨가든, 오가든이라는 말도 있습니다. 벨가든은 벨기에산 호가든, 오가든은 오비맥주 생산 호가든을 부르는 용어입니다. 결론만 이야기하자면, 맥주 맛은 다르지 않습니다. 21세기의 맥주 양조장에서는 물의 미네랄 양을 99% 조절할 수 있습니다. 즉, 본고장의 물맛과 똑같은 물맛을 만들 수 있습니다. 맥주 회사에서 정책적으로 나라마다 다른 맛으로 출시하는 것이 아니라면 세계 어느 공장에서 만들던지 맥주 맛은 동일합니다.

밀밭

고슬라를 빠져나오는 길. 그림 같은 밀밭

고제도 마시고 유산소 운동도 하고 나니 오전을 알차게 보낸 기분입니다. 잠시 머무는 도시에서 느끼는 아쉬움은 맥주를 반잔만 마실 수밖에 없는 아쉬움 때문인 것 같습니다. 아쉬움을 털고 베를린으로 이동합니다. "오늘 베를린에서 실컷 마셔버릴 테다."라고 다짐하며 고슬라를 빠져나오는데 어쩌죠? 길이 너무 이국적입니다. 어디를 쳐다보아도 화보를 보는 것 같습니다. 화보 속의 주인공이 되고 싶어 차를 세우고 내립니다. 이국적이라는 느낌을 받은 이유는 도로 주변으로 끝없이 펼쳐진 밀밭 때문입니다. 초록색 밀밭 사이로 드문드문 올라와 있는 개양귀비꽃을 보니 빨간 포인트 꽃무늬가 있는 초록 스카프 위에 제가 서 있는 것처럼 보입니다. 대한민국에서는 밀밭을 본 기억이 없습니다. 안동을 비롯한 경상도 일부와 전라도 지역에서 밀농사를 짓습니다만 지리적 환경과 수지 타산이 맞지 않는 등의 이유로 대한민국은 밀밭이 흔하지 않습니다. 밀밭을 보니 뜬금없이 박목월 시인의 나그네를 패러디한 버전이 떠오릅니다.

고제 강 너머 밀밭 길을 아우토반에 포르쉐 가듯이 가는 나그네

길은 외줄기 베를린 삼백 킬로

맥주 익는 마을마다 타는 저녁 놀.

밀밭 사이로 난 좁은 길과 멀리 보이는 지평선을 보니 고흐의 1890년 작품 〈까마귀가 있는 밀밭Wheatfield with crows〉의 풍경이 연상됩니다. 고흐의 작품에 등장하는 밀밭은 파리 근교 오베르 쉬르 우아즈Auvers-Sur-Oise라는 마을의 밀밭입니다. 고흐는 오베르 쉬르 우아즈에서 마지막 1년을 살았습니다. 2014년 오베르를 방문한 적이 있습니다. 밀은 수지 타산이 안맞는지 무를 심어 놓았습니다. 고흐가 지금 다시 같은 풍경화를 그린다면 '까마귀가 있는 무밭'을 그려야 합니다. 참고로, '까마귀 나는 밀밭'은 잘못 알려진 제목입니다. 샤갈의 〈눈 내리는 마을〉도 잘못 알려진 제목입니다. 〈나와 마을I and the Village〉이 정확한 제목입니다. 고제를 맛보기 위해 고슬라를 들렸을 뿐인데 마르크트 교회 종탑 위에서 본 고슬라 풍경과 고슬라 외곽 도로의 밀밭을 예상하지 못한 선물로 받고 베를린으로 이동합니다. 고제 레스토랑에서 구입한 고제 맥주 한 병은 좋은 사람들과 나누어 마시려고 집 냉장고에 숙성 중입니다.

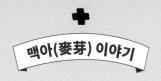

맥아(麥芽) 이야기

맥주(麥酒)의 맥은 보리 맥(麥)입니다. 보리를 재료로 사용하여 만든 술이 맥주입니다. 보리를 맥주로 만드는 첫 번째 과정은 보리의 성분을 바꿔 주는 작업입니다. 보리를 포함한 곡식의 주성분은 전분입니다. 녹말이라고도 합니다. 효모는 보리 속의 전분을 먹을 수 없습니다. 전분이 너무 크기 때문에 효모가 먹을 수 있도록 잘라 주는 과정이 필요합니다.

보리를 물에 불리고, 싹을 틔웁니다. 보리 속에 들어 있는 아밀레이스 amylase 효소에 의해 전분이 포도당으로 쪼개집니다. 포도당은 효모가 먹을 수 있습니다. 싹을 틔워 포도당으로 성분이 바뀐 보리를 놔두면 상합니다. 볶아서 말려 놓습니다. 이 상태를 맥아(麥芽)라고 입니다. 보리 맥, 싹 아(芽)입니다. 영어로는 몰트malt, 독일어로는 말츠malz라고 부릅니다. 몰트위스키라는 말은 위스키의 재료로 옥수수, 호밀 같은 다른 곡식을 사용하지 않고 몰트만 사용해서 만든 위스키를 의미합니다. 맥아의 순우리말은 엿기름입니다. 들기름, 참기름의 기름이 아니라 '기르다'에서 온 단어입니다.

맥아를 씹어 보면 달콤합니다. 우리가 밥을 오래 씹으면 침의 아밀레이스에 의해 전분이 포도당으로 쪼개져서 단 맛이 느껴지는 것과 같습니다. 달콤한 맥아를 가루로 분쇄하여 60~70도의 따뜻한 물에 섞은 후 맑게 걸러 내면 식혜 같은 달달한 액체가 만들어집니다. 맥아즙 혹은 맥즙이라고 합니다. 맥즙에 홉을 넣고 효모를 투입하여 발효시키면 맥주가 됩니다.

물 타지 않은 맥주라서 품질이 좋다는 국내 맥주 회사 광고가 있습니다. 맥즙을 만들 때 항상 물이 필요한데 물 타지 않고 어찌 맥주를 만드는지 신기합니다. 와인은 포도 자체에 충분한 수분이 있어 물을 타지 않고 만들 수 있지만, 분쇄 맥아를 가지고 물을 타지 않은 상태로 맥주를 만드는 것은 아직까지는 인류가 개발하지 못한 기술입니다. 10%로 뽑아낸 맥주 10리터에 같은 양의 물을 부어 5% 맥주 20리터를 만들었는지, 처음부터 5% 맥주 20리터를 만들었는지의 차이로, 물을 타지 않았다는 것은 후자의 방법으로 만들었다는 뜻일 것입니다. 맛의 차이는 개인의 몫입니다.

곡식을 일컫는 한자

보리   : 대맥(大麥)

밀   : 소맥(小麥)

메밀   : 교맥(蕎麥)

호밀   : 호맥(胡麥), 양맥(洋麥)

베를린Berlin에서
베를리너 바이세를
#8

분단 도시 베를린

우리나라 사람들에게 베를린은 동질감이 느껴지는 도시입니다. 1945년부터 1990년까지 45년 동안 동베를린, 서베를린으로 분단되어 있던 역사 때문에 남한, 북한으로 분단되어 있는 우리의 상황과 비슷한 곳이라는 생각에 무의식적으로 동질감을 느끼는 것 같습니다. 2차 세계 대전의 패전국 나치 독일은 동독, 서독으로 분단됩니다. 베를린은 독일의 수도였다는 상징성 때문에 동독의 영토에 포함되었음에도 도시 자체가 동서로 분할됩니다. 2012년 개봉작 영화 "베를린"에서 이 도시는 각 나라 비밀 보원들의 주 활동 무대이자 죽음의 공포가 늘 도사리고 있는 흑백의 어두운 도시로 묘사되었습니다만, 실제 베를린은 독일의 수도로서 문화, 예술, 그리고 패션의 중심지인 화려한 컬러의 도시입니다. 방음 장치가 장착된 총을 가지고 다니면서 무기 밀매를 하는 사람들이 실제로 존재할 수는 있겠으나, 우리에게 그들은 투명 인간일 뿐입니다.

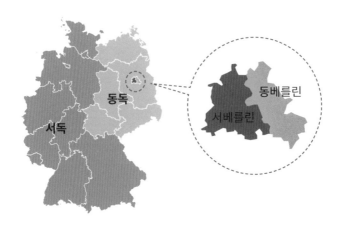

맥주 요가Beer yoga 뉴스를 본 적이 있습니다. 맥주를 마시면서 요가를 하는 새로운 형태의 요가입니다. 맥주 한 모금 마셔서 릴랙스된 몸으로 맥주병을 머리에 얹고 양팔을 벌리기도 하고, 양 손을 모은 후 맥주병을 잡고 조심스럽게 학 모양의 포즈를 취하기도 합니다. 맥주 요가의 탄생지가 문화 중심지 베를린입니다. 전 세계적으로 유행할만한 요가 스타일은 아니지만 매우 파격적입니다. 새로운 무엇인가가 독일에서 시작된다면 베를린에서부터 시작할 가능성이 가장 높습니다.

문화와 예술의 1번지 베를린은 제2의 뉴욕이라 불립니다.

1989년 11월 9일 저녁, 베를린 장벽 양쪽에 수많은 사람들이 몰려들었습니다. 몇 시간 전, 동독 정부가 기자 회견을 열고 그동안 철저히 통제해 온 동독 사람들의 해외여행을 자유롭게 허가해 줄 것이라고 발표하였는데 당시 기자 회견을 했던 동독의 샤보브스키Schabowski에게 이탈리아 기자가 "언제부터?"라고 질문을 하자, 그는 "지금부터"라고 덜커덕 대답해버립니다. 전 세계에 "베를린 장벽이 무너졌다"는 긴급 뉴스가 퍼집니다. 뉴스를 본 수많은 사람들이 베를린 장벽에 몰려들자 이미 통제력을 상실한 동독 경비병은 30년 넘게 닫혀 있던 베를린 장벽을 개방합니다. 동독과 서독은 이듬해 1990년 10월 3일 통일되고 베를린은 통일 독일의 수도가 됩니다.

샤보브스키의 원래 의도는 지금부터 자유로운 장벽 출입이 가능하다는 뜻이 아니라 해외여행을 신청하면 자유롭게 허가해 주겠다는 의도였습니다. 이탈리아 기자의 질문에 "지금부터"라고 대답한 것도 실수였다고 합니다. 덕분에 '말실수로 독일 통일을 앞당긴 사람'으로 아주 많이 유명해졌지만 언론에 노출되지 않은 채 조용히 지내다가 베를린 장벽 붕괴 26주년 기념일 며칠 전 2015년 11월 1일 베를린의 한 요양원에서 별세하였습니다.

인천발 독일행 비행기 탑승 일주일 전, 독일 맥주 여행 계획을 짜면서 베를린은 저녁에 도착하여 간단히 맥주를 마신 후 다음날 아침 이동해도 충분할 것이라고 생각했었습니다. 베를린은 동독의 수도였던 낙후된 도시고 통일 독일의 수도는 당연히 프랑크푸르트라고 착각했기 때문입니다. 독일에 도착해서야 국적기가 도착하는 도시가 반드시 그 나라의 수도는 아니라는 것을 알게 되었습니다. 베를린이 통일 독일의 수도이고 인구 350만 명이 사는 독일에서 가장 큰 도시라는 것을 미리 알았더라면 2박이나 3박을 계획하였을 것입니다.

베를린 맥주 베를리너 바이세

낙후된 옛날 도시라고 생각했던 베를린을 여행 경로에 포함시킨 가장 큰 이유는 베를리너 바이세Berliner Weisse라는 베를린 맥주를 마시기 위해서입니다. 다른 도시의 레스토랑에서는 잘 팔지 않지만 베를린에서만큼은 세 집 건너 한 곳에서 취급하는 맥주이기에 베를리너 바이세를 마시기 위해서는 반드시 베를린을 방문해야만 합니다. 바이세Weisse라는 단어가 들어가 있는 것으로 보아 밀맥주일 것이라고 추정할 수 있습니다. 뮌헨의 바이젠이 원재료에 밀맥아를 적어도 50% 이상 사용하는 것에 비해 베를리너 바이세는 약 30% 전후의 밀맥아를 사용합니다. 나머지 70%는 보리맥아를 사용합니다. 명색이 맥주이니 보리맥아를 사용해야 맥주 맛이 납니다. 보리맥아를 사용하지 않고 밀 맥주를 만든다면 만들기도 거의 불가능할뿐더러 맥주의 느낌보다는 탄산 막걸리 같은 술이 만들어질 것입니다. 베를리너 바이세의 맛은 '신맛'입니다. 고슬라의 고제 맥주처럼 알코올 발효와 함께 젖산 발효가 일어나기 때문입니다. 나폴레옹이 1806년 베를린을 점령하고 베를리너 바이세를 한 모금 마셔 보았습니다. 그리고 한마디하였습니다. "음, 이 맥주는 북부 유럽의 샴페인이구나아~" 깔끔한 신맛과 아무리 찾으려 해도 찾을 수 없는 단맛, 강한 탄산, 복잡하지 않은 상쾌한 뒷맛 때문에 그리 말했나 봅니다.

베를리너 바이세를 마시러 베를린에 왔지만, 딸랑 맥주 한 잔만 마시고 독일의 수도를 지나치는 것은 베를린을 모독하는 대단한 결례입니다.

시간 관계상 딱 한 곳만 방문하기로 하고 어디를 갈지 고민하다 베를린에서 가장 유명한 브란덴부르크 문Brandenburger Tor을 선택합니다.

브란덴부르크 문Brandenburger Tor

유적지는 2가지 스타일로 관광객에게 다가옵니다. 이집트 피라미드는 기자 지구 사막에 세워져 있습니다. 카이로에서 버스로 이동하다 보면 멀리서 엄지 손톱만한 피라미드가 보이기 시작합니다. 피라미드에 점점 가까워지는 동안 감동을 느낄 마음의 준비를 천천히 할 수 있습니다. 반면 이탈리아 피사의 사탑은 하늘에 드론을 띄워놓지 않는 한 멀리서는 절대 보이지 않습니다. 피사 역에 내려 좁은 골목을 20분 정도 걸으며 물건 구경도 하고 차도 한 잔 마시며 걷다가 마지막 골목의 코너를 도는 순간 넓은 공간이 나타나면서 눈앞에 실물 크기의 커다란 피사의 사탑이 등장합니다. 미처 마음의 준비가 되지 않은 상황에서 갑자기 떠억~ 하고 나타나기 때문에 놀라움과 감동이 더 크게 느껴집니다.

브란덴부르크 문은 후자 쪽입니다. 전철역에 내려 계단을 걸어 올라갑니다. 계단을 올라갈 때 저는 땅을 보고 걷는 습관이 있나 봅니다. 마지막 계단을 10개 정도 남겨 놓고 고개를 들어 보니 눈앞에 브란덴부르크 문의 윗부분이 나타납니다. 몇 계단 더 올라가니 축구 경기장 2개 크기의 파리저 광장Pariser Platz이 보이고 광장 끝에 브란덴부르크 문 전체가 보입니다. 오기 참 잘 했다는 생각이 듭니다.

　브란덴부르크 문은 개선문입니다. 1791년 프로이센Preussen의 왕 프리드리히 빌헬름 2세에 의해 세워졌습니다. 프로이센은 영어로 프러시아Prussia입니다. 높이 26미터, 가로 65.6미터 크기의 문으로, 아테네 아크로폴리스 정문인 프로필라이아Propylaia를 본따 만든 구조물입니다. 프로이센은 전쟁에서 이기고 돌아올 때 항상 브란덴부르크 문을 통과하는 개선식을 했다고 합니다. 프로이센의 힘을 널리 알리려는 자부심의 상징이었던 셈입니다. 문 위에는 청동으로 된 네 마리의 말이 끄는 전차에 탄 여신상 장식이 있습니다. 이 장식은 베를리너 바이세를 맛보고 북부 유럽의 샴페인이라고 극찬했던 나폴레옹이 1806년 베를린을 점령한 후 뜯어가서 파리에 가져다 놓았습니다. 마음에 들었나 봅니다. 어떻게 뜯어갔는지 참 궁금해집니다. 술 마시고 취해서 "저거 우리 집 앞마당에 놔두면 참 좋겠다"라고 한마디 던졌을 뿐인데 부하들이 알아서 옮겨놓았을 수도 있겠습니다만 확인된 이야기는 절대 아닙니다. 청동 말 전차 장식은 8년 후, 프로이센과 연합군이 파리를 함락하면서 베를린에 다시 반환됩니다. 파리 저 광장Pariser Platz이라는 이름은 파리paris + 광장platz이라는 뜻으로, 이때 의 승리를 기념하여 부르기 시작한 이름입니다.

분단 독일 시절 브란덴부르크 문은 동베를린/서베를린의 경계가 됩니다. 파리저 광장이 있는 지금 서 있는 쪽이 동독의 영역이었습니다. 분단 초기에는 베를린 사람들이 양쪽을 자유롭게 왕래할 수 있었습니다만, 1961년 8월 12일 자정부터 동독 정부는 국경을 폐쇄하고 이 문을 중심으로 40킬로미터 길이의 콘크리트 벽을 쌓아 버립니다. 세월이 흘러 1989년 11월 9일 베를린 장벽이 무너지고, 37년 동안 허가 받은 사람만 통과할 수 있었던 브란덴부르크 문은 같은 해 12월 22일 공식적으로 모든 이들에게 개방됩니다. 문을 바라보고 있으면 누구나 마음이 숙연해집니다. 이곳이 대한민국의 판문점 같은 곳이기 때문입니다. 베를린 장벽을 추가로 보려 했으나, 시간이 늦어 베를리너 바이세를 마시러 이동합니다.

같은 지역의 다른 이름

프로이센Preussen = 프러시아Prussia

피렌체Firenze = 플로렌스Florence

플랑드르Flandre = 플랜더스Flanders

베네치아Venezia = 베니스Venice

드디어 베를리너 바이세를

독일의 수도 베를린에는 웬만한 기업형 맥주 회사의 비어홀은 모두 있습니다. 호프브로이하우스Hofbräuhaus 비어홀도 있고, 바이엔슈테판Weihenstephan 비어홀도 있습니다.

뮌헨에 내일 방문할 예정이므로 비어홀은 과감히 패스하고 베를리너 바이세를 파는 작은 레스토랑에 자리를 잡습니다. 알코올 도수 3.0%의 누구나 부담 없이 마실 수 있는 스타일입니다만 신맛을 싫어하는 사람들은 그대로 마시기보다는 달달한 시럽을 타서 빨대를 꽂아 주스처럼 마신다고 합니다.

메뉴판을 보니, 우드러프Woodruff 시럽을 첨가한 초록색, 혹은 라즈베리Raspberry 시럽을 첨가한 빨간색을 선택할 수 있습니다. 외국 레스토랑에서 주문할 때 굳이 형용사나 동사를 사용하지 않아도 됩니다. 웃으며 먹고 싶은 음식, 마시고 싶은 맥주 이름만 말하면 그들도 웃으며 OK 라고 대답합니다. 괜히 형용사, 동사 섞어서 말하는 순간 후회합니다. 그들은 바로 못 알아듣는 영어로 우리를 공격합니다. 흰 옷을 입은 웨이터가 "red or green?"하며 어떤 것을 첨가한 베를리너 바이세를 마실 것인지 물어보는데 갑자기 하얀 소복을 입은 귀신이 앞으로 나란히 포즈를 취하고 손을 떨며 "빨간 맥주 줄까아~ 초록 맥주 줄까아~"라고 말하는 것 같아 웃음이 납니다. 중국집에서 자장면과 짬뽕 선택을 단 한 번도 고민해 본 적 없고 짬짜면, 볶짬면이 왜 메뉴판에 존재하는지 이해가 안 가는 저는 늘 그러

시럽만 담겨있는 잔(위)에 맥주를 따른 모습(아래)

하듯 "both"라고 대답합니다.

당연히 빨간색 한 잔, 초록색 한 잔, 2잔을 서빙해 줄 것이라 생각했는데 그가 가져온 맥주는 빨간색, 초록색 시럽과 맥주를 모두 혼합한 고동색보다 탁한 맥주 한 잔입니다. 제가 2잔을 한꺼번에 주문했을 거라고 차마 생각하지 못하고 "both"라는 말을 시럽을 둘 다 섞어달라는 것으로 잘못 알아들었나 봅니다. 학생 때 배웠던 빛의 3원색을 섞으면 흰색이 되고 색의 3원색을 섞으면 까맣게 된다는 내용을 현장 학습하고 있는 상황입니다. 영어로 다시 한 번 천천히 제 의도를 이야기하고, 2개를 따로 따로 달라고 주문합니다. 맥주는 제가 직접 따라 마실 터이니, 병을 따지 않은 채 가져다 달라는 요청도 합니다. 오~~ 제 서투른 영어가 그들에게 정확히 전달된 것 같습니다. 잠시 후 원하는 대로 병을 따지 않은 베를리너 바이세 2병과 초록색, 빨간색 시럽이 50cc정도 채워진 잔 2개가 서빙됩니다.

갑자기 불안한 생각이 스칩니다. 제 의도와 다르게 가져다 준 초록색과 빨간색 시럽을 한꺼번에 섞은 맥주에 대한 비용을 청구할 것인지에 대한 불안감입니다. 역시 독일은 선진국입니다. 계산서를 보니 잘못 가져다 준 맥주 비용을 청구하지 않습니다. 후진국이었다면 당연히 잘못 준 맥주를 제 계산서에 포함시켰을 것입니다.

　예전에는 베를리너 바이세를 만드는 양조장이 수백 곳이었습니다만, 지금은 베를리너 킨들Berliner Kindl 양조장 한 곳입니다. 두 번의 전쟁, 분단 등 역사적 사건을 겪으며 작은 양조장은 전부 문을 닫았다고 합니다. 완제품 한 병은 마셔야겠기에, 한 병 더 주문하여 아무것도 섞지 않고 잔에 따라봅니다. 밀맥주라서 탁한 연노랑색입니다. 단맛 없는 신맛이라 호불호가 확실한 스타일의 맥주입니다. 자장면을 한 젓가락 먹고 양파 한 쪽으로 입을 개운하게 만들 듯, 음식을 먹은 후 입 안을 다스리기에는 시럽을 섞지 않은 스트레이트 베를리너 바이세가 딱 좋은 스타일입니다. 법적으로는 베를린에서 생산된 젖산발효를 하여 만든 밀맥주를 베를리너 바이세라고 부를 수 있습니다. 우리나라와 미국의 몇몇 양조장에서도 베를리너 바이세를 만들지만 베를리너 바이세라는 명칭을 사용하지 못하고 다른 이름을 붙여서 판매되고 있습니다.

시럽을 타지 않은 베를리너 바이세 한 잔

커리부어스트Currywurst

　베를리너 바이세와 같이 주문한 음식은 커리부어스트Currywurst입니다. 일명 카레소시지인데 베를린의 대표적인 길거리 음식입니다. 동물의 창자를 이용하고, 양념을 끼얹어 준다는 점에서 우리나라의 순대 볶음과 비슷합니다. 소시지와 감자튀김이 나오는데 먹기 좋게 썬 소시지 위에 케첩과 카레, 토마토 페이스트 등을 버무린 따뜻한 소스를 뿌리고 그 위에 카레 가루를 곰탕에 후추 치듯 탁탁 뿌려 나오는 음식입니다. 커리부어스트는 '분단'이라는 베를린의 슬픈 역사와 관련 있는 음식입니다.

　2차 세계 대전이 끝난 후 서베를린은 영국, 프랑스, 미국이 점령하고 동베를린은 소련이 점령하게 되었습니다. 서베를린에 주둔하던 영국 군

과 가족들은 독일에 없는 식재료를 영국 본토에서 공수해 먹었습니다. 영국 음식이나 독일 음식이나 맛없기로는 도찐개찐이지만, 그나마 영국이 인도를 지배했던 시절이 있었기 때문에 영국인들은 커리curry를 먹을 수 있었고, 인도의 소스 레시피를 참고하여 영국의 우스터 지방에서 처음 만든 우스터소스Worcetershire sauce를 뿌려 먹기도 했습니다. 참고로, 표준어는 도찐개찐이 아니라 도긴개긴입니다.

커리부어스트를 처음 개발한 사람은 헤르타 호이베르Herta Heuwer라는 아주머니입니다. 친한 영국 군인 아저씨로부터 우스터소스, 케첩, 카레 가루를 얻은 그녀는 3가지 재료에 몇 가지 향신료를 섞어 새로운 소스를 만든 뒤 소시지 위에 끼얹어 팔기 시작합니다. 대박이 납니다. 전쟁으로 폐허가 된 베를린을 복구하는 데 투입된 노동자들이 커리부어스트를 마구 사먹습니다. 일주일에 만 개를 팔았다는 기록이 있습니다. 1951년엔 본인이 만든 소스를 칠업Chillup이라는 상표로 등록 할 정도로 인기가 많아집니다. 커리부어스트는 베를린 곳곳에 있는 임비스Imbiss라고 불리는 길거리 간이식당의 대표 메뉴이자, 독일 곳곳에서 판매되는 독일의 대표적인 패스트푸드입니다. 한 손에 쥘 수 있는 크기의 사각 종이 접시에 소스가 뿌려진, 먹기 좋은 크기로 자른 소시지와 감자튀김을 일회용 플라스틱 포크와 함께 줍니다. 감자튀김 위에 뿌려진 카레가루는 마법의 가루처럼 주인으로 하여금 감자튀김을 다 먹어치우게 합니다. 감자튀김의 느끼함을 카레가루가 깔끔하게 잡아줍니다. 커리부어스트는 슬픈 역사를 가지고 있지만 아주 재미있는 음식입니다.

커리부어스트를 먹고 있으니, 우리나라에서 먹던 부대찌개가 생각납니다. 부대찌개도 전쟁의 슬픈 역사가 담긴 음식입니다. 한국전쟁 후 남한에 미군이 주둔합니다. 그들은 미국에서 식재료를 공수해 먹습니다. 미군의 식재료인 소시지, 햄, 민찌가 미군 부대 밖으로 유통됩니다. 민찌는 갈아놓은 고기입니다. 갈다, 다지다는 뜻의 민스mince에서 온 말입니다. 유통 기한이 살짝 지나 버려야 할 것을 구했든 재료 일부를 몰래 빼돌린 것이든 상관없습니다. 사람들은 미군 부대에서 흘러나온 소시지, 햄, 민찌로 매운 찌개를 만들어 팔기 시작합니다. 나름 고기가 들어간 찌개이므로 국물 맛이 나쁠 수 없습니다. 부대찌개의 유래입니다. 그래서 미군 부대가 있던 의정부, 송탄이 부대찌개로 유명합니다. 내일 아침 해장은 부대찌개에 라면 사리로 하면 좋겠다고 생각해 봅니다만 여기는 독일입니다. 차라리 캐비어를 구하는 것이 쉬울 것 같습니다. 참, 해장(解腸)의 원래 말은 해정(解酲)이라고 합니다. 숙취 정(酲)자를 써서 '숙취를 푼다'라는 의미의 해정을 언젠가부터 '장을 푼다'는 의미의 해장(解腸)으로 바꿔 부른 것이라고 합니다.

베를린 장벽을 보지 못해도 실망 금지

베를리너 바이세 3병을 마시고 나니 시간이 밤 12시 무렵입니다. 토요일 밤 12시입니다. 베를린 술집들은 아직까지 사람들로 꽉 차 있습니다. 대한민국 국민으로서 베를린을 방문하였음에도 베를린 장벽을 보지 못한 미안하고 아쉬운 마음을 가진 채 숙소로 귀환합니다. 천만 다행으로, 베를린 장벽의 흔적을 베를린에서만 볼 수 있는 것이 아니라는 것을 3일 후에 알게 됩니다. 장벽의 일부가 독일 여러 곳에 기증되거나 팔려서 나뉘어져서 다른 곳에서도 베를린 장벽을 볼 수 있습니다. 베를린에서 600킬로미터 떨어진 뮌헨 근교 에딩거Erdinger 양조장 앞마당에 예쁜 비석처럼 세워져 있는 베를린 장벽이 있습니다. 2009년 오너의 70세 생일을 맞이하여 임원들이 선물한 것이라고 합니다. 대한민국 서울에도 베를린 장벽을 볼

수 있는 곳이 있습니다. 청계천 한화빌딩 앞의 베를린 광장에 길이 3.6m, 높이 3.5m, 40cm 두께의 베를린 장벽이 세워져 있습니다. 한반도의 통일을 기원하는 마음으로 통일 선배인 베를린 시에서 2005년 기증한 조형물입니다. 베를린의 상징 동물인 곰 한 마리가 장벽 앞을 지키고 있습니다. 진한 하늘색 곰의 오른쪽 몸통에는 브란덴부르크 문이 그려져 있고 왼쪽 몸통에는 서울의 국보 1호인 남대문이 그려져 있습니다. 곰의 위치는 조금씩 바뀝니다. 기계 장치가 있어 각도를 모니터로 조절하는 것인지 술 취한 사람들이 밀어서 옮기는 것인지는 모르겠습니다만 2017년의 곰 조형물은 베를린 장벽을 등지고 있습니다.

베를리너 바이세는 우리나라에 아직 수입되지 않은 맥주입니다. 수요공급의 법칙에 의해, 히트 칠 정도의 인기 좋은 맥주 스타일이 아니기 때문에 아무도 수입을 안 하는 것 같습니다. 커리부어스트 역시 고급 음식도 아니고 기가 막힌 맛도 아닌, 한 번쯤 먹어볼 만한 베를린의 패스트푸드일 뿐입니다. 베를리너 바이세와 커리부어스트를 먹기 위해 일부러 베를린에 방문할 필요까지는 없습니다만 베를린에 방문하였다면 시큼하면서 달달한 베를리너 바이세 한잔과 커리부어스트를 꼭 먹어 봐야 합니다. 대한민국 서울에 방문하여 소주 한잔에 떡볶이와 순대 한 접시 정도는 먹어 봐야 하는 것처럼 말입니다. 서울과 베를린은 1997년 4월 23일 우호도시 관계를 맺은 상태입니다. 하루 전 방문했던 함부르크와 부산이 각 나라의 두 번째로 큰 도시이자 첫 번째 항구 도시라는 공통점이 있다면, 서울과 베를린은 각각 대한민국과 독일의 수도이자 제1의 도시라는 점에서 공통점이 많은 도시입니다. 저녁에 도착하여 다음날 아침에 떠나는 베를린 일정이 아쉽기만 합니다.

Berlin, im Oktober 2005
Klaus Wowereit
Regierender Bürgermeister von Berlin

는 서울시를 위해 베를린 장벽 일부를 원형 그대로 이 곳
베를린 광장을 조성했다. 장벽은 독일 분단의 평화로운 극복
평화통일에 대한 희망을 상징한다.

2005년 10월
베를린시장 클라우스 보베라이트

청계천의 베를린 장벽

프로이센 VS 오스트리아

독일은 1871년 정식으로 세계사에 등장합니다. 프로이센 왕국에 의해 통일된 독일의 공식 명칭은 독일제국 도이체스 카이저라이히Deutsches Kaiserreich입니다. 독일 지역은 신성로마제국의 황제가 지배하는 영토였지만, 실질적으로는 수백 개의 공국과 왕국이 존재하는 곳이었습니다. 17세기 후반 이후 어지러운 국제 정세 속에서 프로이센이 새로운 강국으로 등장합니다. 프로이센Preussen은 영어로 프러시아Prussia입니다. 지금의 독일 북동부 지역과 폴란드 서쪽을 통치하던 왕국입니다. 같은 게르만 민족인 합스부르크 가문은 신성로마제국 내에서의 영향력을 점점 잃어가는 상황이었습니다.

1815년 벨기에의 워털루 지방에서 나폴레옹은 치명적인 패배를 당합니다. 워털루 전투는 나폴레옹의 마지막 전투였고 패배한 나폴레옹은 세인트헬레나 섬에 유배되어 생을 마감합니다. 프랑스가 물러간 독일 지역은 신성로마제국의 황제 가문이었던 합스부르크 가문이 다스리는 오스트리아 제국과 북쪽의 프로이센이 주도권 싸움을 벌입니다. 1866년 프로이센-오스트리아 전쟁이 일어나고 프로이센이 승리합니다. 보오전쟁, 보불전쟁의 '보'가 프로이센을 가리키는 말입니다. 당시 프로이센의 실권자는 철혈 재상으로 유명한 비스마르크입니다. 프로이센은 오스트리아를 제외한 나머지 독일의 작은 나라들을 통합하여 마침내 1871년 독일제국을 건설합니다. 독일 사람들은 962년 오토 1세에 의한 신성로마제국을 독일 제1제국이라 하고, 1871년 프로이센에 의한 통일 이후의 독일 제국을 제

2제국이라고 부릅니다. 제3제국은 1934년 이후의 히틀러에 의한 나치 독일을 의미합니다.

프로이센 영역

| 보오전쟁(프로이센 - 오스트리아) | 1866년 |
| 보불전쟁(프로이센 - 프랑스) | 1870 ~ 1871년 |

통일 독일에 포함되지 않고 따로 떨어진 합스부르크 가문의 남아 있는 영토는 지금의 오스트리아 지역뿐 아니라 국경을 접하고 있는 체코, 슬로바키아, 헝가리, 슬로베니아 지역과 남쪽의 크로아티아까지 포함된 영역

입니다. 프로이센에 의해 통일된 독일 제국은 게르만족의 단일 민족으로 구성된 나라지만, 오스트리아 제국은 오스트리아 지역을 제외하고 나머지는 전부 이민족이 살고 있는 땅입니다. 헝가리는 마자르족, 나머지는 슬라브족의 땅입니다. 1908년 오스트리아 제국은 지금의 보스니아를 합병합니다. 슬라브족의 오스트리아에 대한 감정이 좋을 수가 없습니다. 1914년 6월 28일 오스트리아의 황태자 부부가 보스니아의 수도 사라예보에서 암살되는 사건이 발생합니다. 오스트리아는 배후로 의심되는 세르비아를 침공합니다. 1차 세계 대전의 시작입니다. 1918년 11월 11일, 독일 제국과 오스트리아 제국은 패전국이 됩니다. 합스부르크 가문은 제국의 통치권을 상실합니다. 오스트리아 제국은 오스트리아는 공화국이 되고 마자르족의 헝가리, 슬라브족의 체코슬로바키아가 독립합니다. 세르비아는 오스트리아 제국으로부터 획득한 땅을 포함하여 유고슬라비아 왕국을 세웁니다. 오스트리아 공화국의 영토는 오늘날의 오스트리아에 국한됩니다. 1938년의 나치에 의한 독일과 합병, 2차 세계 대전 이후의 소련의 점령 등 어려운 시기를 겪은 후 1955년 오스트리아는 독립국이자 영세 중립국이 됩니다.

대부분의 백성들이 못 먹고 살던 가난한 시절의 질병 2가지는 감염과 영양 결핍입니다. 21세기를 살고 있는 우리는 오늘 저녁엔 어떤 맥주에 어떤 안주를 먹을지를 고민하고 살지만, 밥에 김치로 대부분의 끼니를 해결하던 시절도 있었습니다. 그 시절 통풍은 결코 흔한 질병이 아니었습니다.

통풍, 한자로 아플 통(痛), 바람 풍(風)입니다. 바람에 스치기만 해도 아프다고 하여 통풍이라고 불립니다. 맥주를 좋아하는 사람들이 통풍에 노출될 위험이 높다고 알려져 있어서 맥덕(맥주 덕후)들에게 통풍은 가장 관심 많은 질환이기도 합니다. 통풍의 가장 흔한 증상은 관절통입니다. 주로 발가락 관절에 요산uric acid이라는 물질이 쌓여서 통풍을 유발하게 됩니다.

모든 생물은 DNA를 가지고 있습니다. DNA를 구성하는 성분 중에 퓨린purine이라는 물질이 있습니다. 인간의 DNA에도 퓨린이 있고, 모든 생물의 DNA에도 퓨린이 있습니다. 즉, 우리가 매일 먹는 먹거리에는 퓨린이 포함되어 있습니다. 음식을 통해 우리 몸에 들어온 퓨린은 나의 DNA를 만드는 재료가 됩니다. 몸 속의 퓨린 양이 많아지면 퓨린은 간에서 요산uric acid으로 바뀐 후 신장을 통해 소변으로 배출됩니다.

그런데 우리 몸의 퓨린 조절 능력을 뛰어 넘어 혈액 속의 요산이 많아지는 상황이 발생합니다. 고요산혈증입니다. 혈액 속의 증가된 요산은 관절, 특히 발가락 부위에 침착됩니다. 발가락 관절이 쪼개질 것처럼 아픕니다. 이 상태를 통풍이라고 합니다.

맥주는 통풍에 치명적이라고 알려진 이유는 퓨린이 많이 들어 있어서입니다. 맥주 효모는 살아 있는 생물이고 마구 분열하는 개체입니다. 맥주 1잔에는 효모의 DNA로부터 유리된 퓨린이 많이 들어 있긴 합니다. 반면 위스키, 고량주 같은 증류주에는 퓨린이 전혀 들어 있지 않습니다. 그렇다면 맥주를 마시면 통풍에 걸린다는 말은 맞는 이야기일까요?

1. 건강한 사람은 맥주를 많이 마셔도 간에서 퓨린을 요산으로 바꾸어 소변으로 배출합니다. 맥주를 마신다고 통풍에 걸리는 것은 아닙니다. 그렇다고 매일 맥주 10병씩 마시면 안 됩니다. 통풍 뿐 아니라 모든 질환에 취약해집니다.

2. 통풍 환자의 경우, 맥주를 많이 마시면 체내 요산 수치가 올라갑니다만 맥주 뿐 아니라 모든 음식에는 퓨린이 들어 있습니다. 육류, 생선, 해산물에 퓨린이 많고 야채와 곡식에 퓨린이 적다고 하여 밥, 김치, 나물만 먹는 조선 시대 식단을 평생 유지하긴 힘듭니다. 요즘은 요산 수치를 낮추는 좋은 약이 많습니다. 어차피 퓨린을 안 먹고 살기 힘들기 때문에 편하게 먹고 약으로 조절하는 것을 전문가들은 추천하고 있습니다. 단, 음식이건 맥주건 적당히 먹는 전제하에서입니다. 약을 안 먹고 버티는 것도 문제지만, 약이 좋다고 마음껏 먹고 마시는 것은 브레이크 믿고 과속하는 사람과 똑같습니다.

3. 통풍 때문에 맥주를 끊는 대신 소주, 위스키를 마음껏 마시는 사람도 있습니다. 소주, 위스키에는 퓨린은 전혀 없지만, 알코올은 통풍 증상을 악화시킵니다. 요산 조절에 가장 안 좋은 역할을 하는 물질이 알코올입니다. 술을 아예 끊든지 종류에 관계없이 적당히 마시든지 선택해야 합니다. 통풍 조절한다면서 삼겹살, 고등어에 마시는 소주 1병이 맥주 몇 병보다 통풍에 더 안 좋다는 것을 기억해야 합니다.

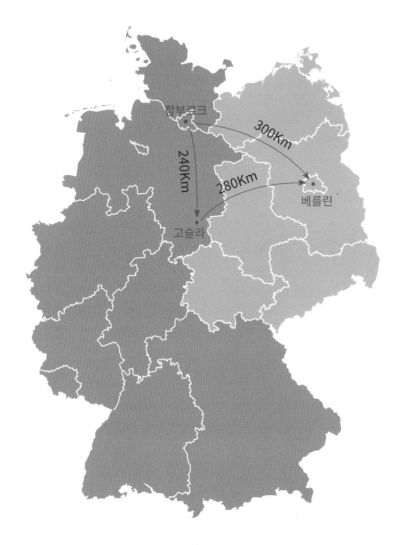

함부르크 - 고슬라 - 베를린

라이프치히에서
또 다른 고제를 마시다
#9

라이프치히 고제 레스토랑

여행 5일째 아침입니다. 이날 일정은 베를린을 떠나 라이프치히를 경유하여 뮌헨까지 가는 일정입니다. 베를린에서 라이프치히까지는 200km, 라이프치히에서 뮌헨까지는 약 400km 거리입니다. 뮌헨까지 갈 길이 먼데도 라이프치히Leipzig에 잠시 들른 이유는 라이프치히 고제 맥주를 맛보기 위해서입니다. 고제Gose의 원조는 어제 점심에 들렀던 고슬라Goslar입니다만 고제 맥주를 상업적으로 유명하게 만든 곳이 라이프치히입니다. 평양냉면의 원조는 평양이지만, 만일 평양냉면이 세계적인 음식이 된다면 사람들은 틀림없이 서울식 평양냉면을 평양냉면이라고 생각할 것입니다. 그만큼 라이프치히의 고제는 고슬라의 오리지널 고제보다 상업적이고 대중적입니다.

강남역 사거리 규모의 큰 사거리에 아이보리색으로 칠해져 있는 대학 캠퍼스 정문 같은 입구가 보입니다. 정문은 커다란 4개의 아치로 구성되어 있습니다. 기차역의 일부로, 예전에는 4개의 아치 사이로 기차가 다녔다고 합니다. 바로 옆이 레스토랑 입구입니다. 대학 캠퍼스 정문 혹은 관공서 입구라고 생각하여 유턴을 세 번 정도 하며 레스토랑을 찾아 헤맨 후에야 '이곳이 아니면 절대 불가능하다'라는 결론을 내리고 근처에 주차를 하고 다가가 보니 Gasthaus & Gosebrauerei Bayerischer Bahnhof라는 글씨가 보입니다. 고제브루어리Gosebrauerei, 고제를 만들어 파는 곳이 맞습니다. 알고 보니 이곳을 방문했던 한국인 맥주 덕후들도 저처럼 '설마 여기가 고제를 파는 레스토랑은 아니겠지'라며 몇 번씩 주위를 왔다 갔다 했다고 합니다.

레스토랑으로는 절대 안 보이는 고제 브루어리

독일 여행을 하다 보니, 반호프Bahnhof라는 단어를 저절로 알게 되었습니다. 기차역이라는 뜻입니다. 독일은 철도 시설이 아주 잘 되어 있기 때문에 기차역이 그 도시의 랜드 마크인 경우가 많습니다. 렌터카 여행 중이지만 본의 아니게 Bahnhof라는 단어를 계속 마주치게 되어 노력하지 않아도 저절로 외우게 되었습니다. 아는 독일어 단어 하나 추가입니다. 바이어리셰 반호프Bayerischer Bahnhof는 바이에른 기차역이라는 뜻입니다. 바이에른까지 가는 기차를 이곳에서 탈 수 있었다고 합니다. 이곳은 1842년에 세워진 기차역으로, 지금은 더 이상 기차역으로 사용되지 않고 기차역의 일부를 고제 맥주를 만드는 양조장 겸 레스토랑으로 사용합니다. 그래서 레스토랑 이름 뒤에 Bayerscher Bahnhof 이름이 붙어 있습니다.

파리에도 사용하지 않는 기차역을 개조하여 미술관으로 만든 곳이 있습니다. 오르세 미술관입니다. 1900년 파리에서 개최된 만국 박람회를 위해 화려하게 지어진 기차역이었습니다만 점차 수요가 줄어 폐쇄되었습니다. 이를 미술관으로 개조하여 우리나라 사람들에게 인기 좋은 인상주의 화가들의 작품을 비롯한 유명한 작품들이 많이 전시되어 있는 곳입니다. 다른 유명한 미술관과 마찬가지로, 오르세 미술관 입구에도 표를 사려는 줄이 아주 길게 늘어서 있습니다. 하지만 굳이 긴 줄을 설 이유는 없습니다. 미술관 바로 앞의 담배 가게같이 생긴 부스에서 표를 사면 간단합니다.

레스토랑에 들어가니 고제 맥주 수십 병이 들어 있는 냉장고가 보입니다. 판매용입니다. 우리나라에 수입되지 않아 인터넷으로만 보던 맥주를 실제로 보니, 한 잔 마시고 싶은 생각이 격하게 듭니다. 이곳의 고제 맥주병은 디자인이 아주 독특합니다. 까만색에 가까운 진한 갈색 병으로 다른 맥주병과 달리, 약 20센티 길이의 얇고 긴 주둥이가 달려 있어서 꽃병 같습니다. 라벨엔 까만 모자와 까만 조끼를 입은 눈썹 진한 아저씨가 오른손에 거품 가득 담긴 잔을 든 채 왼손으로 입을 가리고 웃는 그림이 그려져 있습니다. 하회탈과 똑같이 생긴 아저씨입니다. 라벨만 봐도 기분이 좋아집니다.

레스토랑 내부와 고제 맥주병

고제Gose와 자우어브라텐Sauerbraten

웨이터가 다가와 서빙을 받는 실내 자리와 셀프 서비스를 하는 야외 자리 중 하나를 선택하라고 합니다. 일요일이고 때마침 점심 식사 시간이라 야외의 셀프 서비스 자리는 가족 단위의 손님들로 가득 차 있습니다. 각자의 접시 옆에 맥주 한 잔이 놓여 있습니다. 역시 독일은 맥주의 나라입니다. 조용한 실내 자리에 앉아 고제 한 잔을 주문합니다. 탁한 오렌지색의 고제 맥주가 서빙됩니다. 한쪽 구석에는 구릿빛 맥주 탱크가 2개 세워져 있습니다. 규모는 500리터가 채 안되어 보입니다. 지금도 양조를 하는지 문의해 보니, 메인 시스템은 아니지만, 견학 혹은 홍보 등의 목적으로 가끔 가동한다고 합니다.

라이프치히에서 또 다른 고제를 마시다 #9

라이프치히의 고제 맥주도 고슬라 고제와 마찬가지로 소금, 코리앤더, 그리고 밀맥아를 사용합니다. 코리앤더가 들어가서 시트러스 향이 첫 모금에 올라옵니다. 소금을 넣었지만 짠맛은 그리 심하지 않습니다. 넣었다고 이야기하지 않으면 잘 모를 정도입니다. 밀맥아 때문에 색은 탁합니다. 밀맥주 특유의 부드러운 느낌도 있습니다. 무엇보다 특징적인 것은 유산균을 투입하여 발효시키기 때문에 신맛이 납니다. 국물 문화가 발달하지 않은 외국 사람들은 고제 맥주를 짜고 시다고 느낄 수 있겠습니다만, 동치미 국물과 시원한 냉면 육수에 익숙한 한국인들에게 고제 맥주는 짜지 않고 시지 않은 시원한 국물처럼 느껴질 수 있겠습니다.

라이프치히 고제는 확실히 고슬라 고제보다 덜 시큼하고, 좀 더 달달합니다. 둘 중 더 잘 팔리도록 만든 맥주는 당연히 라이프치히의 고제입니다. 고슬라 고제가 한 곳의 양조장에서 유일하게 만들어지고, 고슬라 마을에서만 소비되는 반면, 이곳의 고제는 다른 도시에도 납품된다고 합니다. 라이프치히에서 고제 맥주를 만드는 양조장은 몇 개 더 있습니다. 만일 독일 다른 도시에서 "고제Gose"라고 적힌 병맥주를 발견한다면 라이프치히 고제일 것입니다.

세상의 많은 맥주가 그러하듯 고제 맥주를 지금처럼 유명하게 만든 것은 미국입니다. 미국의 크래프트 양조장에서 고제 스타일의 맥주를 만들면서 독일의 작은 마을 맥주였던 고제가 신맛과 짠맛의 독특한 스타일 맥주로 유명해졌습니다.

웨이터에게 음식을 추천해 달라고 하니, 독일 음식 중 하나인 자우어브라텐Sauerbraten을 추천합니다. 자우어sauer는 시다는 뜻이고, 브라텐braten은 굽다는 뜻입니다. 고기를 간장, 설탕, 마늘 양념에 재어 놓고 구워 먹는 우리나라 양념 갈비와 만드는 방식이 비슷합니다. 자우어브라텐은 와인, 식초, 야채, 향신료에 2일 이상 재어 놓은 소고기를 팬에 구운 후, 소스를 끼얹어 나오는 요리입니다. 소스에 식초가 들어가서 자우어라는 이름이 붙습니다. 지방이 없는 부위로 만들기 때문에 닭 가슴살처럼 퍽퍽한 느낌이 들 수 있습니다만 따뜻하게 곁들여 나온 적양배추 한 입이 퍽퍽함을 해결해 줍니다. 고기만 먹은 후의 2% 부족한 포만감은 함께 제공된 감자 덤플링dumpling이 채워 줍니다. 덤플링은 우리말로 경단입니다. 감자를 갈아 밀가루, 소금과 함께 동그랗게 경단을 만들어 물에 끓여 만드는 음식입니다. 자우어브라텐 한 접시만으로도 훌륭한 한 끼 식사입니다.

자우어브라텐과 라이프치히 고제 한 잔을 맛있게 마신 후 미리 주문한 고제 병맥주 2병을 들고 레스토랑을 나옵니다. 이런 맥주는 조니워커나 발렌타인 위스키보다 가격은 훨씬 싸지만 선물하기 좋은 유용한 아이템입니다.

라이프치히 전승기념비 Völkerschlachtdenkmal

고제 레스토랑으로부터 3.5km 떨어진 곳에 라이프치히 전승기념비가 있습니다. 1813년 이곳 라이프치히에서 벌어진 프로이센-오스트리아 연합군과 나폴레옹의 전투에서 연합군이 승리한 것을 기념하기 위해 정확히 100년 후인 1913년에 세운 건축물입니다. 참나무로 둘러싸인 162m × 79m 넓이의 인공 호수가 있고 호수 건너편에 높이 91미터의 기념비가 우뚝 솟아 있습니다. 번쩍거리지 않는 흙빛이고 주위 구조물이라고는 기념비 하나밖에 없기 때문에 이집트의 룩소르 신전처럼 보입니다. 호수의 물은 라이프치히 전투 당시 사망한 군인의 눈물을 의미한다고 합니다. 식후 산책하는 기분으로 호수와 참나무 숲 사이의 산책로를 걸어 기념비를 둘러보며 라이프치히 전투를 구글로 검색합니다. 인터넷 정말 느립니다. 독일은 자동차 산업, 전자, 기계 산업이 발달한 나라라서 인터넷도 빠를 것이라고 생각하면 안 됩니다. 3G조차 안 터지는 곳이 많습니다. 대한민국은 전 세계에서 인터넷이 가장 빠른 나라 중 하나입니다.

어림잡아 1800년부터 1815년까지의 유럽은 나폴레옹의 놀이터입니다. 1804년 프랑스 황제가 된 나폴레옹은 섬나라 영국을 정복하고 싶었습니다. 1805년 프랑스-스페인 연합 함대가 트라팔가르 해전에서 넬슨 제독의 영국 해군에게 패하여 영국 정복은 어렵게 되지만 나폴레옹의 프랑스 군대는 1805년 오스트리아, 1806년 프로이센과의 전쟁에서 승리하여 동쪽으로 지배력을 확장합니다. 동쪽을 정리한 후 이번엔 서쪽으로 눈을 돌려, 1808년 스페인 왕을 폐위시키고 친형을 스페인 왕으로 즉위시킵니다. 승승장구하던 나폴레옹은 1812년 러시아 원정에 실패한 후 몰락하기 시작합니다. 1813년 라이프치히 전투에서 프로이센 연합군에게 패배하여 엘바 섬에 유배되고, 1815년 벨기에의 워털루에서 웰링턴 장군의 연합군에게 패배하여 세인트헬레나 섬에 유배되어 1821년, 52세의 나이로 사망합니다.

아우어바흐 켈러Auerbachs Keller 맥주집

라이프치히 고제를 마시고 전승기념비를 둘러본 후 독일 맥주의 성지 뮌헨으로 이동하려는데 라이프치히에서 가장 유명한 맥주집을 잠깐이라도 방문하고 싶어집니다. 독일의 대문호라 불리는 괴테가 라이프치히 법과대학을 다니던 시절 종종 방문했다고 알려진 아우어바흐 켈러 맥주집입니다. 독일 사람들이 성경 다음으로 많이 읽었다는 괴테의 소설 파우스트에도 등장하는 곳입니다. 주인공 파우스트 교수가 악마 메피스토펠레스

와의 거래를 마치고 찾은 곳이 이곳 아우어바흐 켈러 비어홀입니다. 고제 레스토랑이 현지인들이 많이 찾는 곳이라면 번화가의 어느 백화점 건물에 있는 이 맥주집은 관광객들이 끊임없이 방문하는 곳입니다. 켈러Keller라는 단어는 독일어로 지하실이라는 뜻입니다. 켈러에서 짐작할 수 있듯, 비어홀은 지하로 내려가야 합니다. 술집 앞은 "여기가 파우스트에 나오는 그곳이다"라고 광고하듯 소설 파우스트에 나오는 등장인물들의 동상이 양쪽에 세워져 있습니다.

괴테의 동상

악마와의 계약을 괴로워하는 파우스트 교수로 추정되는 인물을 배경으로 관광객들은 V자를 그리며 사진을 찍고 있습니다. 소설 파우스트를 5페이지 정도 읽다 재미가 없어 포기하여 파우스트가 어떻게 생겼는지 몰라 아쉽습니다. 괴테는 1774년부터 1831년까지 무려 57년 동안 파우스트를 썼습니다. 몇 달 만에 독일 맥주 책을 집필하는 제 자신이 대견스럽습니다. 일요일이라 아우어바흐 켈러 맥주집이 문을 열지 않아 맥주 한 잔을 못하고 이동합니다만, 언젠가 라이프치히에 다시 방문할 때 가봐야 할 곳 리스트에 추가시켜 놓습니다.

아우어바흐 켈러 앞의 파우스트 동상

고제 맥주 수송 후기

라이프치히에서 구입한 고제 맥주 2병을 깜빡 잊고 렌터카 뒷좌석에 놓아 둔 채 돌아다녔습니다. 이틀 후, 차를 잠시 세워둔 채 관광을 하고 다시 차를 탔는데 기분 좋은 몰트향이 차 안 가득 느껴집니다. 맥주 여행을 하면 저절로 차 안에서 몰트향이? 라고 생각한 지 30초가 채 지나지 않아 뒷좌석에 놓아 둔 라이프치히 고제 2병이 생각났습니다. 아닐거야... 애써 부정하며 뒤를 돌아보니 한 병은 무사한데 나머지 한 병은 망치로 깨뜨린 것처럼 깨져 있습니다. 6월의 따뜻한 독일 날씨에 세워 둔 렌터카 내부의 온도는 에일 효모가 활동하기 딱 좋은 온도입니다. 고제 맥주병 속의 효모가 이차 발효를 하여 알코올과 CO_2를 계속 만들어내다가 맥주병이 압력을 견디지 못하고 터져버린 것입니다. 터진 병 바닥엔 아이보리색의 효모와 젖산균 덩어리가 티스푼 한 개 정도 남아 있었습니다. 고제 맥주병 두께는 5mm보다 두꺼워 보입니다. 병 속에서 이차 발효가 진행되므로 일부러 두껍게 만든 것인데도 미생물이 병 속에서 생산하는 CO_2의 압력이 생각보다 어마어마했던 것 같습니다.

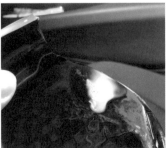

대부분의 병맥주나 캔맥주에는 효모가 들어 있지 않습니다. 효모가 살아 있는 맥주는 풍미가 좋고 깊은 맛이 나지만 병이나 캔 속에서 발효가 계속 진행되기 때문에 맥주의 품질이 일정치 않을 가능성이 있습니다. 즉, 어떤 날은 맛있는 맥주를 마셨는데 또 어떤 날은 맛없는 맥주를 마시게 될 수도 있다는 뜻입니다. 예전엔 마을의 양조장에서 맥주를 만들어 마을 사람들이 다 마셨기 때문에 효모를 걸러 내지 않은 맥주, 즉 2차 발효가 끝난 맥주통 속의 맥주를 팔아도 큰 문제가 없었습니다만, 요즘은 미국에서 만든 맥주를 대한민국에서 마실 수 있는 세상입니다. 맥주에 열을 가하여 살균하거나 필터에 맥주를 통과시켜 효모를 걸러낸 후 판매하는 것이 일반적입니다.

적어도 대한민국과 일본에서의 생맥주는 가열 살균처리하지 않은 맥주를 뜻합니다. 누구나 생맥주draft beer라고 하면 효모가 살아 있을 것이라 생각합니다만, 우리나라 호프집에서 파는 국산 생맥주에는 효모가 들어 있지 않습니다. 공장에서 2차 발효가 끝난 맥주는 필터링filtering 과정을 거쳐 효모가 제거된 상태로 병, 캔, 혹은 케그Keg라고 하는 20리터짜리 금속 통에 담겨 유통됩니다. 병에 들어 있으면 병맥주, 캔에 들어 있으면 캔맥주, 20리터 케그에 연결된 탭에서 나오는 맥주를 생맥주라고 부릅니다.

깨진 고제 맥주 안에 남아 있는 효모를 보며 '너희들 정말 힘이 세구나'라고 생각하고 나머지 한 병을 숙소에 도착하자마자 냉장고에 넣어 두었습니다. 냉장고에 넣어 두면 온도가 낮아지기 때문에 우리가 추운 겨울에 활동량이 줄어드는 것처럼 효모의 활동도 더디게 되어 발효가 아주 느리게 천천히 진행될 것입니다. 귀국할 때 찾는 짐 속에서 깨지지 않고 무사히 살아 있는 나머지 고제 한 병을 보며 "그래, 여기까지 잘 왔다"라고 안도의 한숨을 쉬었습니다. 집까지 곱게 모셔 온 고제 맥주의 병 디자인이 예뻐서 집의 책꽂이에 세워 놓았습니다. 며칠 후 퇴근하여 방에 들어와 보니, 방 안에 맥주 공장에서 나는 진한 몰트향이 가득 차 있습니다. 책꽂이에 세워 놓은 한 병도 터져버린 것입니다. 바닥은 흘린 맥주로 인해 찐득거리고 책꽂이엔 일본도로 벤 볏짚처럼 고제 맥주병이 한 줄 사선으로 깨져 있었습니다. 2개로 분리되어 깨진 맥주병 바닥엔 독일에서 터졌던 맥주병에 남아 있던 효모보다 약 5배 많은 미생물 덩어리가 보였습니다. 발효가 계속 진행되어 효모와 젖산균의 개채수가 늘어났기 때문일 것입니다. 라이프치히 고제와의 인연은 거기까지였습니다. 외국에서 캔이나 병 맥주를 가져올 땐 효모가 살아 있는 맥주는 터질 수 있다는 것을 배운 좋은 계기였습니다. 아울러 다음에 라이프치히에 다시 방문하여 라이프치히 고제를 실컷 마셔 보라는 신의 계시로 받아들였습니다.

라이프치히는 출판의 도시, 문화와 음악의 도시입니다. 과거 75만의 인구가 살았던 이곳은 두 번의 세계 대전과 동독의 통치 기간 중 도시의 기능이 축소되어 현재 인구 50만 정도에 머물러 있지만 점차 과거의 활기를 되찾는 중입니다.

뮌헨 입성,
호프브로이하우스에서
저녁을
#10

뮌헨 가는 길

원래 계획은 라이프치히 고제 양조장에서 점심을 먹고 일찍 뮌헨으로 출발하는 계획이었습니다만, 라이프치히 전승기념비, 아우어바흐 켈러 비어홀 등 라이프치히엔 생각보다 많은 볼거리가 있었기 때문에 오후 3시 넘어서야 라이프치히를 벗어날 수 있었습니다. 뮌헨까지의 거리는 약 400킬로입니다. 서울–부산까지의 거리입니다. 지방 학회를 갈 때 운전하고 갈지 고속버스를 타고 갈 지를 판단하는 한계가 서울에서 대구, 전주 정도의 거리입니다. 이 거리보다 멀면 운전하는 것이 힘들기 때문에 고속버스나 KTX를 타게 됩니다만, 서울–부산 거리만큼 되는 라이프치히에서 뮌헨까지의 운전은 전혀 지루하지 않습니다. 아우토반 주위로 보이는 거대한 바람개비와 맑은 하늘, 구름, 그리고 쭉 뻗은 아우토반이 운전하는 저를 더 기분 좋게 해 줍니다.

뮌헨은 처음 방문하는 곳인데 희한하게 고향 가는 느낌이 듭니다. 전생에 뮌헨의 시민이었을 수도 있다는 생각이 들 정도로 반가운 느낌입니다. 이런 느낌을 전문 용어로 '데자뷔'deja vu라고 합니다. 왜 그런 느낌이 드는지 생각해 보니, 지난 5일간의 여행이 매일 짐을 싸서 숙소를 옮기고, 매일 도시 2, 3곳을 돌아다니는 빡빡한 일정이었지만 뮌헨은 3박 4일을 머무르는 일정이기 때문에 편안함이 예상되어서인 것 같습니다. 대한민국으로 치면, 전주쯤에서 렌트를 하여 대전, 인천, 서울을 거쳐 강원도 고성, 춘천까지 다니는 매우 바쁜 일정이었습니다. 이제 뮌헨 숙소에 도착하면 4일간 편하게 맥주를 마실 수 있겠다는 생각을 하니 고향에 가는 느낌이 드는 건 당연합니다. 드디어 오후 8시가 되어 뮌헨 중앙역 근처 숙소에 도착합니다. 독일 맥주의 천국 뮌헨을 느끼게 될 역사적인 첫 날입니다. 체크인 후 샤워를 하고 깨끗한 재킷을 입고 무작정 뮌헨 중심 광장으로 출동합니다.

베를린 - 라이프치히 - 뮌헨

바이에른 공국과 뮌헨

바이에른Bayern은 독일의 동남쪽에 위치한 주입니다. 대한민국으로 치면 경상도 쯤 되는 위치입니다. 면적은 70,549km²으로 독일의 16개 주 중 가장 넓습니다. 경상도의 2.4배 정도 되고, 벨기에와 네덜란드를 합한 크기 정도 됩니다. 면적도 넓지만 경제 규모도 큰 부유한 주입니다. 바이에른을 영어로는 바바리아Bavaria라고 부릅니다. '바이에른 사람'이라는 뜻의 바바리안Bavarian과 야만인을 뜻하는 바바리안barbarian은 발음이 비슷하지만 전혀 다른 단어입니다. 비슷한 단어라는 이유로 바바리아 사람이 야만스럽다고 생각하면 안 됩니다.

바이에른을 포함한 지금의 독일 지역은 신성로마제국의 일부였습니다. 신성로마제국은 황제의 힘이 강력한 1개의 통일된 나라가 아니었고 수백 개의 공국, 왕국으로 구성된 형태였습니다. 오늘날의 EU와 비슷한 연합국 형태였습니다. 18세기 프랑스의 계몽사상가 볼테르는 신성로마제국을 "신성하지도 않고 로마와 관계도 없으며 더 이상 제국도 아니다"라고 표현할 정도였습니다. 절대 권력도 없고 이름만 황제였지만, 신성로마제국의 황제는 나름 선거에 의해 뽑혔습니다. 선거에 참여하는 영주 혹은 대주교를 선제후(황제를 선출하는 제후)라 불렀고, 바이에른 공국의 공작은 선제후 중 한 명이었습니다. 그만큼 바이에른 공국은 신성로마제국의 여러 나라들 중 영향력이 컸다고 볼 수 있겠습니다. 참고로, 공국과 왕국의 차이는 별 거 없습니다. 공작이 다스리면 공국, 왕이 다스리면 왕국이라고 합니다.

독일 맥주에서 가장 중요한 곳이 바이에른 주 입니다. 16세기 무렵 바이에른을 통치했던 공작 빌헬름 4세가 1516년 공포한 "보리, 물, 홉만으로 맥주를 만들어야 한다"라는 맥주순수령이 통일 독일 이후에도 오랫동안 독일 맥주의 원칙으로 통용되었기 때문이고, 맥주순수령을 공포했음에도 이러 저러한 이유로 정작 바이에른을 통치했던 비텔스바흐 가문은 밀맥주(바이젠Weizen)양조권을 독점함으로써 본의 아니게 오늘날의 바이젠의 인기 유지에 큰 공헌을 했으며, 상온에서 만들던 맥주와 달리 지하 저장고의 낮은 온도에서 천천히 숙성하는 깔끔한 라거 맥주를 처음 만들어 온 것도 바이에른이기 때문입니다. 그래서 독일 맥주를 이야기할 때 바이에른을 빼고는 할 이야기가 반으로 줄어들 수밖에 없는 것입니다.

바이에른의 주도가 뮌헨입니다. 만일 누군가에게 "당신은 맥주를 마시기 위해 한 도시만을 가야 한다면 어디를 선택하겠습니까?"라고 묻는다면 10명 중 5명 이상은 뮌헨이라고 답할 것입니다. 독일 맥주 여행 중 다른 도시는 몇 시간 동안만 머물렀고, 심지어 독일의 수도인 베를린에서도 1박만 했지만 뮌헨에서만큼은 유일하게 3박을 하기로 계획한 이유도 뮌헨이 독일 맥주의 성지이기 때문입니다. 베를린, 함부르크에 이어 독일에서 3번째로 큰 도시인 뮌헨을 독일의 수도로 착각하는 사람도 많은 이유 역시 뮌헨이 맥주로 너무 유명하기 때문입니다.

뮌헨의 느낌, 자유

　뮌헨에서 가장 번화한 곳은 마리엔 광장Marienplatz입니다. 플라츠platz 는 광장이라는 뜻입니다. 영어의 플라자plaza와 같은 어원입니다. 독일의 도시들은 대부분 구시가지를 잘 보존해 놓았습니다. 구시가지의 중심엔 항상 큰 광장이 있고 광장을 중심으로 시청사, 성당 등 도시를 대표하는 건 축물과 관광 명소들이 밀집되어 있습니다. 뮌헨의 마리엔 광장 역시 뮌헨 관광의 중심지입니다. 광장을 중심으로 동쪽의 구 시청사, 북쪽의 신 시청 사가 있어서 방향 감각을 잃었을 때 아주 훌륭한 랜드 마크가 됩니다. 숙 소에서 마리엔 광장까지 약 10분 정도의 거리를 걷는 동안 짧게 느낀 뮌헨 의 첫인상에 대한 키워드는 '자유'입니다. 맥주병을 들고 거리에 서 있는 뮌헨 사람들의 모습은 브레멘, 함부르크 같은 북부 독일 도시에서는 상상 할 수도 없는 모습입니다. 나중에 알게 되었는데, 뮌헨이라 하더라도 거리 에서 맥주를 마실 수 있도록 허용된 것은 아닙니다. 하지만 맥주에 관대한 도시인만큼 길에서 맥주 한 병 정도 마시는 것을 '2차선 횡단보도 미안한 표정으로 무단 횡단하기' 정도의 애교로 생각하는 것 같습니다.

전 세계에서 가장 술 마시기 편한 나라는 대한민국입니다. 세계에서 유명한 도시 대부분에서 공공장소 음주는 불법으로 규정되어 있지만, 우리나라의 경우 공공장소에서의 음주가 딱히 법으로 규제되어 있지 않습니다. 심지어 길맥(길거리에서 마시는 맥주)이라는 약자가 비공식적으로 사용되는 나라입니다. 그래서 우리나라 사람들이 외국에 가서 별 생각 없이 길이나 공원에서 맥주병을 마시며 다니는 경우가 있습니다만, 운이 없으면 벌금을 낼 수도 있습니다. 규제가 심한 나라에서는 자기 집 앞마당에서 맥주를 마시다 병을 들고 한 발짝 길거리에 나왔을 뿐인데 경찰에 단속되는 경우도 있다고 합니다. 언젠가 이스탄불에서 에페스 맥주 한 병을 사서 병째 마시며 아무렇지도 않게 돌아다니던 중 많은 사람들의 따가운 시선을 느꼈던 적이 있습니다. 터키가 이슬람 국가라는 사실을 잊고 그리 행동했던 것입니다. 그들이 공공장소, 특히 공원에서 맥주를 절대 마시지 않는 것은 아닙니다. 아일랜드에 갔을 때 호텔 지배인에게 들은 바에 의하면 맥주를 마시되 슈퍼에서 받은 포장용 종이봉투에 맥주병을 담은 상태로 한 모금씩 마시는 정도는 용인하는 수준이라고 합니다. 맥주 마시기 좋은 주말 오후 집 근처 양재 시민의 숲에 맥주 3, 4병 담겨져 있는 아이스박스를 가지고 가서 편하게 마실 수 있는 대한민국은 맥주 마시기 참 좋은 나라입니다.

호프브로이하우스Hofbrauhaus의 역사

마리엔 광장에 도착하여 구글 지도를 검색하여 뮌헨에서 가장 크고 유명한 비어홀 호프브로이하우스를 찾아갑니다. 광장 어디서든 보이는 구시청사 앞을 지나 좌회전 한번, 우회전 한번이면 3층짜리 호프브로이하우스 건물이 있습니다. 지도를 검색하지 않아도 입구에 관광객과 현지인들이 항상 붐비기 때문에 쉽게 찾을 수 있을 정도입니다. 광장부터 호프브로이하우스까지 걷는 동안 성지 순례하는 기분이 듭니다. 정확한 명칭은 hofbrauhaus am Platzl입니다. '광장의 호프브로이하우스'라는 뜻입니다. 참고로, Frankfurt am Main은 '마인 강의 프랑크푸르트'라는 뜻입니다.

호프브로이하우스는 1589년 바이에른의 공작 빌헬름 5세가 세운 궁정 양조장입니다. 뮌헨에서 가장 오래된 비어홀이기도 합니다. 호프hof라는 뜻이 궁정 즉, 궁궐의 정원이라는 뜻이고 브로이하우스brauhaus가 양조장이므로 호프브로이하우스는 '맥주 만드는 정원'이라는 의미입니다. 호프라는 단어는 호프집이라는 이름 때문에 우리나라에서 사람들에게 낯설지 않은 단어입니다. 맥주집을 호프집이라고 부르게 된 계기는 1980년대

OB 맥주가 대학로에 OB 호프라는 맥주집을 열어 대박 난 이후부터입니다. OB 호프의 명칭은 호프브로이하우스의 'hof'에서 따온 말입니다. 호프라는 단어를 맥주의 쓴 맛을 내는 홉hop으로 알고 있는 사람이 제법 있습니다. 심지어 희망hope이라고 알고 있는 사람도 있습니다. 호프hof입니다. "호프집 가서 맥주 한 조끼 하자"는 문장에서 조끼라는 단어는 저그jug라는 영어에서 비롯된 말입니다. 손잡이가 있는 잔을 저그라고 합니다. 참고로, 저그보다 작은 손잡이가 달린 잔은 머그mug라고 부릅니다.

당시 바이에른을 통치했던 빌헬름 5세가 직접 양조장을 세운 이유는 바이에른에서 만든 맥주가 맛이 없었기 때문입니다. 원래 바이에른을 비롯한 남부 독일 지역은 맥주보다 와인을 만들던 동네입니다. 와인 생산용 포도가 자라지 않아 오래 전부터 맥주를 만들어 왔던 북부 독일에 비해 맥주 만드는 기술이 부족한 건 당연한 일이었습니다. 부자들, 귀족들은 독일 북부의 맛 좋은 맥주를 수입해서 마셨습니다. 원자재는 수입을 하여 완제품을 만들어 팔 수 있으므로 국가 경제에 도움이 되지만, 맥주 같은 기호 식품은 국가 재정에 큰 도움이 되지 않습니다. 여튼, 당시 수입했던 북독일 지역, 특히 아인베크Einbeck 지역의 맥주를 사기 위해 바이에른이 지불했던 금액이 만만치 않았던 모양입니다. 맥주순수령을 공포했던 빌헬름 4세의 손자 빌헬름 5세는 아인베크의 맛있는 맥주를 직접 만들어 마시기로 결정하고 양조장을 하나 만들었습니다. 그곳이 1589년에 세워진 호프브로이하우스입니다.

16세기 바이에른 공국의 공작

1. 빌헬름 4세(1508~1550)   : 1516년 맥주순수령 공포
2. 알브레히트 5세(1550~1579)   : 밀맥주에 세금 부과
3. 빌헬름 5세(1579~1597)   : 호프브로이하우스 설립
4. 막시밀리언 1세(1597~1651)   : 밀맥주 양조권 독점

처음부터 호프브로이하우스의 맥주가 맛있게 빚어진 건 아니었습니다. 빌헬름 5세의 아들 막시밀리언 1세 때 아인베크의 양조 전문가를 초빙하여 맥주 품질 관리에 많은 노력을 기울였고, 얼마 후 17세기 초반부터는 뮌헨 시민들은 품질 좋은 뮌헨 자체 맥주를 마실 수 있게 되었습니다. 세월이 흘러 보헤미아 지방(지금의 체코)의 플젠Plzen에서 뮌헨의 양조 전문가를 초빙하여 필스너 우르켈이라는 베스트셀러 맥주를 만들게 된 것이 불과 200년 후의 일입니다. 또 세월이 흘러 21세기 현재, 사람들은 맥주를 마시러 뮌헨을 찾습니다. 맥주 젬병이었던 뮌헨이 양조 전문가를 파견하고, 맥주의 성지가 될 것이라고는 빌헬름 5세는 상상도 못했을 것입니다.

호프브로이하우스Hofbrauhaus 입장

　일요일 밤 9시입니다. 대한민국의 일요일 밤 9시, 전국 거의 모든 호프집의 문은 닫혀져 있을 겁니다. 일요일 밤 9시에 호프집을 찾아 본 기억도 없습니다. 집에서 개콘을 보면서 다음날 출근을 두려워하는 시간입니다만, 뮌헨의 호프브로이하우스 앞은 술 마시고 나온 사람, 들어갈까 말까 고민하는 사람들로 북적거립니다. 그나마 일요일 밤 9시라서 내부는 드문드문 앉을 자리가 있습니다만 1000명 이상이 들어가는 비어홀 1층에 어림잡아 700명 이상이 맥주를 마시고 있는 어마어마한 곳입니다. 큰 공간에서 울리는 사람들의 목소리와 악단의 라이브 음악 연주가 생동감 넘치는 금요일 밤이라고 착각하게 만드는 곳입니다.

6명의 연주자들은 동일한 복장을 하고 있습니다. 흰 셔츠에 까만 조끼, 바이에른 전통 가죽 바지에 무릎 바로 아래까지 올라오는 긴 양말을 신고 있습니다. 그들이 입은 가죽 바지를 레더호젠lederhosen이라고 합니다. 영어의 leather를 기억하면 됩니다. 레더호젠은 무라카미 하루키가 1985년 발표한 잘 알려지지 않은 단편 소설의 제목이기도 합니다. 갈색의 가죽 바지 레더호젠은 바이에른 뿐 아니라 스위스, 오스트리아 지방의 전통 의상입니다. 재질이 튼튼하고 일할 때 입기 편해서 오랫동안 입어 왔다고 합니다. 옛날엔 가죽 장화를 신었기 때문에 바지 길이는 무릎 약간 아래까지 내려오는 스타일입니다. 바이에른 사람들이 즐겨 입었던 레더호젠의 인기는 미국에서 수입된 청바지의 등장으로 시들해집니다. 가죽 바지에 비해 청바지 가격이 반도 안 되게 쌌기 때문입니다. 공교롭게도 청바지를 처음 만든 사람은 바이에른 출신의 리바이 스트라우스Levi Strauss라는 독일계 유대인입니다. 미국 캘리포니아로 이민을 간 후 세계 최초로 청바지 회사를 설립하여 대박이 납니다. 그의 이름을 딴 청바지가 리바이스Levi's입니다.

호프브로이하우스는 1920년 독일 노동자 대회에서 히틀러가 연설을 한 곳으로 알려져 있습니다. 모차르트가 뮌헨에 살던 시절 가끔 들러서 맥주 한 잔 마시며 악보를 쓰던 곳이기도 합니다. 긴 직사각형의 테이블과 양 사이드의 긴 벤치 2개는 6명~10명이 앉을 수 있는 우리나라 지하철 같은 자리입니다. 이곳의 분위기도 당연히 '합석'입니다. 그렇다고 8명 자리에 7명 일행이 앉아 있는데 한 자리 비었다고 비집고 들어가 앉겠다고 우기면 곤란할 것 같습니다. 테이블은 식탁보가 있는 자리와 식탁보가 없는 자리 2종류입니다. 옛날, 이 비어홀이 시민에게 개방된 이후 돈이 없는 시민들은 음식을 가져 와서 맥주만 시켜 마시길 원했고, 비어홀에서는 음식을 많이 팔기 원했기 때문에 절충안으로 테이블보가 있는 자리는 음식을 주문해야 하는 곳, 테이블보가 없는 자리는 음식을 싸와서 먹어도 되는 곳으로 구분하기 시작했다고 합니다. 테이블에 앉은 반 이상의 사람들은 옥토버페스트의 상징인 마스-크루크Maß-krug라고 부르는 1리터짜리 맥주잔으로 맥주를 마시고 있습니다. 맥주 1리터의 무게는 1kg, 잔 무게가 약 1.5kg으로 남자들이 한 손으로 들고 마시기에도 무거울 텐데 가냘픈 대한민국 처자들이 양손으로 마스-크루크 잔을 움켜잡고 뜨거운 보약 먹는 것처럼 홀짝 홀짝 맥주를 마시고 있습니다. 워낙 유명한 비어홀이라서 테이블 곳곳에 우리나라 단체 관광객들이 반갑게 앉아 있습니다.

테이블보가 없는 자리와 있는 자리로 구분되어 있다.

왁자지껄한 실내를 둘러보고 비교적 조용하고 한적한 실외 정원에 자리를 잡았습니다. 우리나라처럼 손님이 오기만 하면 웨이터가 뛰어나오는 시스템이 아닌 것을 알기 때문에 웨이터와 눈을 마주치고 서로의 존재를 확인한 후 천천히 기다립니다. 그들은 기다리면 반드시 옵니다. 키가 저만한 웨이트리스가 주문을 받습니다. 호프브로이하우스 오리지널 Hofbrauhaus Original 1리터와 뮌헤너 바이세 1리터, 그리고 소시지를 주문합니다. 그리고 또 천천히 기다립니다. 바로 뒤쪽에 5, 60대의 우리나라 관광객들이 앉아서 어떤 맥주를 시켜야 할지 우왕좌왕 고민하고 있습니다. 도와드리고 싶었으나, 어떤 맥주를 시킬 것인지 궁금하여 모르는 척 곁눈으로 지켜봅니다. 결국, 일식집에서 주방장에게 "오마카세"라고 요청하는 것처럼 웨이터에게 "Beer"라고 주문하고 웨이터도 경험이 많아서인지 알아서 주문을 받는 것 같습니다. 맥주를 공부해서 좋은 점은 독일어를 한 글자도 몰라도 맥주 메뉴판을 보고 편하게 주문할 수 있게 된 점입니다.

1리터 용량의 마스-크루크 잔

뮌헨식 라거와 밀맥주

호프브로이하우스 오리지널은 뮌헨식 라거입니다. 체코나 북독일의 필스너는 홉의 쓴맛과 향이 강조된 라거 맥주인 반면 뮌헨식 라거는 홉의 특징이 최대한 자제된 깔끔한 맛입니다. 맥아의 단맛도 전혀 걸쭉하지 않게 느껴집니다. 같은 라거 맥주임에도 특징이 전혀 다른 맥주 스타일입니다. 영국에서 심심하고 담백한 평양냉면 같은 페일 에일을 마실 때보다는 덜 당황스럽지만, 뮌헨에서 마신 첫 라거도 생각보다 차갑지 않은 온도로 서빙되고, 탄산도 생각보다 많지 않습니다. 맥주를 가장 차갑게, 가장 탄산이 많은 느낌으로 마시는 나라가 대한민국이기 때문에 차가운 탄산의 느낌에 익숙해져서 그렇습니다. 1리터 잔으로 주문하길 잘 했다는 생각이 듭니다. 아주 먹음직스럽습니다. 맥주를 안 좋아해서 설사 다 마실 자신이 없더라도 이곳에서는 1리터 용량의 마스-크루크 잔으로 맥주를 주문하길 추천합니다. 위스키처럼 키핑keeping은 불가능하지만 이곳의 분위기에 취해서 다 마셔버릴 가능성이 높습니다.

같이 주문한 뮌헤너 바이세는 밀맥주입니다. 1589년 호프브로이하우스를 설립한 빌헬름 5세의 아들 막시밀리언 1세가 1602년경 바이에른 지역에서 밀맥주를 만들 권리를 독점합니다. 증조할아버지(빌헬름 4세)가 1516년 맥주순수령을 공포하여 맥주에 보리, 홉, 물만 사용하라고 명령했는데, 생각해 보니 밀맥주를 만드는 것이 어마어마한 돈이 되는 겁니다. 그래서 증손자(막시밀리언 1세)는 밀을 섞어 만든 밀맥주를 독점 제조, 판매하게 된 것입니다. 그렇게 만들기 시작한 밀맥주의 전통을 이어 받은 맥주가 뮌헤너 바이세입니다.

독일 여행 중 오랜만에 맥주를 편하게 마시게 되어 기분이 좋아집니다. 다른 도시에서는 운전 때문에 몇 모금 마시지 못하고 맥주를 버려야 했고, 그나마 숙소로 잡은 도시에서도 다음날 짐을 싸서 일찍 출발해야 했기 때문에 마음 놓고 마시지 못했습니다만 내일 아침 딱히 할 일이 없는 뮌헨에서의 첫날 밤이 아주 만족스럽기만 합니다. 주문한 소시지를 한 입 먹고 헬레스 한 모금, 헤페바이젠 한 모금을 번갈아 마시며 다음날 방문할 호프집을 고민하고 있는데 누군가 말을 건네며 제 앞에 다가옵니다. 러시아에서 온 사이클 선수라고 본인을 소개하는 그의 손에도 1리터 맥주잔이 쥐어져 있습니다. 혼자 여행을 떠나게 되면 멋진 이성을 우연히 만나는 상황을 누구나 한번쯤은 상상합니다만 현실에서 그런 상황은 절대 일어나지 않는다는 머피의 법칙을 러시아 사이클 선수를 통해 다시 느끼게 됩니다. 이미 반쯤 취한 그와 관심도 없는 사이클 경기에 대해 이것저것 대화를 하며 맥주 2리터를 비우고 나서 자리를 정리합니다. 호프브로이하우스를 나온 시간이 밤 12시 무렵인데 아직도 뮌헨 거리는 활기차 보입니다. '내일 출근 안하나?'라고 생각해 보지만, 아마 그들도 저와 같은 이방인일 것입니다. 오렌지색 조명이 환하게 켜진 구 시청사와 신 시청사 건물이 마리엔 광장을 병풍처럼 로멘틱하게 둘러싸고 있습니다. 앞으로 매일 마주칠 건물이기에 반갑게 인사를 하고 숙소를 향해 어슬렁어슬렁 걸어 들어갑니다. 내일 계획은 뮌헨의 비어홀 순례입니다.

뮌헨 입성, 호프브로이하우스에서 저녁을 #10

뢰벤브로이, 슈나이더, 그리고 아잉거 #11

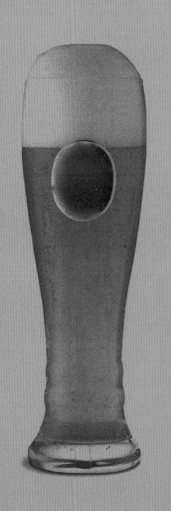

뢰벤브로이Löwenbräu는 사자의 양조장

뮌헨의 월요일 아침입니다. 병원에서는 월요일 아침을 컨퍼런스로 시작합니다. 외과 의사들은 아침 일찍 모이지 않으면 도저히 시간을 맞출 수 없기 때문에 거의 모든 컨퍼런스나 회의는 아침에 진행됩니다. 월요일 아침 7시 30분부터 컨퍼런스를 하고 8시 조금 지나 회진을 돌고 서둘러 수술실로 들어가는 것이 병원의 일상이었습니다만, 뮌헨의 월요일 아침은 소위 말하는 딴나라 이야기입니다. 일어나고 싶을 때 일어난 후 어떤 유명 호프집에 가서 아침을 먹을까를 고민하고 있는 상황입니다. 우리나라 호프집 중 월요일 아침에 문을 연 곳은 한 곳도 없을 것입니다. 월요일 아침에 가게 문을 활짝 열고 맥주를 공짜로 마시게 해 준다고 해도 아마 잘 안 갈 것 같습니다만, 이곳 뮌헨은 많은 호프집들이 10시면 문을 열고 손님을 받습니다. 심지어 슈나이더Schneider 브로이하우스는 아침 8시에 문을 엽니다. 뮌헨 6대 양조장 중 하나인 뢰벤브로이 직영 레스토랑에서 아점을 먹기 위해 숙소를 나섭니다.

약 20분을 걸어가니 동화 속의 성처럼 생긴 뢰벤브로이가 횡단보도 건너에 나타납니다. 파스텔 톤의 황토색 맞배지붕과 옥색의 원뿔 모양 지붕 때문에 동화책 속으로 들어가는 기분입니다.

독일어로 뢰버Löwe는 사자입니다. 뢰벤브로이Löwenbräu는 사자의 양조장입니다. 17세기 이 양조장 비어홀에 그려져 있던 '사자 굴 속의 다니엘' 프레스코화에서 착안하여 1886년 이후 사자 문양이 뢰벤브로이의 로고가 됩니다. 사자 굴 속의 다니엘은 구약 성경의 다니엘서에 나오는 인물입니다. BC 586년 신바빌로니아 왕국이 유다 왕국을 멸망시키고 4만 5천명의 유대인이 바빌로니아의 포로로 잡혀갑니다. 이 무렵의 50여 년을 바빌론유수(幽囚) 기간이라고 합니다. 유수(幽囚)는 잡아 가둔다는 뜻입니다. 다니엘은 포로로 잡혀간 유대인으로, 능력을 인정받아 신바빌로니아 왕국과 페르시아 왕국에서 고위 관리로 등용됩니다만, 다른 신하들의 시기와 질투로 인해 사자 굴에 갇히게 됩니다. 사자 굴에 갇혀 죽을 위기에 처하지만 평소 신앙이 깊은 다니엘은 하나님께 열심히 기도하여 이빨 자국 하나 없이 사자 굴에서 무사히 빠져나왔고, 그를 모함한 신하들은 사자 밥이 됩니다. 혹시 유럽 미술관 여행 중 미소년이 두 손을 모아 기도하고 있고 주위에 사자가 그려진 작품을 보면 작품 속의 미소년은 다니엘이라고 생각하면 됩니다. 물론, 사자 굴에 떨어질 당시의 다니엘은 할아버지였을 가능성이 높습니다.

프레스코 벽화에 그려진 구약에서도 뢰벤브로이의 사자가 나오지만, 뮌헨을 상징하는 동물도 사자입니다. 참고로 독일의 수도 베를린의 상징 동물은 곰입니다. 동화책 속의 성처럼 생긴 뢰벤브로이의 입구엔 혀를 낼름거리면서 1리터짜리 마스–크루크Maß-krug 잔을 들고 있는 사자가 그려진 플랭카드가 걸려 있습니다. 2017년의 옥토버페스트를 홍보하는 플래카드입니다.

옥토버페스트Octoberfest

옥토버페스트의 대형 천막 Bayreuth2009, CC BY 3.0

　해마다 가을이 되면 600만 명이 넘는 사람들이 맥주를 마시러 뮌헨에 몰려듭니다. 뮌헨 인구가 약 140만 명임을 감안하면 엄청난 인원입니다. 이들은 세계에서 가장 규모가 큰 축제인 옥토버페스트를 즐기러 온 사람들입니다. 옥토버October는 10월, 페스트fest는 라틴어로 축제, 즉 페스티벌festival이라는 뜻입니다. 직역하면 10월의 축제인데 옥토버페스트는 뜬금없이 9월 셋째 주 토요일부터 열립니다. 뮌헨의 10월 평균 최고 기온은 13.2도로 축제를 즐기기엔 쌀쌀한 날씨였기 때문에 원래 10월에 열리던 축제 기간을 9월로 당긴 것이라고 합니다.

　옥토버페스트의 기원은 1810년 10월 12일 개최된 경마 대회입니다.

이 대회는 바이에른 왕국의 황태자 루트비히와 작센의 공주 테레지아의 결혼식을 축하하는 행사였습니다. 1회 대회가 사람들의 호응이 좋아 몇 종목이 추가되어 옥토버페스트는 미니 올림픽 같은 스포츠 연례행사로 개최되었습니다. 이 행사에서 맥주를 팔기 시작한 때는 1880년대부터입니다만 언젠가부터 맥주 축제로 바뀌어 지금은 어마어마한 규모의 세계 최대 축제가 되었습니다. 옥토버페스트는 매년 9월 셋째 주 토요일부터 10월 첫째 주 일요일까지 총 16일간 개최됩니다. 단, 10월 첫째 주 일요일이 10월 1일 혹은 10월 2일이라면 10월 3일까지 개최됩니다. 1990년 10월 3일 동독-서독이 통일되었기 때문에 10월 3일만큼은 축제 기간에 포함시키고 싶어서 그리 정한 것 같습니다. 2017년은 10월의 첫째 주 일요일이 10월 1일이어서 9월 16일부터 10월 3일까지 총 18일간 개최되었습니다.

수천 명이 입장할 수 있는 대형 천막 14개, 수백 명 규모의 작은 천막 20개가 펼쳐질 정도로 큰 공간은 1810년 바이에른으로 시집 온 신부의 이름을 따서 테레지아 초원Theresienwiese이라고 부릅니다. 참고로, 테레지아 공주의 남편인 루트비히 황태자는 뮌헨 근교 퓌센Fussen에 있는 유명한 관광지 노이슈반슈타인 성의 주인이자 바그너를 사랑했던 미치광이 왕 루트비히 2세의 할아버지입니다. 대형 천막 중 가장 유명한 곳은 약 6000명을 수용할 수 있는 쇼텐함멜Schottenhammel이라는 천막입니다. 옥토버페스트의 시작을 이 천막에서 선언하기 때문입니다. 쇼텐함멜 천막에 마련된 무대에 맥주 통이 하나 있고 뮌헨 시장이 나무 망치를 들고 올라가 있습니다. 새해 자정에 보신각 종을 치러 종루에 올라가 있는 서울 시장과 비슷한 모습입니다. 맥주 통에 반쯤 박혀 있는 수도꼭지를 뮌헨 시장이 나무망치로 수차례 내리칩니다. 맥주가 수도꼭지를 통해 나오는 것과 동시에 옥토버페스트는 시작됩니다. 한가지 재미있는 사실은, 모여든 사람들은 뮌헨 시장이 과연 몇 번 만에 수도꼭지를 통에 박아 넣는지에 관심이 많다는 점입니다. 역대 최고는 단 두 번 만에 성공한 경우입니다. 1950년 토마스 윔머Thomas Wimmer 시장은 무려 19번의 망치질을 하고 나서야 맥주 통의 맥주가 흘러 나왔습니다.

　시장이 망치로 개막을 알리고 아코디언과 트럼펫 소리가 여기저기 들리며 전통의상을 입은 사람들이 돌아다니는 이 축제는 TV에서 보는 것처럼 아름다운 모습만 있는 것은 아니라고 합니다. 이 기간만큼은 누구나 맥주에 흠뻑 취하기로 작정했기 때문입니다. 여러 명이 우르르 맥주를 마시다 한 명이 취해서 뻗었는데 미리 준비한 수갑으로 뻗은 사람을 기둥에 고정시켜 놓은 후 나머지 일행은 계속 돌아다니며 맥주를 마셨고, 취한 사람 입장에선 술에 깨보니 한쪽 손이 수갑으로 기둥에 묶여 있어서 황당했다는 이야기도 인구에 회자됩니다. 옥토버페스트 기간 중 뮌헨의 모든 호텔은 당연히 만석입니다. 가격도 너무 비싸집니다. 숙소를 인근 도시 뉘른베르크나 밤베르크에 정하고 기차로 이동하는 사람도 많습니다만 기차도 발 디딜 틈 없이 만석이고, 소위 말하는 술에 떡이 된 사람들로 가득 차 있다고 합니다. 캠핑카를 빌릴까? 하는 생각도 의미 없습니다. 옥토버페스트가 열리는 테레지아 초원은 행사 기간 중 캠핑카 야영 금지입니다. 옥토버페스트는 유튜브로 하이라이트만 관람하고 저처럼 옥토버페스트 기간을 피해 뮌헨을 방문하여 맥주 한 잔 마시는 것이 옥토버페스트를 가장 여유 있게 즐기는 방법입니다.

뢰벤브로이에서 월요일 아점을

뢰벤브로이의 야외 테이블

6월 초의 뮌헨 날씨는 밖에서 맥주 마시기 딱 좋습니다. 야외 테이블에 앉아 뢰벤브로이 오리지널을 1리터 잔으로 주문하고 프란치스카너 Franziskaner 바이젠 500ml 한 잔을 동시에 주문합니다. 어제 호프브로이하우스에서는 손잡이가 달린 1리터 잔에 바이젠을 주문해 마셨는데, 바이젠은 역시 좁고 긴 바이젠 전용잔에 마셔야 바이젠 특유의 향이 훅 올라옵니다. 뮌헨 사람들이 맥주를 좋아한다고 해도 그들은 두 잔을 한꺼번에 시켜 먹진 않을 겁니다. 맥주 좋아하게 생긴 덩치 큰 동양인 아저씨가 맥주 두 잔을 한꺼번에 주문하니 그들도 재미있는지 웃으며 주문을 접수합니다. 뢰벤브로이, 프란치스카너, 그리고 스파텐은 같은 회사에서 나오는 맥주입니다. 이들은 브레멘의 벡스, 우리나라 OB 맥주와 마찬가지로 안호이져-부쉬 인베브Anheuser-Busch InBev, AB InBev라는 세계 최대 맥주 그룹의 자회사입니다. 덕분에 우리나라 마트에서도 뢰벤브로이, 스파텐, 프란치스카너를 아주 싼 값에 쉽게 구할 수 있습니다. 회사는 대기업에 팔렸지만 맥주 맛은 변함없이 맛있습니다. 뢰벤브로이 오리지널은 어제 마셨던 호프브로이하우스 오리지날과 같은 뮌헨 스타일의 라거입니다. 과하지 않은 적당한 탄산, 쓰지 않은 적당한 깔끔함이 있는 라거입니다. 아침에 마시는 맥주는 우유처럼 고소한 맛이 납니다. 몸 구석구석 맥주의 고소함이 퍼지는 느낌입니다. 함께 주문한 프란치스카너는 향이 아주 진한 바이젠입니다. 프란치스카너Franziskaner 전용 맥주잔과 캔에는 나이 지긋한 수도승이 맥주를 만들 때 사용하는 가죽 앞치마를 두르고 은색 잔에 맥주를 마시는 로고가 그려져 있습니다. 중세 유럽에서 수도승이라는 표현은 불교의 승려가 아닌 카톨릭 수도사를 의미합니다. 프란치스카너 맥주는 1368년 프란치스코 수도회Francisco order에서 만들기 시작한 맥주입니다. 그래서 수도승을 로고에 그려 넣었습니다. 중세는 수도원에서 흔히 맥주를 만들던 시절입니다.

Menu (upper image):

	4 cl	€ 4,50
	4 cl	€ 4,50
:o	4 cl	€ 5,50
50	4 cl	€ 5,90
,20	4 cl	€ 5,50
3,50	4 cl	€ 5,90

ndies
pberry, Orange,

€ 4,90   4 cl   € 8,50

Dallmayr
€ 3,50
€ 4,10
€ 4,10
€ 4,10
€ 3,10

BIER BEER

LÖWENBRÄU

Löwenbräu Hell Original^	0,5 l	€ 4,70
Lager	1,0 l Maß	€ 9,10
Löwenbräu Dunkel^	0,5 l	€ 4,70
Dark beer	1,0 l Maß	€ 9,10
Löwenbräu Triumphator^	0,5 l	€ 4,70
Strong beer	1,0 l Maß	€ 9,10
Löwenbräu Pils^ Pilsener beer	0,3 l	€ 4,10
Löwenbräu Alkoholfrei	0,5 l	€ 4,70
Non-alcoholic		
Franziskaner Weißbier Hell^	0,5 l	€ 4,80
Wheat beer	1,0 l Maß	€ 9,20
Franziskaner Weißbier Dunkel^	0,5 l	€ 4,80
Dark wheat beer	1,0 l Maß	€ 9,20
Franziskaner Weißbier Alkoholfrei Zitrone^		
Non-alcoholic, lemon	0,5 l	€ 4,80
Franziskaner Royal Jahrgangsweißbier^		
wheat beer	0,5 l	€ 5,10

프란치스코 수도회

프란치스코 수도회는 1181년(혹은 1182년)에 이탈리아 아시시Assisi 지방에서 태어난 프란치스코Francisco 성인의 뜻을 따르는 수도회입니다. 이탈리아의 부유한 가정의 외동아들로 태어난 프란치스코는 20대 중반의 어느 날 갑자기 본인이 누리던 부와 편안함을 포기하고 가난한 수도사의 삶을 살면서 복음을 전파하는 삶을 살게 됩니다. 당시의 일반적인 교회의 모습은 귀족 지향적, 부자 지향적이었습니다만, 그는 "내가 받은 모든 것은 내 소유가 아닌 잠시 빌린 것일 뿐이다"라는 무소유와 가난의 삶을 지향하면서 아시시의 일반 시민들에게 계급과 장소를 구분하지 않고 하나님의 교리를 쉽게 설명합니다. 프란치스코가 시민들의 큰 호응을 얻게 되자 그의 뜻을 따르는 무리가 많아지고, 그들은 프란치스코 수도회를 결성하여 프란치스코처럼 생활할 것을 신앙의 큰 목표로 삼게 됩니다. 하나님의 말씀을 따르기 위해 가난, 정결, 순명을 철저히 지키며 살아가는 프란치스코 수도회와 도미니크 수도회를 탁발수도회Mendicant order라고 부릅니다. 탁발(托鉢), 맡길 '탁', 발우 '발'입니다. 불교 용어로 '발우를 맡기다'입니다. 발우는 승려가 사용하는 식기를 부르는 용어입니다. 바리때라고도 부르는데 산스크리트어 파트라patra에서 온 말입니다. 불교에서 승려들이 거리에 다니면서 탁발하는 것처럼 프란치스코 수도회나 도미니크 수도회의 수도사들의 삶이 불교의 탁발과 비슷하다고 하여 탁발수도회라고 불리게 됩니다. 그들의 모습은 프란치스코 성인처럼 허리에 끈, 맨발에 샌들을 한 수도승의 복장입니다. 유럽 여행 중 미술관에 가서 허리끈, 맨발 샌들을 한 수도승이 설교를 하는 모습, 혹은 천사의 계시를 받고 기도하는 그림을 보면 그림의 주인공은 프란치스코 성인이라고 의심하면 됩니다. 의심하고 나서 그림 제목을 보고 'Francisco'라는 단어를 확인하면 됩니다. 그림 속의 프란치스코 성인은 대부분 대머리로 묘사되어 있습니다만 실제 대머리였는지는 확인할 수 없습니다. 미국 캘리포니아의 샌프란시스코San Francisco의 도시 이름도 성인 프란치스코라는 뜻입니다.

프란치스카너를 만든 프란치스코 수도회는 탁발수도회였던 반면, 뮌헨 근처의 프라이징에서 만든 바이엔슈테판Weihenstephan은 베네딕트 수도회라는 아주 부유한 귀족 중심의 수도회에서 만든 맥주입니다. 물론 지금은 둘 다 수도회 맥주가 아닌 기업 맥주입니다.

여자 전통 의상 던들Dirndle

　독일의 아침 식사는 역시 소시지입니다. 진득한 바나나 향, 풍선껌 향 가득한 프란치스카너를 한 모금 크게 마시고 소시지 한 입 베어 먹습니다. 바이젠과 소시지는 일본 맥주와 라면처럼 아주 좋은 궁합입니다. 소시지 한 입 먹고 나서 입 안을 뢰벤브로이 오리지널 한 모금으로 깨끗이 중화시킵니다. 소시지를 먹자마자 마시니 라거 맥주에서 단맛이 줄줄 배어 나옵니다. 나름 합리적인 방법으로 맥주와 소시지를 번갈아 마시는데 하얀 반팔 셔츠에 까만 조끼를 입고 보라색 긴 앞치마를 한 여종업원이 다가와 더 필요한 것 없는지 살피고 갑니다. 가만 보니 이곳은 여종업원이 대부분입니다. 그녀들이 입은 유니폼은 뮌헨의 전통 의상 던들Dirndle 스타일입니다.

　어제 호프브로이하우스에서 음악을 연주하던 악사들이 입었던 무릎 아래로 내려오는 가죽 바지 레더호젠이 남자의 전통 복장이라면, 목이 U자로 깊게 파인 하얀 반팔 블라우스와 꽉 끼는 조끼, 무릎 위로 올라오는 넓은 주름 스커트는 뮌헨의 여성 전통 복장입니다. 영화 사운드 오브 뮤직에 가정교사로 등장하는 음악을 사랑하는 견습 수녀 마리아가 자주 입었던 스타일이 던들입니다. 뮌헨 뿐 아니라 오스트리아 서쪽의 티롤 지방, 스위스 산악 지방에서도 흔히 입던 옷입니다. 던들을 입은 여종업원에게 서빙을 받으니 사운드 오브 뮤직 속의 폰 트랩 대령이 된 느낌입니다.

아시아 나라별 전통 의상

우리나라 : 한복

일본 : 기모노

중국 : 치파오

베트남 : 아오자이

인도 : 사리

그녀가 한 잔을 더 권합니다만, 오늘 목적은 적어도 5곳의 비어홀을 순례하는 것이므로 첫 번째에서 주저 앉을 수 없어 사양합니다. 계산을 마치고 여기저기 돌아보니, 이곳도 호프브로이하우스와 마찬가지로 식탁보가 있는 테이블과 식탁보가 없는 나무 테이블로 좌석이 구분되어 있습니다. 식탁보가 없는 테이블은 음식을 가져와서 먹어도 되는 셀프 테이블이라고 책에서 읽었지만 직접 확인한 적은 없어서 웨이터에게 물어보니 예전엔 식탁보가 없는 테이블은 음식을 가져와서 먹어도 되었지만, 지금은 식탁보 유무로 구별하진 않고 그냥 따로 셀프서비스용 좌석을 운영한다고 설명합니다. 셀프 서비스 좌석에서는 음식을 싸와도 좋지만 대부분 비어홀에서 파는 메뉴를 먹는다고 합니다.

실내 비어홀 한쪽 벽엔 까만 철 프레임으로 만든 사물함이 있습니다. 살펴보니 1리터짜리 맥주잔이 들어 있는 사물함입니다. 사물함 앞쪽엔 작은 자물쇠가 채워져 있습니다. 세로 5줄, 가로 12줄의 총 60개의 맥주잔은 모두 주인이 있는 잔입니다. 우리나라 사우나에서 자주 방문하는 단골에게 개인 사물함을 제공하는 것처럼 뮌헨의 큰 비어홀에서도 단골 고객들에게 맥주잔을 넣을 수 있는 개인 사물함을 주는 것 같습니다. 하나 만들고 싶어 물어 보았더니 외국인은 불가능하다고 합니다.

　디즈니랜드의 성처럼 생긴 뢰벤브로이 브로이하우스에서의 즐겁고 아쉬운 시간을 마치고 다음 장소인 슈나이더 레스토랑으로 이동합니다. 이동하는 경로 중 어제 밤에 본 마리엔 광장을 다시 지나칩니다. 마리엔 광장에는 이곳의 랜드 마크인 신 시청사와 구 시청사를 찍는 관광객이 제법 많습니다. 그들이 찍는 스마트폰은 made in Korea가 많고, 그들의 카메라는 made in Japan이 많습니다. 유럽 어디서나 볼 수 있는 모습이지만, 프랑스, 스페인이 아닌 독일에서 이런 모습을 보니 제가 전자제품 회사에 다니는 것도 아닌데도 뿌듯한 기분이 듭니다. 마리엔 광장을 지나 바이세 브로이하우스Weisses Bräuhaus라는 간판이 걸린 슈나이더 레스토랑에 도착합니다.

게오르크 슈나이더는 바이젠Weizen의 아버지

1516년 빌헬름 4세가 맥주순수령을 공표합니다. 보리, 홉, 물로만 맥주를 만들어야 한다는 맥주순수령에 의하면 밀맥주는 만들면 안되는 맥주입니다만, 기왕에 만들던 밀맥주를 모조리 없애버리긴 그랬는지, 바이에른의 통치자 빌헬름 4세는 데겐베르거 가문에 한하여 밀맥주를 만들어 팔 권리를 주었습니다. 그런데 가만 살펴보니 밀맥주가 돈이 되는 겁니다. 1602년, 빌헬름 4세의 증손자 막시밀리언 1세는 바이에른의 밀맥주 양조권을 자기 가문만의 권리로 독점해버립니다. 이후 밀맥주는 빌헬름 5세가 세운 호프브로이하우스와 몇몇 궁정 양조장에서 독점 생산되어 바이에른 공작 가문의 엄청난 수입원이 됩니다.

세월이 흘러 1842년 체코의 플젠에서 필스너 맥주가 생산됩니다. 황금빛의 깔끔한 필스너는 전 유럽에 광풍을 일으킵니다. 수많은 독일의 양조장에서도 자기들이 만들던 독특한 스타일의 맥주를 포기하고 필스너를 따라 만들기 시작합니다. 뮌헨의 호프브로이하우스도 더 이상 돈이 되지 않는 밀맥주 양조권을 개인에게 팔아 치웁니다. 그 무렵 바이에른의 통치자는 노이슈반슈타인 성의 주인공인 미치광이 왕 루트비히 2세로, 어차피 밀맥주 양조권 따위는 관심도 없습니다. 경제 가치가 점점 사라져 가는 호프브로이하우스의 밀맥주 양조권을 산 사람이 게오르크 슈나이더입니다. 1872년의 일입니다.

만일, 21세기 대한민국에서 강원도 태백의 탄광채굴권을 나라에서 싸게 판다고 한다면 대부분은 아무리 싸도 안사겠지만, 돈이 된다고 생각하는 누군가는 그 권리를 살 것입니다. 저는 전자에 속하는 사람이고, 게오르크 슈나이더는 후자에 속하는 사람입니다. 그는 사들인 밀맥주 양조권으로 1872년부터 밀맥주를 생산하기 시작합니다. 지금은 그의 6대손이 양조장을 물려받아 운영하고 있습니다.

슈나이더Schneider는 양복 만드는 사람이라는 뜻입니다. 독일 사람의 성은 직업 이름이 많습니다. 예전에 귀족을 제외하고 성이 없던 시절 방앗간 집 둘째 아들, 재단사 집 큰아들과 같이 아버지 직업을 붙여서 부르기 시작했던 것이 직업 이름을 성으로 사용한 유래입니다. 기왕에 성을 가지고 있었던 귀족들은 평민들이 성을 갖게 되자, 이들과 구별하기 위해서 이름 중간에 폰von이라는 글자를 넣었습니다. 괴테의 정확한 이름은 요한 볼프강 폰 괴테Johann Wolfgang von Goethe입니다. 네덜란드 쪽에선 판van이라는 글자를 귀족 이름에 끼워 넣습니다. 베토벤의 이름은 루트비히 판 베토벤Ludwig van Beethoven입니다.

독일(미국)의 흔한 성씨 순위와 의미

1. Müller(Miller)   : 방앗간 사람
2. Schmidt(Smith)   : 대장장이
3. Schneider(Tayler)   : 재단사
4. Fischer(Fisher)   : 어부
5. Meyer(Mayer)   : 공무원

뮌헨의 밀맥주 바이젠Weizen이 지금까지 유명한 것은 게오르크 슈나이더와 그의 후손들 덕분입니다. 방금 도착한 바이세 슈나이더 레스토랑은 2차 세계 대전으로 파괴된 슈나이더 양조장이 있던 자리에 새로 세운 건물입니다. 도착 시간이 오후 2시경이어서 파란 대형 파라솔 아래의 외부 자리는 이미 만석입니다만 레스토랑 내부는 한적하고 조용합니다. 간판에 바이세 브로이하우스, 즉 밀맥주 전문점이라고 씌어 있듯이 이곳은 10종의 밀맥주를 팔고 있습니다. 슈나이더 바이세는 특이하게 TAP 1, TAP 2와 같이 숫자로 이름을 붙이고 메뉴판 혹은 병의 라벨에 설명을 곁들이는

방식으로 제품을 출시합니다. TAP 1은 헬레 바이세helle Weisse입니다. 흔히 마시는 헤페바이젠입니다. TAP 2는 크리스탈Kristall입니다. 헤페바이젠을 여과하여 효모를 걸러내서 투명하게 만든 바이젠입니다. 갑자기 의과대학 출신들의 안 좋은 습관이 발동합니다. 그들은 이런 상황에서 항상 무의식적으로 메뉴판에 적힌 10종의 밀맥주 이름을 한 번씩 외우고 넘어

갑니다. 메뉴판을 외우고 있는 동안, 주문한 TAP 7 생맥주 한 잔과 TAP X 한 병이 서빙됩니다. 비행기 일등석이었다면 "전부 다 깔아 주세요"라며 10종을 다 주문했을 텐데 여기서 그리 마셨다가는 뻗어서 소매치기들의 집중공격을 받게 될 것 같아 딱 두 잔만 주문합니다.

　　TAP 7은 Mein Original입니다. 1872년 게오르크 슈나이더가 만든 밀맥주와 똑같은 레시피로 만든 알코올 도수 5.4%의 헤페바이젠입니다. 헤페바이젠 특유의 바나나향, 정향의 향이 듬뿍 담겨 있는 전형적인 맥주입니다. TAP X는 일종의 스페셜 에디션입니다. 매년 새로운 TAP X가 출시됩니다. 2017년의 TAP X는 마인 넬슨 소빈Mein Nelson Sauvin입니다. 뉴질랜드산 넬슨 소빈 홉Nelson Sauvin hop을 사용하여 만든 알코올 도수 7.3%의 바이젠 복Weizen Bock 스타일입니다. 넬슨 소빈 홉은 이름에서처럼 쇼비뇽 블랑 와인을 마실 때 느낄 수 있는 청포도의 풋풋한 향이 특징입니다. 바이젠의 특징인 바나나향, 정향향은 효모향입니다. 넬슨 소빈 홉을 넣어 만든 바이젠의 느낌은 바나나와 청포도를 한 입에 밀어 넣고 꾹꾹 씹는 느낌입니다. 누군가는 홉의 향이 우월하다고 느낄 수도 있고, 누군가는 바이젠 효모의 향이 우월하다고 느낄 수 있는 호불호가 갈리는 스타일입니다만 저는 TAP X의 맥주 맛 보다는 병의 모양과 라벨의 디자인이 멋져서 TAP X가 맛있습니다.

TAP 7　　　　　　　　　　TAP X　　　　　　　　　　메뉴판

건강에 좋은 밀맥주?

레스토랑의 건물과 똑같이 생긴 메뉴판은 독일어 버전과 영어 버전 2가지 종류가 있습니다. 독일어 메뉴판 첫 장에는 "Gutes für Leib und Seele" 라고 적혀 있습니다. 무슨 뜻인

지 궁금하여 영어 메뉴판을 찾아보니 "Good for Body and Soul"입니다. 아주 멋진 말입니다. "Good for Body and Sole"이 아닙니다. 한때 바이젠의 인기가 지금과 달리 형편없던 때가 있었습니다. 라거 맥주 때문입니다. 라거를 한 모금 마셔 보면 누구나 상쾌함을 느낍니다. 마냥 깔끔합니다. 아무 생각 없이 벌컥 벌컥 마시기엔 라거가 최고입니다. 뮌헨 사람들마저 라거를 찾던 어느 날, 바이젠이 건강에 좋은 맥주라는 내용이 방송에 나옵니다. 바이젠을 만드는데 사용되는 밀이 보리보다 단백질이 많고 바이젠에 들어 있는 효모가 건강에 좋다는 이유입니다. 그때 이후 사람들은 '건강에 좋은' 바이젠을 다시 찾아 마시게 되고, 바이젠은 지금의 인기를 회복합니다. 지금도 뮌헨 사람들은 바이젠을 마시면 몸에 좋다고 생각합니다.

이집트에서 피라미드를 쌓던 시절, 맥주는 아주 좋은 음료수였습니다. 맥주 속에 들어 있는 당분과 미네랄, 효모의 단백질이 피라미드를 쌓

던 노동자들에겐 훌륭한 영양 공급원이었기 때문입니다. 중세 때의 맥주는 안전한 음료수였습니다. 정수 시설이 없던 시절, 세균에 오염된 물을 마시는 것보다 발효된 맥주가 안전했기 때문입니다.

지금은 21세기입니다. 집 근처 대형 마트만 가면 만원도 안 되는 계란 한 판을 살 수 있는 시절입니다. 먹거리가 넘치는 요즘은 영양 공급을 위해 맥주를 마실 이유가 없습니다. 바이젠 속의 효모를 단백질 공급을 위해서 일부러 먹을 이유도 없습니다. 바이젠 대신 삶은 계란 한 알을 먹는 것이 우리 몸에 훨씬 좋습니다. 바이젠도 술입니다. 바이젠 속의 몸에 좋은 성분이 있다고 해도 기대하는 효능을 얻으려면 아마 바이젠을 하루 100잔은 마셔야 합니다. 바이젠의 효능을 경험하기 전 간과 췌장이 망가질 겁니다. 바이젠을 마시며 건강을 생각하기엔 머리 속이 너무 복잡해집니다. 6월의 좋은 날씨에 야외에서 마시는 바이젠 한 잔의 즐거움을 만끽하면 그걸로 충분할 뿐, 바이젠에 어떤 의미를 부여할 필요는 전혀 없습니다.

아잉거Ayinger 맥주 레스토랑

세 번째 비어홀 순례 장소는 아잉거 레스토랑입니다. 우리나라에서 아침은 봉구비어, 점심은 상구비어, 그리고 저녁을 생활맥주에서 먹는 그런 어이없는 상황과 비슷하지만 여기는 뮌헨입니다. 아마 다음에 또 방문해도 똑같이 하루 종일 맥주 마시며 돌아다닐 겁니다. 아잉거는 우리나라에도 2015년부터 수입되어 낯설지 않은 브랜드입니다. 요즘은 구글 맵이

있어 어디든 쉽게 찾을 수 있습니다만, 혹시 찾기 어렵다면 뮌헨에서 관광객에게 가장 유명한 비어홀 호프브로이하우스를 찾으면 됩니다. 호프브로이하우스 정문 입구 바로 맞은편에 보이는 초록색 파라솔이 예쁜 곳이 아잉거 레스토랑입니다. 건물 외벽은 아이보리색입니다. 초록색 파라솔과 아이보리색 벽을 보니 편안한 느낌이 듭니다. 맞은편 호프브로이하우스는 하루 종일 관광객들로 북적이는 축구장 같은 곳이라면, 아잉거 레스토랑은 조용히 한 잔 마실 수 있는 테니스 경기장 같은 곳입니다.

아잉거는 뮌헨에서 25km 떨어진 아잉Aying이라는 마을에서 만든 맥주입니다. 도시 이름이 아주 앙증맞습니다. 아잉은 서울의 서초구와 비슷한 면적에 인구 5,000명이 살고 있는 인구 밀도가 매우 널널한 작은 마을입니다. 참고로, 서초구의 인구는 약 440,000명입니다. 맥주 이름을 지을 때 하이네켄이나 벡스처럼 창업자 이름을 넣는 경우도 있고, 도시 이름을 넣는 경우도 있습니다. 독일어로 도시 이름 뒤에 붙은 'er'은 그 도시에서 만든 물건 혹은 음식을 의미합니다. 아잉거는 아잉에서 만든 맥주라는 뜻입니다. 뮌헨 근교에 도시 이름을 넣어 만든 아주 유명한 밀맥주 브랜드가 하나 더 있습니다. 에르딩Erding이라는 도시에서 만든 에딩거

도시 이름이 들어간 맥주

· 독일

비트부르거Bitburger	: Bitburg(룩셈부르크 근처 도시)
에딩거Erdinger	: Erding(뮌헨 근처 도시)
아잉거Ayinger	: Aying(뮌헨 근처 도시)
바슈타이너Warsteiner	: Warstein(도르트문트 근처 도시)
크롬바커Krombacher	: Krombach(프랑크푸르트 근처 도시)

· 다른 나라

칭다오Qingdao 맥주	: 중국
오키나와Okinawa 맥주	: 일본 최남단 섬
삿포로Sapporo 맥주	: 일본 홋카이도 제1의 도시
구스 아일랜드Goose Island	: 시카고의 섬
브루클린Brooklyn 맥주	: 뉴욕의 한 도시

Erdinger입니다.

운 좋게 야외 자리가 하나 비었습니다. 자리에 앉아 헤페바이젠 한 잔과 17시 이후부터 주문 가능한 나무통 숙성 라거 한 잔을 주문합니다. 바이젠weizen은 독일어로 밀이라는 뜻입니다. 독일식 밀맥주는 바이젠비어weizenbier, 혹은 부르기 편하게 바이젠Weizen이라고 부릅니다. 헤페hefe는 효모라는 뜻이므로 헤페바이젠이라고 하면 효모가 살아 있는 밀맥주라는 뜻입니다. 밀맥주를 다른 말로, 하얗다라는 뜻의 독일어 바이스weiss를 사용하여 바이스비어weissbier라고도 부릅니다. 초등학교 다닐 때 배웠던 에델바이스Edelweiss라는 노래 제목의 에델바이스 꽃도 잎이 하얗기 때문에 에델바이스라고 불립니다. 괜히 어릴 때 '에델 바이스'라는 가사를 '애들 빤스'라고 바꾸어 불렀던 기억이 갑자기 올라옵니다.

뿌연 색의 탁한 아잉거 헤페바이젠

헤페바이젠은 흰색이 아닙니다. OB맥주나 하이트 맥주의 투명한 황금빛 색깔과 비교해 보면 효모가 들어 있어 뿌연 색깔의 탁한 맥주입니다. 바이젠이 흰색이 아님에도 바이스비어라고 불리는 이유는 다음과 같습니다.

1. 19세기 초반까지도 뮌헨에서 만들어 마시던 대부분의 맥주는 맥아를 건조하는 기술이 부족했던 관계로 어두운 갈색이었습니다. 맑은 색 맥주는 상당히 귀했습니다. 아마 뮌헨 뿐 아니라 독일 다른 지역도 그랬을 것이고, 영국도 마찬가지였을 겁니다. 헤페바이젠은 밀맥아와 보리맥아를 섞어서 만든 맥주입니다. 맥주순수령에 의해 보리맥아로만 만든 대중적인 맥주보다 밝은 색이었기 때문에 하얀 맥주라는 뜻의 바이스비어라고도 불렸습니다. 영국의 페일 에일Pale Ale이 라거 맥주보다는 어두운 색이지만 당시 영국에서 많이 마셨던 포터Porter보다는 밝은 색이어서 창백하다는 뜻의 페일pale 에일이라고 불렸던 것과 같은 이유입니다.

2. 밀을 뜻하는 바이젠weizen과 하얗다라는 뜻의 바이스weiss는 어원이 같습니다. 영어에서도 밀wheat와 희다white는 같은 어원입니다. 그래서 영어로는 밀맥주를 휫비어wheatbeer라고 부르고 화이트비어whitebeer라고도 부릅니다.

벨기에와 네덜란드에서는 하얗다라는 단어인 윗wit을 사용하여 윗비어Witbier라고 합니다. 블랑blanc, blanche이라는 어원도 하얗다라는 뜻입니다. 비에르 블랑쉬biere-blanche라고 라벨에 적혀 있으면 밀맥주라는 뜻입니다.

blanc(희다) 어원이 포함된 말

Mon Blanc(몽블랑)	: 흰 산, 알프스의 유명한 산 이름
blank	: 하얗게 빈 공간
bleach	: 하얗게 표백하다
Casa Blanca	: 하얀 집, 모로코의 큰 도시 이름
blanket	: 담요, 예전엔 병원 시트처럼 흰색이었음.

'사랑합니다'와 '맥주'의 세계 여러 나라 표현은 외워 두면 무조건 언젠가 써먹을 수 있습니다.

전세계의 맥주 이름

우리말   : 맥주

일본어   : 비루(ビール)

중국어   : 피조(啤酒)

영어   : 비어(beer)

독일(네덜란드)어   : 비어(bier)

스페인어   : 세르베사(cervesa)

포르투갈어   : 세르베자(cerveja)

이탈리아어   : 비라(birra)

프랑스어   : 비에르(bière)

동유럽(체코 등)   : 피보(pivo)

북유럽(스웨덴,덴마크)   : 욀(öl, øl)

아시아(태국,베트남)   : 비아(bia)

독일식 밀맥주 VS 벨기에식 밀맥주

밀맥주는 크게 2종류로 구분합니다. 독일식 밀맥주와 벨기에식 밀맥주입니다. 독일식 밀맥주는 어느 브랜드이건 보리맥아, 밀맥아, 효모, 홉, 물로만 만들기 때문에 비슷한 맛과 향을 가지고 있습니다. 바이에른에서 시작된 맥주순수령의 영향을 받아서입니다. 바나나 향, 정향 향, 혹은 풍선껌 향이라고 표현하는 독일식 밀맥주의 향은 효모의 향이라고 합니다. 정향은 영어로 클로브clove라고 하는 향신료의 일종인데 저는 한번도 먹어본 적이 없습니다. 어쨌건, 다른 부재료가 들어가지 않은 독일 밀맥주는 화려한 향이 있는 벨기에식 밀맥주와 비교하여 묵직하다는 표현을 씁니다. 오늘 마신 뢰벤브로이, 슈나이더, 아잉거의 바이젠 모두 약간의 차이는 있겠으나, 대체로 일관된 묵직한 맛입니다.

한편 북쪽의 벨기에는 바이에른의 맥주순수령과 전혀 상관없는 곳이었기 때문에 맥주를 자유롭게 만들 수 있었습니다. 프로이센에 의한 독일 통일이 1871년이고 벨기에는 그보다 41년 전인 1830년 네덜란드로부터 독립한 독립국이므로 독일 남쪽의 바이에른 따위가 만든 맥주순수령이라는 규칙은 벨기에 사람들에겐 남의 나라 이야기일 뿐입니다. 그들은 밀맥주를 만들 때 여러 향신료와 부재료를 넣어 만들었습니다. 오렌지 큐라소 orange curaso라는 첨가물을 넣었습니다. 베네주엘라 북쪽 카리브 해 쪽에 큐라소 섬이 있습니다. 그 섬에서 자라는 오렌지의 껍질을 말린 것이 오렌지 큐라소입니다. 코리앤더coriander라고 부르는 고수 씨앗도 넣었습니다. 벨기에식 밀맥주를 한 모금 마셔 보면 시트러스 향, 과일 향, 허브향이 코

끝에 몰려오는 아주 화려한 느낌입니다. 이런 스타일의 밀맥주를 벨지안 화이트Belgian White라고 부릅니다.

벨지안 화이트는 반드시 벨기에서 만든 맥주는 아닙니다. 미국의 블루문, 프랑스의 크로넨베르그 블랑처럼 독일식 밀맥주 스타일이 아닌 오렌지 큐라소와 코리앤더, 기타 부재료가 들어가 있는 꽃 향, 과일 향 가득한 화려한 스타일의 밀맥주를 모두 벨지안 화이트라고 부릅니다. 벨지안 화이트의 라벨엔 주로 화이트White, 윗비어Witbier, 블랑Blanc, 블랑쉬Blanche 같은 하얗다라는 단어가 적혀 있습니다.

밀맥주 종류

독일식 밀맥주(묵직함)　　 : Weizen bier, Weizen, Weissbier
벨기에식 밀맥주(화려함)　 : Wheat beer, White beer, Witbier, Blanc, Blanche
베를리너 바이세(신맛)　　 : Berliner Weisse

아잉거에서 저녁 식사를

주문한 헤페바이젠과 라거 한 잔이 나왔습니다. 학교 다닐 때 과학 실험 시간에 그리 열심히 했던 기억은 없는데 이상하게 맥주는 꼭 다른 스타일 2잔을 시켜 비교하면서 마시게 됩니다. 걸어서 15분 거리에 숙소가 있어서 맥주를 남기지 않고 실컷 마셔도 된다는 것이 너무 즐겁기만 합니다만, 뢰벤브로이에서 두 잔, 슈나이더에서 두 잔을 마셨을 뿐인데 이미 알딸딸합니다. 15년 전 동생과 동네 호프집에서 맥주 30잔을 마시고 나서 다음부터는 맥주 무제한 호프집에 가자고 다짐했던 시절보다 주량이 반도 안 되게 줄었습니다. 주량이 줄어서 좋은 점은 맥주 값이 많이 들지 않는다는 것입니다. 조용한 초록색 천막 안에서 맥주 한 잔 홀짝거리면서 뮌헨의 거리를 구경하니 기분이 참 좋습니다. 20미터 전방에 중국 단체 관광객 20명이 나타나서 호프브로이하우스를 들어갈까 말까를 고민하며 서성이고 있습니다. 오후 5시 넘은 황금 시간대인데 20명 자리가 있을까? 라고 생각하는데 아니나 다를까 우르르 다른 곳으로 이동합니다. "아잉거가 호프브로이하우스만큼 유명하고 맛있다. 너희들 원하는 거 이곳에서 다 먹을 수 있고, 이쪽 실내엔 20명 자리 충분히 있다."라고 알려주고 싶었으나, '따거 ~~' 말고는 아는 중국어가 없어서 한번 웃고 넘어갑니다.

특이한 점은 실외 테이블마다 재떨이가 놓여 있는 것입니다. 나중에 찾아보니, 독일 사람들은 담배에 상당히 관대하다고 합니다. 길거리에서도 피고, 카페에 앉아서도 담배를 태웁니다. 담배를 태우지 않는 사람들도 그리 신경 쓰는 분위기는 아닙니다. 단, 금연 구역은 철저히 지킨다고 합니다. 설사 흡연 가능 구역이라 하더라도 사람들이 몰려 있거나 옆 테이블에 아이가 있다면 알아서 자제한다고 합니다. 대한민국도 음식점에서 흡연을 금지한 때가 2015년 1월 1일입니다. 실질적으로 영업이 이루어지는 모든 공간이 금연 구역이기 때문에 야외 파라솔이라 하더라도 금연입니다. 제가 대학교 1학년이던 1989년에는 전철 플랫폼에서도 담배를 태울 수 있었고, 고속버스에서도 담배를 태울 수 있었습니다. 믿거나 말거나, 사람들이 전철 플랫폼에서 전철을 기다리며 기분 좋게 담배 한 대 태우던 시절입니다. 천천히 담배를 태우다가 전철이 오는 소리가 들리면 피던 담배를 쭉쭉 빨아 없앱니다. 그리고 문이 열리면 플랫폼 바닥에 꽁초를 그대로 버리고 전철을 탔던 시절도 있었습니다. 제가 그랬다는 이야기는 아니지만 많은 사람들이 그렇게 살았습니다. 전철 플랫폼이 금연 구역으로 지정된 때가 1989년 여름쯤입니다. 지금이라면 상상하지도 못할 광경입니다.

불투명한 회색 도기 잔에 제공된 나무통 숙성 라거 맥주 한 잔을 들고 실내를 구경합니다. 갈색 마호가니 인테리어가 고급스러운 조용한 실내에는 나이 지긋한 웨이터가 돋보기를 코에 걸치고 잔을 정성스럽게 수건으로 닦고 있습니다. 조용한 실내 분위기와 흰 셔츠에 옅은 초록색 조끼를 입은 점잖은 웨이터의 포스가 아잉거 비어홀을 더욱 고풍스럽게 해 줍니다. 웨이터 옆

은 라거 맥주가 들어 있는 나무통이 놓여져 있고 제가 들고 있는 회색 도기 잔들이 쌓여 있습니다. 우리나라 호프집에서 보는 케그Keg 통에는 CO_2 탱크가 연결되어 압력으로 맥주가 흘러나오게 되어 있습니다만 캐스크Cask라 불리는 이곳의 나무통은 CO_2 연결 없이 중력에 의해서만 맥주가 나옵니다. 한 잔 마셔 보면 당연히 탄산이 적은 느낌입니다. 탄산이 적은 라거는 우리나라 사람들에겐 익숙하지 않은 느낌일 수 있습니다. "왜 이리 김빠진 맥주를 갖다 주지?"라고 생각할 수 있습니다만 몇 모금 마시다 보면 금방 익숙해집니다. 라거임에도 구수한 숭늉 마시는 느낌입니다.

아점은 뢰벤브로이에서 소시지에 맥주 2잔, 밥 먹고 차 한 잔 마시는 기분으로 슈나이더 비어홀에서 맥주 2잔, 그리고 저녁 전 간단히 아잉거에서 맥주 2잔을 마시고 본격적으로 저녁을 먹기 위해 잠시 숙소에 들릅니다. 샤워도 하고, 옷도 갈아입고 뮌헨에서 가장 큰 공원인 정원이 아름다운 잉글리쉬 가르텐English Garten의 호숫가에서 석양을 보며 근사하게 저녁 식사와 함께 파울라너Paulaner를 마실 계획이었으나 샤워하고 정신을 차려 보니 다음날 아침입니다. 이렇게 또 뮌헨의 하루가 어슬렁어슬렁 흘러갑니다. 꼭 방문하고 싶었던 잉글리쉬 가르텐의 파울라너 맥주 전문점인 제하우스Seehaus는 결국 뮌헨을 떠나는 2일 후 아침에 잠시 둘러보는 것으로 만족합니다.

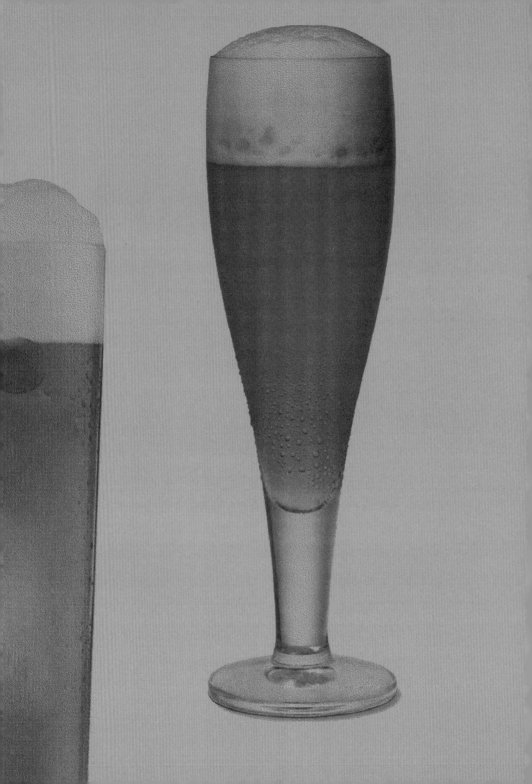

뮌헨 근교
맥주 여행
#12

수도원에서 맥주를 만든 이유

전날 저녁에 잠시 숙소에 들어와 샤워 후 잠시 쉬려고 누운 기억밖에 없는데 정신을 차려 보니 다음날 아침입니다. 뮌헨에서의 2일째 저녁을 허무하게 흘려보내고 3일째 아침이 된 것입니다. "이러려고 뮌헨 왔나 자괴감 들어..."라는 기분이었으나, 찬 물로 샤워를 하며 몸과 마음을 재무장합니다. 같은 호텔에서 며칠 머무르게 되니 매일 짐을 싸지 않아도 되는 장점이 있어 참 좋습니다. 언젠가 가족과 함께 패키지 상품으로 유럽을 여행한 적이 있었습니다. 패키지여행은 5-6-7의 원칙이 있습니다. 5시 기상, 6시 식사, 7시 출발입니다. 한 도시에 하루만 머무르는 경우가 많고 다른 도시로의 장거리 이동이 잦은 패키지여행의 특성상, 매일 아침 짐을 싸서 일찍 호텔을 나서기 때문에 5-6-7의 법칙대로 움직일 수밖에 없습니다. 저는 약골이라 늦게 일어나도 아무 문제가 없는 자유 여행을 선호합니다.

오늘은 뮌헨 근교 맥주 순례를 계획하였습니다. 첫 번째로 방문할 곳은 뮌헨에서 7시 방향으로 40km 떨어져 있는 안덱스 수도원Kloster Andech입니다. 1455년 문을 연 안덱스 수도원은 바이에른에서 가장 오래된 수도원이자, 품질 좋은 맥주를 생산하는 곳입니다. 확인된 바는 아니지만 너무 맛있어서 뮌헨 3대 맥주 중 하나로 알려져 있습니다. 3대 맛집, 3대 관광지의 3대라는 말은 딱히 반박하기 어려우면서 사람들의 관심을 끌기 충분합니다. 뮌헨 최고 맥주라고 하면 누군가는 아니라고 말할 수 있고, 2대 맥주라면 나머지 하나가 뭔지 궁금해합니다만 3대 맥주라고 하면 거의 모든 사람들이 반론 없이 받아들입니다. 나머지 2개 중에 본인이 최고라고 생각하는 맥주가 들어 있다고 생각하기 때문일 것입니다.

중세 때는 수도원에서 맥주를 만들어 마셨습니다. 파울라너, 프란치스카너, 바이엔슈테판, 아우구스티너 등 뮌헨의 유명한 양조장도 원래 수도원 소속이었습니다. 하나님을 섬기는 신성한 공간에서 무슨 맥주를 만들어? 라고 생각할 수 있습니다만, 당시엔 맥주를 술로 생각하지 않았습니다. 맥주를 만들어 온 이유는 다음과 같습니다.

1. 금식 기간 중 영양 보충을 위해서입니다. 중세 가톨릭 수도사들은 사순절의 금식을 지켰습니다. 사순절은 '예수부활대축일'(부활절) 전 40일 동안의 기간입니다. 사순절(四旬節)의 순(旬)이 10일이라는 뜻으로, 사순은 네 번의 열흘, 즉 40일을 의미합니다. 우리나라 최초의 근대 신문 한성순보는 10일마다 발간되어 순보라고 불렀습니다. 유명 헤어 디자이너 비달 사순은 사순절과는 전혀 관계없는 영국인입니다.

예수님이 세례를 받은 후 광야에서 40일간 금식했던 기간을 떠올리며 중세의 수도사들도 사순절 동안 금식을 지켰습니다. 의학적으로 40일간 음식을 먹지 않으면 죽을 수도 있습니다. 죽을 수도 있다는 것을 알기 때문에서였는지 맥주는 음식이나 음료가 아니라고 생각해서였는지 금식 기간임에도 맥주 마시는 것만큼은 예외적으로 허용하였습니다. 맥주 1리터에는 약 30~50g의 당분이 들어 있습니다. 중세 때는 맥주 만드는 기술이 지금보다 비효율적이었을 것이므로 발효되지 못한 당분이 맥주에 훨씬 많이 남아 있었을 것입니다. 맥주 속의 효모는 단백질 덩어리입니다. 맥주에 포함된 당분과 효모의 단백질은 금식 중인 수도사들에게 괜찮은 영양 보충 수단이었습니다. 어쩌면 금식하며 맥주만 마셨던 수도사들의 영양 섭취량이 대다수 백성들의 영양 섭취량보다 많았을 수도 있습니다.

　2. 수도원에 방문하는 손님 접대용으로 맥주를 만들었습니다. 언젠가부터 사람들은 예수님이 태어난 예루살렘을 방문하는 것을 일생에 한 번은 해야 하는 영광스러운 일로 여기게 되었습니다. 성지 순례입니다. 예루살렘은 이슬람, 유대교, 기독교 모두가 성지로 여기는 곳으로, 옛날부터 지금까지 예수님이 태어난 곳이라는 이유 하나로 분쟁의 원인이 되는 도시입니다. 십자군 전쟁의 명분도 예수님이 태어난 예루살렘을 이슬람으로부터 탈환하자였습니다. 이슬람 때문에 예루살렘 성지 순례길이 막히자 순례자들은 다른 장소를 찾기 시작하였습니다. 수도원이나 대성당입니다. 특히, 예수님이 태어난 마구간의 지푸라기가 있다더라, 모 성인이 가지고 다니던 지팡이를 심었더니 나무가 자랐다는 확인되지 않는 소문이 나면 그 수도원은 성지 순례하는 사람들이 더 많이 몰려들기 시작했습니다. 요즘도 어느 성당의 성모 마리아 상에서 피눈물이 흘렀다고 뉴스에 나오면 그곳에 많은 사람이 몰려드는 것과 같습니다. 어쨌건 수도원에 순례자들이 모여들기 시작했고 수도사들은 그들이 마실 맥주를 만들어 팔았습니다. 맥주는 수도원의 괜찮은 수입원이 되었습니다.

바이에른에서 가장 오래 된 안덱스 수도원Kloster Andech

　차에 시동을 걸고 뮌헨을 빠져나와 안덱스 수도원으로 이동합니다. 인구 5천명이 사는 작은 마을이라 길은 좁지만 소풍 가는 기분입니다. 자동차 2대가 지나갈 정도의 길 양쪽으로 밀밭과 지평선이 보이고 드문드문 큰 나무가 심어져 있습니다. 아마 일꾼들이 비를 피하거나 해를 피하는 용도였을 것 같습니다. 드라이브하기 참 좋은 날씨입니다. 대한민국에서 평일 낮에 차를 타고 돌아다닌 적도 드물고, 지평선을 본 적도 드물기 때문에 더 기분 좋은 것 같습니다. 여행의 즐거움입니다.

약 30분 정도 운전을 하니 저 멀리 언덕이 하나 보이고 언덕 위에 건물이 보입니다. 재수 기숙 학원 같아 보이는 그곳은 안덱스 수도원입니다. 언덕은 홀리 마운틴Holy Mountain이라고 부릅니다. 우리말로 신성한 산인데 수도원이 세워진 산이라고 하여 그렇게 부른다고 합니다.

안덱스 수도원은 베네딕트 수도회의 수도원입니다. 조선 시대의 서원은 공자의 가르침을 배우는 곳이지만, 이황 스타일의 서원, 이이 스타일의 서원 등으로 형식이 조금씩 다른 것과 마찬가지로 기독교 수도회도 하나님 말씀의 실천 방법에 따라 베네딕트 수도회, 프란체스코 수노회, 예수회 등으로 나누어집니다. 베네딕트 수도회는 480~547년까지 살았던 베네딕트 성인St. Benedict의 가르침을 따르는 수도회입니다. "Ora et labora", 즉 기도하고 일하라는 표어에 따라 늘 일을 하면서 기도하는 삶을 지향하는 수도회입니다. 뮌헨 근교의 유명한 양조장 바이엔슈테판도 초기엔 베네딕트 수도회 소속이었고, 전 세계 11곳의 양조장에서만 만드는 트라피스트 맥주도 성 베네딕트의 규율을 따르는 트라피스트 수도회 소속입니다. 전날 뢰벤브로이에서 마셨던 프란치스카너 맥주는 프란치스코 수도회에서 만들던 맥주입니다. 베네딕트 성인을 우리나라에서는 성 분도(聖 芬 道)라고 부릅니다. 부산의 성 분도병원은 성 베네딕트 수녀회 소속입니다.

알코올프라이 맥주Alkoholfrei

주차장에 도착하니 큰 간판이 하나 보입니다. 들여다 보니 안덱스 수도원에서 새로 출시한 알코올프라이Alkoholfrei 밀맥주를 홍보하고 있습니다. 알코올프라이는 영어로 알코올 프리Alcohol free입니다. 알코올이 전혀 들어 있지 않다는 뜻은 아닙니다. 독일에서 알코올프라이 맥주의 기준은 알코올 도수 0.5% 미만입니다.

알코올프라이 밀맥주를 홍보하는 간판

독일 사람들은 맥주를 물 마시는 것처럼 생각하는 것 같습니다. 직장에서 점심 먹으면서 맥주 한 잔 마시는 것을 누구도 뭐라 하지 않습니다. 맥주 마시는 것이 물 마시는 것처럼 자연스러운 독일에서도 음주 운전 기준은 혈중 알코올 농도 0.05%로 엄격합니다. 마시는 것은 개인의 자유지만 그에 따른 책임도 개인이 져야 합니다. 역시 합리적입니다. 맥주 2, 3잔을 마셔도 아무 이상 없는 사람도 있지만 맥주 몇 모금에 취하는 사람도 있습니다. 맥주 몇 모금에 취하는 그들이 맥주를 마시고 싶은데 취하면 안 되는 상황에서 선택하는 스타일이 알코올프라이 맥주입니다. 그래서 독일에서는 알코올프라이 맥주 시장이 매우 활성화되어 있고 레스토랑의 메뉴판에 알코올프라이 맥주가 항상 포함되어 있습니다. 알코올프라이 필스너, 알코올프라이 바이스비어 등등 알코올프라이 맥주도 종류별로 생산됩니다.

우리나라의 경우, 주세법상 알코올 도수 1% 이상을 주류라고 규정하고 있기 때문에 알코올 프리 맥주라는 용어는 따로 없습니다. 우리나라 마트에서 파는 알코올 프리 맥주의 라벨을 보면 맥주가 아닌 탄산음료 혹은 혼합 음료라고 표기되어 있습니다. 정확히 표현하자면 맥주 맛 탄산음료입니다.

독일에서 알코올프라이 맥주의 기준을 0.5%로 정하고 우리나라에서 주류의 기준을 알코올 도수 1% 이상으로 정한 이유는 0.00%로 규정하는 것이 의미가 없기 때문입니다. 자연 상태의 식재료나 음식에도 소량의 알코올이 들어 있기도 합니다. 모든 식재료는 가만 놔두면 상하거나 발효됩니다. 발효와 상하는 것의 차이는 인간이 먹을 수 있는지 없는지의 차이입니다. 식재료가 발효되는 경우 젖산 발효도 발생하지만, 알코올 발효와 식초 발효도 발생합니다. 그래서 식재료에 소량의 알코올이 들어 있을 가능성은 항상 존재합니다. 오랫동안 상온에 둔 바나나에는 0.5% 가량의 알코올이 포함되어 있다고 합니다. 대한민국 사람들이 거의 매일 먹는 간장, 된장도 발효 과정을 통해 적어도 0.1%의 알코올이 들어 있습니다. 그래서 간장과 된장은 이슬람이 먹을 수 있는 할랄Halal 푸드 인증을 받지 못합니다.

알코올 프리 맥주의 알코올이 완전 제로가 아니라고 하여 임산부들이 마시면 안 되는 음료는 아닙니다. 우리가 먹는 식재료에 1% 미만의 알코올은 항상 포함될 수 있기 때문입니다. 임산부가 음식점에 갈 때마다 "미림 빼고 요리해 주세요"라고 일일이 부탁하지 않고, 동네 빵집에서 효모로 만든 발효 빵에 알코올이 소량 남아 있어도 맛있게 먹는 것처럼 말입니다. 물론 임산부가 0.45% 도수의 알코올프라이 맥주를 10캔 마신다면 4.5% 맥주 한 캔과 같은 양의 알코올을 섭취하는 셈이지만, 알코올프라이 맥주 10캔을 마시는 그녀의 식습관이 문제일 뿐입니다. 그렇다고 알코올프라이 맥주를 마음껏 마시라는 뜻은 절대 아닙니다. 이슬람이 아닌 이상 알코올 프리 맥주를 거부할 이유는 없다는 뜻입니다.

안덱스 수도원 맥주

수도원의 본 건물은 제법 높은 언덕에 세워져 있습니다. 걸어 올라가기 약간 신경 쓰일 정도, 자전거로 올라가기엔 버거울 정도의 높이입니다. 맥주를 마시기 위해 유산소 운동을 하라는 안덱스 수도원 측의 휴머니스틱한 배려심을 느낄 수 있습니다. 언덕의 가장 높은 곳에 종탑이 있는 성당이 있습니다. 도심의 성당에 비하면 매우 아담한 크기입니다만, 기대하지 않고 들어가서 본 내부는 깜짝 놀랄 정도로 화려합니다. 성당의 이곳저곳이 금으로 장식되어 있습니다. 진짜 금인지 아닌지는 모르겠으나, 돈이 많았던 베네딕트 수도회의 성당답습니다. 한쪽 벽면엔 피에타Pieta 상이 장식되어 있습니다. 성모마리아가 죽은 예수님을 안고 있는 모습입니다. 피에타는 '자비를 베푸소서'라는 뜻이라고 합니다. 가장 유명한 피에타 상은 바티칸의 성 베드로 성당에 있습니다. 미켈란젤로의 작품입니다.

　성당 바로 아래쪽이 브루어리 가든입니다. 화요일 점심 무렵인데도 노란 천막 지붕 아래 야외 테이블엔 6~10명 정도의 가족으로 보이는 단체 손님들이 제법 있습니다. 연세 지긋한 부부들이 개를 데리고 와서 맥주 한 잔을 마시며 점심을 먹는 모습도 보입니다. 뮌헨의 호프브로이하우스처럼 웃고 떠들며 마시는 분위기는 아닙니다. 이곳은 카운터에 가서 선불로 돈을 내고 주방에 영수증을 보여주면서 맥주와 음식을 받아 가는 셀프 서비스 시스템입니다. 맥주는 숙성시킨 나무통에서 따라 줍니다. 알코올 도수 5.5%의 스페지알 헬Spezial Hell과 5.9%의 바이스비어 헬Weissbier Hell을 주문합니다. 헬hell은 밝다는 뜻입니다. 스페지알 헬은 특별한 지옥이라는 뜻이 절대 아닙니다. 밝은 색의 뮌헨식 라거입니다. 바이스비어 헬도 밝은 밀맥주, 즉 우리가 흔히 아는 헤페바이젠입니다. 다른 표현 다 필요 없고, 둘 다 우유 마시는 것처럼 고소합니다. 꿀 향과 메론 향이 맥주에 배어 있습니다. 수도원이 언덕 위에 있기 때문에 비어 가든의 나무 펜스 너머로 마을 전체를 볼 수 있습니다. 집이 몇 십 채 보이고 나머지는 밀밭과 낮은 숲입니다. 어떤 움직임도 감지되지 않는 아주 평화로운 풍경입니다. 누군가 순간정지 버튼을 눌러버린 그런 묘한 기분이 드는 순간입니다. 내가 움직이면 순간정지 버튼의 작동이 풀려버릴 것 같아 한동안 조용히 바라보고만 있어야 할 것 같은 그런 순간입니다.

경치에 취해 있다 정신을 차리고 주위를 돌아봅니다. 바로 옆 테이블에서 80세 넘어 보이는 허리가 굽은 할아버지 한 분이 식사중입니다. 마실 나온 것 같은 편한 차림의 동네 주민으로 추정되는 할아버지는 주문한 맥주 500ml 한 잔을 자기가 싸 온 음식과 함께 드시고 계십니다. 그의 점심 식사는 빵, 토마토, 치즈와 야채 몇 종류입니다. 아무 말 없이 싸 온 음식을 천천히 드시면서 맥주를 아메리카노 커피처럼 조금씩 드십니다. 이 할아버지는 언젠가부터 점심을 이곳에서 드셔 오셨을 것이고, 앞으로도 몸이 허락하는 한 매일 이렇게 드실 것 같습니다. 아마 다음에 다시 안덱스 수도원을 방문하더라도 같은 시간에 맥주 한 잔과 함께 싸 온 점심을

드시고 계실 것입니다. 안덱스 수도원은 뮌헨에 며칠 머무른다면 꼭 한번 들러야 할 곳입니다. 언덕에서 펜스 너머 보이는 풍경이 너무 아름다운 곳입니다. 다음엔 반드시 여러 명이 함께 방문하여 안주거리도 왕창 먹고 맥주도 실컷 마시고 싶다는 생각을 하며 안덱스 수도원 언덕을 내려옵니다.

수도원 맥주의 끝판왕, 트라피스트Trappist

수도원 맥주로 가장 유명한 맥주는 트라피스트 맥주입니다. 전 세계에서 인증 받은 11곳의 트라피스트 수도원에서 생산되는 맥주입니다. 트라피스트 수도회는 성 베네딕트의 규율을 따르는 가톨릭 수도회입니다. Ora et labora, 즉 육체 노동도 수행의 일부라고 생각하고 묵언 수행 등의 엄격한 수행을 하는 수도회라고 합니다. 소위 말하는 아주 '빡쎈' 트레이닝을 하는 수도회입니다. 외과 레지던트의 생활과 흡사합니다. 외과 전공의들도 엄격한 규율, 심한 육체노동, 피곤해서 어쩔 수 없는 묵언 생활을 4년간 해야 외과 전문의가 됩니다.

트라피스트 수도회의 수도사들도 금식 기간 중의 영양 보충을 위해, 그리고 순례자에게 판매할 목적으로 맥주를 만들어 왔습니다. 그들이 만든 맥주는 일반 양조장의 맥주보다 품질이 월등했습니다. 대학이 드물었던 중세 때의 수도사는 하나님을 섬기는 사람일 뿐 아니라 가장 많이 배운 사람이었고, 글을 읽을 줄 아는 사람이었기 때문에 그들이 지식과 경험을 바탕으로 만든 맥주는 일반 맥주에 비해 품질이 좋을 수밖에 없었습니다. 그들이 만든 맥주가 트라피스트 맥주의 기원입니다. 깊고 복잡한 풍미와 높은 알코올 도수의 트라피스트 맥주는 트라피스트 협회(ITA, International Trappist Association)의 인증을 받아야 합니다. 인증 기준 중 몇 가지는 다음과 같습니다.

1. 트라피스트 수도원의 수도사들이 양조해야 한다.
2. 외부 위탁이 아닌 수도원에서 만들어야 한다.
3. 생산 목적은 상업적이어서는 안 된다.

규정대로 인증을 받아 생산된 트라피스트 맥주병에는 ATP(Authentic Trappist Product)라는 인증 마크가 붙어 있습니다. 2017년 현재 인증받은 트라피스트 맥주를 생산하는 수도원은 벨기에 6곳, 네덜란드 2곳, 오스트리아, 미국, 이탈리아 1곳으로 총 11곳입니다.

트라피스트 맥주(11종)

베스트블레테렌Westvleteren	벨기에
시메이Chimay	벨기에
오르발Orval	벨기에
로쉐포르트Rochefort	벨기에
베스트말레Westmalle	벨기에
아헬Achel	벨기에
라 트라페La Trappe	네덜란드
준데르트Zundert	네덜란드
트레 폰타네Tre Fontane	이탈리아
엥겔스젤Engelszell	오스트리아
스펜서Spencer	미국

수도원에서 만든 품질 좋은 맥주라도 트라피스트 수도원이 아닌 곳에서 만들었거나, 인증 받지 못한 트라피스트 수도원에서 만든 맥주는 애비Abbey 맥주라고 부릅니다. 우리말로 수도원 스타일 맥주 정도로 부를 수 있습니다.

가장 유명한 트라피스트 맥주는 벨기에 플랑드르 지방 서쪽의 성 식스투스St. Sixtus 수도원에서 생산되는 베스트블레테렌Westvleteren입니다. 330ml의 갈색 병에 아무 라벨도 붙어 있지 않아서 일명 '참기름병 맥주'라고 불립니다. 소량 생산만 하고 원칙적으로는 수도원에 직접 방문해야만 살수 있기 때문에 누구나 '한 번만 마셔 보면 소원이 없겠다'라고 생각하는 아주 귀한 맥주입니다. 집에 여차저차 하여 몇 병 가지고 있으나 함부로 마실 수 없어 곱게 모셔 두고 바라만 보는 맥주인데 얼마 전 마트 맥주 코너에 진열된 것을 보고 깜짝 놀랐습니다. 세상 많이 좁아지고 좋아졌습니다. 가격은 330ml 한 병에 5만원입니다. 혹시 마시게 되면 마지막 한 방울까지 빨아 먹어야 하는 맥주입니다. 지금 쓰는 책이 출간되면 기념으로 한 병따 마실 것이고 그 다음 음용 시기는 제 아들이 결혼할 때일 것 같습니다.

에딩거는 에르딩에서 만든 밀맥주

안덱스 수도원을 나와 이번엔 에르딩Erding으로 향합니다. 뮌헨이 바늘 시계의 중심이라고 치면 안덱스 수도원은 7시 방향 40km, 에르딩은 2시 방향으로 40km 떨어진 곳입니다. 에르딩은 인구 3만 5천명 조금 넘는 작은 마을입니다. 이곳에 세계에서 가장 큰 밀맥주 양조장 에딩거Erdinger 가 있다는 사실이 매우 놀랍습니다. 에르딩은 5일 전까지만 해도 방문 계획에 없는 마을이었습니다.

독일 맥주 여행 루트를 짜던 중, 바이엔슈테판 양조장을 방문하기로 계획을 세우고 예약을 한 상태에서 바이엔슈테판 위치를 검색하던 중, 에르딩이라는 단어를 지도에서 발견하였습니다. 독일 맥주는 도시 이름 뒤에 'er'을 붙이는 경우가 제법 있습니다. 비트부르거Bitburger, 크롬바커 Krombacher처럼 혹시 에딩거Erdinger가 에르딩Erding에서 만든 맥주면 어떡 하지? 라고 생각하며 검색을 했는데 빙고~~!! 에딩거는 에르딩에서 생산 되는 맥주가 맞습니다. 아무 망설임 없이 홈페이지에 들어가 예약을 하였 습니다.

에딩거 맥주를 처음 마셔 본 장면이 생생하게 기억납니다. 2001년 가 을입니다. 당시 외과 전공의 4년차들끼리 저녁을 먹으러 방문한 독일식 레스토랑에서 지배인의 권유로 에딩거 맥주를 한 잔씩 주문하였습니다. 카스와 하이트만 주구 장창 마셔 온 우리 앞에 느닷없이 탁한 소변 같은 맥 주가 서빙되었습니다. 아마 에딩거 헤페바이젠이었을 겁니다. 효모가 들 어 있어서 맥주가 뿌옇다는 것을 그땐 몰랐습니다. 헤페바이젠을 처음 마 신 순간, 맥주에서도 향기가 날 수 있다는 것을 처음 알게 되었습니다. 꿀 물을 마시는 느낌이었습니다. 당시 국산 맥주보다 세 배 이상 비쌌던 에딩 거 헤페바이젠을 4명이서 벌컥벌컥 마셨던 기억을 떠올리며 즐거운 마음 으로 에르딩으로 이동합니다.

에르딩은 마을 전체가 파스텔 톤입니다. 뾰족 지붕이 있는 3층 건물 벽들은 연초록색, 겨자색, 살구색의 파스텔 톤으로 칠해져 있습니다. 연한

동화 속 마을같이 평화로운 에르딩

하늘색의 구름 없는 하늘과 함께 동화 속의 마을에 와 있는 기분입니다. 양조장 견학 시간이 오후 5시 30분이라 2시간의 시간 여유가 있어 아무 생각 없이 마을을 어슬렁거리는데 너무 기분이 좋습니다. 여행의 장점 중 하나는 '난 왜 한국에서 이렇게 못했지?'라는 생각이 가끔 든다는 것입니다. 서울에서는 뭐가 그리 검색할 게 많은지 늘 폰을 켜고 사는 분들이 많습니다. 심지어 밥 먹을 때도 폰을 켜서 뉴스를 봅니다. 식사의 즐거움을 느낄 시간도 부족한데 말입니다. 길을 걷다 신호등 앞에 멈춰도 잠깐의 머무름을 참지 못하고 폰을 켜서 뭔가를 검색합니다. 동화 속의 마을 같은 이곳에서는 누구도 길에서 폰을 켜지 않습니다. 당장 뭔가를 검색할 이유도 없습니다. 피부를 통해 합성되는 비타민D 2주 정도의 양을 오늘 하루에 몽땅 합성한 것 같습니다.

옛날에도 이렇게 좋은 날씨였다면 와인용 포도를 재배하기 충분한 환경임에 틀림없습니다. 문헌에 의하면, 바이에른에서도 중세 때까지는 와인을 많이 마셨다고 합니다. 뮌헨의 호프브로이하우스에서 왁자지껄하게 맥주 마시는 사람들을 상상하면 매우 어색한 과거입니다. 70kg 할머니가 처녀 때는 날씬했었다고 말하는 것만큼이나 믿기지 않습니다만, 당시 바이에른은 와인을 생산할 포도밭을 가지고 있었습니다. 반면 맥주 만드는 기술은 부족해서 독일 북부의 품질 좋은 맥주를 수입해 마셔왔습니다. 얼마나 품질이 떨어졌으면 빌헬름 4세는 맥주에 이상한 거 섞지 말라는 맥주순수령을 공표하였고(1516년), 그의 손자 빌헬름 5세는 북독일에서 기술자를 데려와 맥주 양조장을 직접 세울 정도였습니다(1589년).

바이에른에서 맥주를 많이 마시게 된 계기는 1618년에 시작해 1648년까지 벌어진 30년 전쟁입니다. 30년 동안 독일 지역의 수많은 나라들이 신교와 구교로 나뉘어 독일 전역에서 전쟁을 벌였습니다. 약 800만 명의 사람이 죽거나 다쳤습니다. 사람도 다쳤지만, 독일 남부의 포도밭이 쑥대밭이 되었고, 독일 북부의 맥주 양조장도 쑥대밭이 되었습니다. 바이에른에는 마실 와인도, 수입할 맥주도 부족해졌습니다. 바이에른이 맥주를 더 열심히 만들게 된 계기가 된 전쟁입니다.

프랑스도 맥주를 마시던 시절

　와인의 나라 프랑스에서도 맥주를 마시던 시절이 있었습니다. 19세기 후반의 일입니다. 마네가 1882년에 그린 폴리베르제르의 술집이라는 작품에서 보면 여종업원이 탁자에 양 손을 괸 채 모자 쓴 신사를 맞이하고 있고 신사와 여종업원 사이에 놓인 바Bar 테이블 양쪽에 빨간색 삼각형 로고가 그려진 맥주병이 보입니다. 영국 맥주 바스Bass입니다. 영국 맥주로, 한때 세계에서 가장 많이 팔린 브랜드였습니다. 마네는 프랑스 사람입니다. 이 무렵 마네의 다른 작품 속에도 카페에서 맥주를 마시는 모습이 종종 등장합니다.

폴리 베르제르의 술집, 에두아르 마네, 1882
oil on canvas, 130 X 96 cm

마네는 왜 와인의 나라 프랑스에서 맥주 마시는 모습을 그렸을까요? 필록세라Phylloxera라는 진드기 때문이었습니다. 필록세라는 포도나무 뿌리에 기생하는 진드기입니다. 누군가 유럽으로 미국 품종의 포도나무를 가져옵니다. 당시는 검역이라는 개념이 없던 시절입니다. 미국 품종의 포도나무에 기생하는 필록세라가 같이 딸려 옵니다. 필록세라에 노출된 적이 한 번도 없던 유럽 품종의 포도나무는 무방비 상태로 공격당합니다. 프랑스 와인 산업이 수십 년 동안 초토화됩니다. 와인은 맥주와 달리 몇 달

만에 후다닥 만들 수 있는 술이 아닙니다. 프랑스 사람들이 마실 와인이 없습니다. 그들은 야만인들이나 먹는 것으로 취급했던 맥주를 수입해 마시기 시작합니다. 그래서 1880년 무렵의 마네의 작품에 맥주가 자주 등장하는 것입니다.

한편, 필록세라 때문에 프랑스 와인이 턱없이 부족해지자 늘 그러하듯 가짜 와인이 판을 칩니다. 샴페인 생산량이 100병인데 1000병이 시중에 유통됩니다. 900병은 가짜입니다. 화가 난 샴페인 업자들이 폭동을 일으키기도 합니다. 이런 사건들이 계기가 되어 20세기 초, 프랑스는 원산지통제명칭(Appellation d'Origine Controlle, A.O.C.)을 법제화하게 됩니다. 원산지 통제명칭에 의해 프랑스 상파뉴Champagne 지역에서 상파뉴 방식으로 생산된 스파클링 와인만 샴페인Champagne이라고 부를 수 있습니다. 그 외 프랑스 지역에서 생산된 스파클링 와인은 뱅 무쉐Vin mousseux라고 부릅니다.

스파클링 와인의 나라별 명칭

스페인　　: Cava(까바)
독일　　　: Sekt(젝트)
이탈리아　: Spumante(스푸만테)

에딩거 양조장 견학과 시음

에딩거 양조장은 시내에서 약 2km 정도 떨어진 곳에 있습니다. 오후 5시 반이 되어 견학이 시작됩니다. 키가 176.2cm 정도 되어 보이는 가이드 처자는 전형적인 독일 여성의 느낌입니다. 미소를 짓는 것 같은데 자세히 보면 웃는 표정인지 무뚝뚝한 표정인지 헷갈리는 모습입니다. 오늘도 동양인은 저 혼자입니다. 뒷모습은 게르만족 같기 때문에 어색함은 없습니다. 이런 저런 이야기를 주고받던 중 한국 관광객은 거의 방문하지 않을 것이라고 생각하여 가이드 처자에게 질문합니다. "대한민국 사람은 제가 거의 처음 아닌가요?" 그녀는 웃으며 대답합니다. 2주 전에 한국인 단체 관광객 30명이 왔다 갔다고 합니다. 맥주 업계에서 단체 여행을 온 사람들인지 물어 보니 등산복 차림의 40, 50대 아주머니들이었다고 합니다.

에딩거 맥주 회사의 공식 명칭은 에딩거 바이스브로이Erdinger Weißbräu 입니다. 회사 이름에서 알 수 있듯, 필스너, IPA 같은 스타일은 만들지 않고 오로지 독일식 밀맥주 바이젠만 만드는 회사입니다. 바이젠의 아버지 슈나이더가 호프브로이하우스의 밀맥주 양조권을 얻어 슈나이더 밀맥주를 만든 때가 1872년입니다. 그보다 조금 늦은 1886년에 에딩거가 밀맥주 생산을 시작합니다. 지금도 옛날 방식을 따라 1차 발효를 끝낸 맥주를 병에 담은 후 효모와 설탕을 병에 첨가하여 병 속에서 약 4주 동안 이차 발효가 일어나게 만든다고 설명합니다. 병에 첨가된 효모가 설탕을 먹고 알코올과 이산화탄소를 더 만들기 때문에 풍부한 거품과 바이젠 특유의 효모 향이 더 두드러진 맥주가 된다고 합니다. "효모가 병 속에서 활동을 하면 품질이 일정치 않을 수 있는데 그 문제는 어떻게 해결하니?"라고 질문하니, "그게 우리의 130년 동안 축적된 노하우다"라고 자랑스러워합니다. 참고로, 샴페인을 만들 때도 병 속에 효모와 설탕을 첨가하여 병 속에서 이차 발효를 시킵니다.

약 50분의 견학 시간이 끝난 후 시음장에 입
장합니다. 늘 느끼지만 시음장에 온 사람들의 표
정은 놀이동산에 온 아이의 표정처럼 해맑습니
다. 이곳도 브레멘의 벡스 공장처럼 원하는 만큼의 맥주를 마실 수 있습니
다. 역시 독일 양조장의 맥주 인심은 100점 만점에 100점입니다. 첫 잔은
에딩거의 시그니처 맥주인 바이스비어Erdinger Weißbier를 선택합니다. 알코
올 도수 5.3%이고, 다른 브랜드의 바이젠에 비해 좀 더 과일 향fruity이 납
니다. 테이블 중앙엔 손바닥 크기의 프레첼Pretzel이 놓여 있습니다. 우리나
라에서 먹어 본 작은 프레첼 과자의 바삭함도 좋지만 겉은 구워서 딱딱하
고 속은 빵처럼 부드러운 큰 프레첼을 한 입 크게 삼킨 후 목이 메는 빡빡
한 느낌을 바이젠 한 모금으로 상쇄시키는 쾌감이 너무 좋습니다.

두 번째 맥주는 운전을 해야 하여 알코올프라이Alkoholfrei 한 잔을 선택합니다. 맥아의 풍미와 함께 단맛이 좀 더 느껴집니다. 알코올이 없기 때문에 맹숭맹숭하다고 느낄 수 있어서 좀 더 달게 만들었을 것 같습니다. 찾아보니, 조금 전 마신 바이스비어 500ml에는 13g의 당분이 들어 있고 알코올프라이 500ml에는 26.5g의 당분이 들어 있습니다.

바이스비어보다 좀 더 달달한 알코올프라이

바이스부어스트weisswurst도 2개씩 줍니다. 바이스는 하얗다는 뜻입니다. 일명 화이트소시지입니다. 하얀 도자기 그릇에 뜨거운 물에 담겨 제공됩니다. 국물은 어떤 맛일지 궁금했는데 숟가락이 없어 차마 마셔 보지 못했으나 누군가 마셔 본 사람의 후기에 의하면 아무 맛이 없는 뜨거운 물이라고 합니다. 나이프로 썰지 않고 포크로 푹 찍어 베어 먹고 있으니, 옆에 있던 독일인 아주머니가 바이스부어스트는 껍질을 까서 나이프로 썰어 먹는 것이라고 알려줍니다. 소시지의 껍질을 케이싱casing이라고 합니다. 상자를 뜻하는 영어 케이스case에서 온 단어입니다. 우리나라 사람들은 맥주 마시면서 오징어, 쥐포 같은 딱딱한 안주를 많이 먹기 때문에 바이스부어스트 케이싱 따위는 전혀 딱딱하지 않다고 생각하는데 그들은 딱딱해서 벗겨 먹는다고 합니다. 모순입니다. 뮌헨 사람들이 즐겨 먹는 슈바인학세의 껍질은 마른 오징어보다 딱딱하고 조금 전 뜯어먹은 프레첼의 겉면도 건어물만큼은 아니지만 상당히 딱딱합니다. 제 생각에 바이스부어스트의 케이싱이 딱딱해서 벗겨 먹는 게 아니라 뮌헨 사람들은 케이싱을 벗긴 부드러운 식감을 좋아해서인 것 같습니다. 아주머니의 말을 듣고 케이싱을 벗겨 포크로 썰어 먹어보니, 부드러운 식감이 색다른 느낌입니다. 누군가 뮌헨에서 바이스부어스트를 주문한다면 하나는 그냥 먹고 하나는 벗겨 먹을 것을 추천합니다.

예전에는 음식점에서 바이스부어스트를 정오 전까지만 팔았다고 합니다. 냉장 시설이 없어 쉽게 상했기 때문입니다. 지금이야 24시간 신선한 바이스부어스트를 먹을 수 있지만, 전통을 지키는 음식점에서는 아직도 정오 전 메뉴로 판매한다고 합니다. 이번 여행에서는 못했지만 다음 뮌헨 여행 때 바이젠 한 잔을 곁들인 바이스부어스트로 아침 식사를 해 보는 계획을 세워 봅니다.

　견학과 시음을 마칠 때쯤 가이드 처자가 왜 독일에 왔는지 물어봅니다. 맥주 여행을 왔다고 하니 너무 좋아합니다. 맥주 여행을 와서 맥주를 1순위로 돌아다니다 보니 베를린에 가서 베를린 장벽도 못 보고 왔다고 하니 갑자기 "당신 여기 잘 왔다, 우리 공장 앞마당에 베를린 장벽이 있고, 베를린 장벽을 보려고 굳이 베를린에 다시 갈 필요 없다"라고 웃으며 이야기합니다. 앞마당에 나가 보니 3미터 넘는 높이의 베를린 장벽 하나가 세워져 있습니다. 2009년 에딩거 양조장의 소유주인 베르너 브롬바흐Werner Brombach의 70세 생일을 기념하여 경영진에서 각출해서 선물한 것이라고

합니다. 자의로 각출했는지는 문헌에 없어 확인할 방법이 없습니다. 베를린 시에서는 베를린 장벽을 두부 판에서 두부 한 모씩 팔 듯 떼어 판다고 합니다. 주의할 점은, 관광객에게 돌 하나를 보여 주며 베를린 장벽 파편이라고 파는 사람들은 다 사기꾼이라고 합니다. 예전 아테네를 방문했을 때 파르테논 신전 부스러기를 팔던 아저씨가 생각납니다. 우리나라 경주에서는 첨성대 파편을 파는 사람이 없는 것으로 보아, 대한민국은 선진국입니다.

　안덱스 수도원과 에딩거 양조장 방문으로 너무 행복한 하루를 보냈습니다.

참 많은 일을 한 것 같은 기분입니다. 약 40분 정도 걸려서 무사히 뮌헨 숙소에 도착합니다. 뮌헨의 3일째 밤이자 마지막 밤을 어제 방문하지 못했던 잉글리쉬 가르텐의 파울라너 전문점에서 저녁을 먹기로 계획을 세웁니다. 샤워하고 잠시 쉬었다 나가려 했으나 또 정신을 차려 보니 다음 날 아침입니다. 파울라너 맥주는 이번 여행에서 저와 인연이 먼가 봅니다.

뮌헨 근교 양조장

가장 오래된 양조장
바이엔슈테판
#13

뮌헨의 개선문Seigestor

　뮌헨에서의 꿈만 같은 3박이 흘러갔습니다. 슬슬 여행을 정리할 시간
이 다가옵니다. 오늘 일정은 뮌헨 근교 프라이징Freising 시에 있는 세계에
서 가장 오래된 바이엔슈테판Weihenstephan 양조장을 견학하고 훈제 맥주
의 도시 밤베르크로 이동하는 것입니다. 아침 일찍 체크아웃을 하고 잉글
리쉬 가르텐English garten을 향해 차를 이동합니다. 가는 길에 개선문이 보
여 잠시 정차합니다.

　뮌헨의 개선문은 1840년 바이에른 왕국의 루트비히 1세가 로마의 콘

스탄티누스 개선문을 벤치마킹하여 만들도록 지시한 개선문입니다. 30년 전인 1810년 10월 12일 옥토버페스트의 기원이 되는 결혼 축하 경마 대회의 주인공이었던 루트비히 황태자가 훗날의 루트비히 1세입니다. 뮌헨의 개선문은 아치 모양의 큰 통로 1개와 양 옆의 작은 통로 2개로 구성된 3공식입니다. 구멍이 3개면 3공식, 1개면 단공식이라고 부릅니다. 3공식은 외과 의사들에겐 익숙한 용어입니다. 복강경 담낭절제술을 할 때 배에 구멍을 3개 뚫으면 3공식, 4개 뚫으면 4공식이라고 수술기록지에 기입합니다. 이곳 개선문의 꼭대기에는 청동색의 바바리아 여신이 왼손에 창을 들고 오른손으로 사지 4마리를 애완견처럼 줄로 묶어 데리고 있는 동상이 세워져 있습니다. 사자는 뮌헨의 상징 동물입니다.

개선문의 기원은 로마입니다. 삼국시대 때 고구려와 신라인들이 광개토대왕비, 진흥왕 순수비 같은 비석을 세웠듯 로마 사람들은 황제나 장군의 공을 기념하기 위해 아치 형태의 문을 세웠습니다. 5세기까지만 해도 로마에만 50여 개의 개선문이 있었다고 합니다만 지금은 3개만 남아 있습니다. 가장 유명한 로마의 개선문은 콜로세움 광장 앞의 콘스탄티누스 개선문입니다. 콘스탄티누스 황제는 서기 313년 밀라노 칙령을 통해 로마에서 기독교를 공인하고 330년 로마에서 콘스탄티노플로 수도를 옮긴 황제입니다. 콘스탄티노플은 현재의 이스탄불입니다.

세월이 흘러 로마는 망하고 개선문의 일부만 남았지만 유럽의 왕들은 로마의 황제가 전쟁에서 이기고 돌아와 개선문을 통과했던 모습을 상상하며 로마 개선문을 벤치마킹하여 비슷한 모양의 개선문을 세웠습니다. 만일 누군가 개선문이 전 세계에 한 개밖에 없다고 잘못 알고 있다면 그는 파리 에트왈 광장에 있는 개선문을 상상했을 것입니다. 나폴레옹의 명령으로 공사를 시작하여 1836년에 완성된 파리의 상징입니다. 정작 나폴레옹은 1821년에 사망하여 본인이 지시한 개선문을 말을 타고 지나가지 못하고 관에 들어가 누운 채 지나가야만 했습니다. 에트왈 개선문은 아치가 1개인 단공식입니다. 우리나라의 독립문이 에트왈 광장의 개선문을 벤치마킹하여 만들었기 때문에 아치가 1개입니다. 참고로 독립문은 독립협회에서 1897년에 세운 것으로 대한제국은 청나라의 속국이 아니라는 의미에서 세운 건축물입니다. 일본으로부터 독립하려는 의도로 세운 건축물로 착각하기 쉽습니다.

파리 에트왈 광장 개선문(왼)과 서울 독립공원 독립문(오)

개선문 앞에서 사진을 찍은 후 드디어 잉글리쉬 가르텐에 도착합니다. 가르텐garten은 영어로 가든garden입니다. 며칠 동안 저녁마다 와 보고 싶었으나 잠시 옷 갈아입으러 숙소에 들러 잠드는 바람에 방문하지 못했던 곳입니다. 이른 시각이라 레스토랑은 문을 열지 않았지만 공원엔 조깅하는 사람과 자전거를 타는 사람들이 제법 있습니다. 밤엔 술 마시는 사람들, 아침엔 운동하는 사람들이 있는 이곳은 야누스 같은 곳입니다.

파울라너 맥주를 취급하는 제하우스Seehaus는 멋진 호숫가 앞에 자리

잡은 아름다운 레스토랑입니다. 아침 9시 오픈이라 아쉽게도 파울라너 한 잔 마시지 못하고 호수 주변을 산책합니다. 이른 아침 호수에 비친 숲의 나무들이 멋진 데칼코마니를 연출합니다. 밤에 이곳을 방문했다면 아침의 이런 멋진 모습을 보지 못하고 뮌헨 여행을 마무리했을 것입니다. 뻗어 잠들기 오히려 다행이었다는 생각이 듭니다만 이곳 역시 다음 뮌헨 방문 때 들러야 할 곳 1순위로 적어 놓은 채 바이엔슈테판 양조장 견학을 위해 프라이징 시로 이동합니다.

바이엔슈테판과 기독교 성인들

프라이징 시는 뮌헨에서 2시 방향으로 약 40km 떨어진 작은 도시입니다. 인구 4만 5천명이 사는 곳으로 뮌헨이 서울이라면 프라이징은 가평 정도 되는 곳입니다. 이곳에 작은 언덕이 하나 있습니다. 바이엔슈테판Weihenstephan 언덕입니다. 바이엔weihen이 축성한다는 뜻이고, 슈테판stephan은 초대 교회 최초의 순교자입니다. 즉, 바이엔슈테판은 '슈테판 성인을 축성한다'라는 의미입니다.

예수님의 12명의 제자를 사도(使徒)라고 합니다. 사도들이 예수님의 말씀을 전하고 열심히 기도해야 하는데 잡무를 보느라 시간이 부족하여 지혜로운 7명을 뽑아 부제로 임명합니다. 우리나라에서는 스테파노 성인으로 알려진 슈테판 성인은 최초의 부제(副際) 중 한 명입니다. 그는 부제들 중에서 가장 뛰어났지만 사람들의 모함을 받아 돌에 맞아 순교합니다. 미술관에서 작품을 감상할 때 성난 군중이 돌을 던지고 누군가 그 돌을 맞고 있는 장면을 발견한다면 스테파노 성인 이야기일 것입니다. 신약성경 사도행전에 스테파노 성인에 관해 자세히 나옵니다. 남들은 기도할 때 성경을 펼치는데 저는 불경스럽게도 맥주 공부할 때 한 번 열어봅니다만 맥주를 핑계로 사도행전도 한 번 읽게 되고 그림 공부도 한 번 하게 됩니다.

슈테판Stephan　: 독일어　　　　　　스티븐Steven　: 영어

스테파노Stephano : 이탈리아어　　　에스테반Esteban : 스페인어

예수님의 사도를 영어로 어파슬apostle이라고 합니다. 독일어로는 아포스틀apostel입니다. 바이엔슈테판 맥주 회사에서 정기적으로 20명씩 선발하는 민간인 서포터즈의 공식 명칭이 아포스틀입니다.

바이엔슈테판 언덕은 프라이징에서 가장 높은 곳입니다. 이곳에 서기 725년 수도원이 세워집니다. 성 코르비니안Korbinian과 12명의 수도사가 설립한 베네딕트 수도원으로, 1040년부터 공식적으로 맥주를 만들었습니다. 물론 1039년까지는 맥주를 사다 마시고 1040년부터 양조했을 리는 없습니다. 그 전부터 양조를 해 왔을 것이고 인증 받은 년도가 1040년이라는 뜻입니다. 바이엔슈테판 맥주 라벨을 보면 2마리의 사자가 그려져 있고 'SEIT 1040'이라고 적혀 있습니다. 'since 1040'입니다. 2018년 기준으로 977년 된 양조장입니다. 현존하는 세계에서 가장 오래된 양조장으로 기네스북에도 등재되어 있습니다. 기네스 양조회사 입장에서는 본인들이 발행한 책에 기네스가 세계에서 가장 오래된 맥주로 등재되길 원했겠지만 기네스의 창업 년도는 1759년입니다. 바이엔슈테판보다 719살 어린 동생입니다.

수도원을 세운 코르비니언 성인Saint Korbinian의 상징은 곰입니다. 관련된 이야기가 전해 내려옵니다. 코르비니언이 로마에 방문하는 길에 곰을 만났는데 곰이 짐을 싣고 있던 노새를 잡아먹었습니다. 이에 코르비니언이 곰으로 하여금 노새가 운반하던 짐을 지도록 명령하였고, 곰은 로마까지 짐을 운반해 주었습니다. 그래서 곰은 코르비니언 성인의 상징이 되었다는 별거 없는 이야기입니다. 미술관에서 누군가 곰과 같이 있고 곰이 사람의 짐을 지고 있는 그림을 발견한다면 그림 속의 남자는 코르비니언 성인일 것입니다. 그림 속에서 열쇠를 가지고 있으면 베드로, 책과 칼을 든 아저씨는 바오로, 돌을 맞고 있으면 스테파노를 표현한 것이라고 구분하는 것이 도상학Iconogrraphy의 일부입니다. 예수님이 어떻게 생겼는지 아무도 모르지만 누구나 몇 가지 아이콘으로 작품 속의 예수님을 찾을 수 있는

것처럼 기독교 역사상 유명한 인물의 상징을 조금만 공부하면 미술 작품 감상이 훨씬 재미있어집니다.

바이엔슈테판 맥주 중에서 코르비니언 맥주도 있습니다. 알코올 도수 7.4%의 도펠복Doppel bock입니다. 보리맥아를 사용하여 만든 진한 갈색의 라거입니다. 초콜릿, 캐러멜의 달콤한 첫 맛에 이어

곰의 등에 짐이 올려져 있다.

고소한 맥아의 맛을 느낄 수 있는 훌륭한 맥주입니다. 병의 라벨에는 짐을 지고 있는 곰과 코르비니언 성인이 손가락 2개를 펴고 서 있는 모습이 그려져 있습니다. 맥주가 독하니 2잔을 연거푸 마시지 말라는 메시지 같습니다. 하얀색 도기에 주석 뚜껑이 달려 있는 전용 잔은 우리나라 돈으로 10만 원 넘는 최고급 잔입니다. 주석 뚜껑의 용도는 코르비니언 맥주의 달달한 향 때문에 벌레들이 모여 들어, 벌레를 막기 위한 것이라고 합니다. 개인적으로 이해할 수 없는 불필요한 장치라는 생각이 듭니다. 벌레가 들어가기 전에 후다닥 마셔버리면 됩니다. 바이엔슈테판 양조장은 1803년 국가 소유로 바뀝니다. 지금은 뮌헨 공과대학 양조학과의 부속시설입니다.

양조장 입장

견학 시간보다 30분 일찍 도착하여 예약 번호를 담당자에게 알려줍니다. 담당자가 "We are sorry but..."이라며 말을 건넵니다. 예약 쿠폰에 2유로짜리 기념품 교환권이 포함되어 있는데 오늘은 기념품 가게가 문을 닫아 2유로를 돌려받을 것인지 2유로어치 엽서를 받을 건지를 물어봅니다. 저도 모르게 탄성이 흘러나옵니다. 도르트문트 엑스포트, 브레멘 벡스, 뮌헨의 많은 비어홀을 방문하면서 기념품을 한 개도 사지 않았던 이유가 이곳에서 바이엔슈테판의 기념품을 왕창 구입하기 위해서였는데 기념품을 살 수 없다고 하니 허무해집니다.

등록 후 시간이 남아 건물 앞 벤치에 앉아 주변을 두리번거립니다. 6월의 프라이징 날씨도 참 좋습니다. 영화 신세계에 나온 박성웅 씨의 대사를 패러디한 "거 맥주 먹기 딱 좋은 날씨네"라는 말이 저절로 흘러나옵니다. 뮌헨 공대의 부속시설인 만큼 강의실도 있는 모양입니다. 책과 리포트를 든 학생들이 바쁘게 강의실로 추정되는 건물에 들어가는 모습, 벤치에 앉아 숙제하는 모습이 보입니다.

10시가 되어 견학을 시작합니다. 우리나라 사람들에게도 잘 알려진 유명한 양조장이라 견학 인원이 30명 정도 됩니다만 역시 동양인은 저 혼자입니다. 대규모 양조장답게 규모와 설비가 어마어마합니다. 오늘의 담당 가이드는 파파 스머프를 닮은 젊은 총각입니다. 그의 조상은 게르만족이 아닌 라틴족일 것 같습니다. 견학 프로그램은 어차피 전 세계의 모든

양조장이 비슷합니다. 비디오 시청에 이어 바이엔슈테판의 역사를 소개합니다. 맥주 만드는 과정에 대한 설명과 설비를 보여주는데 견학하러 온 대부분의 사람들은 별 관심 없이 대충 따라다닙니다. 얼굴에 '지루하다'라고 써놓고 다니는 사람도 간혹 눈에 띕니다. 이해합니다. 그들의 바이엔슈테판 방문 목적은 오로지 맥주 시음이기 때문입니다. 견학 전의 높은 관심도는 시간이 흐르면서 최저점을 향하다 시음 시간이 되는 순간 상승 반전하는 $Y = (X - \text{시음시간})2 + b$의 이차 함수 패턴입니다.

시음

견학을 마치고 시음장에 자리를 잡습니다. 테이블엔 바이엔슈테판 맥주 3종류가 놓여 있습니다. 오리지날 헬레스Original Helles, 헤페바이스비어 hefeweissbier, 비투스Vitus입니다.

각각 뮌헨 라거, 헤페바이젠, 바이젠복 스타일입니다. 라거를 먼저 시음할 것이라 생각했는데 역시 라거를 먼저 따르라고 권유합니다. 향보다 시원한 청량감이 좋은 라거를 먼저 마시고 효모 향 강한 헤페바이젠을 마시는 것이 순서입니다. 고기 먹을 때 생갈비 먼저 먹고 양념 갈비 먹는 것과 같습니다.

첫 번째 맥주는 알코올 도수 5.1%의 오리지널 헬레스입니다. 헬레

helle는 독일어로 밝다는 뜻입니다. 맥주잔 뒤로 배경이 다 보일 정도로 맑고 투명합니다. 투명한 맥주를 통해 바로 앞에 앉은 샌드라 블록 닮은 미국인 처자와 눈이 마주쳐 쑥스러워 얼른 한 모금 마십니다. 필스너처럼 쌉싸름하지도 않고 그렇다고 페일 라거처럼 가볍지도 않습니다. 마냥 고소합니다. 갈 길이 멀어 더 이상 마시지 못하고 두 번째 맥주를 시음합니다. 바이엔슈테판의 베스트셀러 헤페바이스비어hefeweissbier입니다. 바이젠 특유의 바나나향, 정향의 향이 올라옵니다. 다른 회사의 바이젠보다 진득한 느낌입니다. 이곳도 마음만 먹으면 원하는 만큼 마실 수 있는 분위기입니다만 밤베르크까지 가야 하는 일정 때문에 한 모금씩만 마셔야 하는 신세에 눈물이 앞을 가려 가뜩이나 뿌연 헤페바이젠이 더 탁하게 보입니다. 세 번째 맥주는 비투스Vitus입니다. 알코올 도수 7.7%의 바이젠 복Weizen-bock 스타일입니다. 여름보다는 추운 겨울에 한 모금씩 마시기 좋은 맥주입니다. 비투스 맥주의 병목 라벨에 그려진 비투스 성인Saint Vitus은 치유의 성인입니다. 그가 오른손에 든 나뭇가지는 승리를 뜻하는 종려나무 가지입니다.

왼손에 책과 닭을 들고 있는데 무엇을 상징하는 것인지 잘 모르겠습니다.

파파 스머프 닮은 가이드 총각이 비투스 전용 잔에 맥주 따르는 법을 설명합니다. 병 속의 효모가 바닥에 가라앉아 있기 때문에 3/4 정도 잔에 따른 후 손목 스냅을 이용하여 병을 살살 돌리면 바닥의 효모와 남은 맥주가 섞입니다. 이 상태로 첨잔합니다. 잔에 가득 찬 비투스를 들고 건배를 제안합니다. 독일에서는 건배의 의미로 술잔을 들고 프로스트prost라고 외칩니다. '저 총각, 비투스를 매일 마시면 체력이 견디려나?'라고 생각했는데 역시 한 모금 입만 대고 바닥에 내려놓습니다. 건배를 하면 국적, 나이 불문하고 모두 친구가 됩니다. 한, 중, 일 3국에서 공통으로 외치는 건배(乾杯)는 잔을 비우자는 뜻입니다. 한마디로 완샷입니다. 제 후배 응급의학과 전문의 김건배의 한자는 건배(乾杯)가 아니길 바랍니다.

독일 양조장은 맥주 인심도 후하지만 프레첼 인심도 아주 후합니다.

파파 스머프를 닮은 가이드 총각

나라별 건배 용어

대한민국	: 건배(乾杯)	미국	: 치어스(cheers)
중국	: 깐뻬이(干杯)	독일	: 프로스트(prost)
일본	: 간빠이(乾杯)	스페인	: 살루드(salud)

독일어로는 브레첼Brezel이라고 합니다. 우리나라에서 먹는 과자 크기의 프레첼이 아닙니다. 제공된 프레첼은 프랑스 바게트 빵처럼 겉은 딱딱하고 속은 말랑말랑한 우리나라 길거리 호떡 크기의 독일식 빵입니다. 3개를 먹어도 괜찮습니다만 1개만 먹어도 배부를만한 크기입니다. 진한 갈색의 프레첼 빵 표면에 우리나라 과자 맛동산처럼 땅콩이 버무려져 있습니다. 어릴 때 맛동산을 맛있게 먹던 기억이 나서 크게 한 입 베어 물었는데 땅콩이 아니라 굵은 소금입니다. 독일식 프레첼 빵을 먹을 땐 소금을 떼고 먹어야 간이 맞습니다. 독

일 사람들도 프레첼에 붙은 소금을 탈탈 털어내고 먹는다고 합니다.

대한민국에 프레첼을 널리 알린 사람은 미국 43대 대통령 조지 부시입니다. 2002년 1월 13일 오후 5시 35분, 백악관에서 TV를 보던 부시 대통령이 프레첼을 먹다 약 4초간 졸도한 적이 있었습니다. 갑자기 누군가 목을 조르면 정신을 잃는 것처럼 프레첼이 목에 걸려 순간적으로 졸도한 모양입니다. 그는 쓰러지면서 왼쪽 뺨에 찰과상을 입었고, 전 세계 언론에 다친 모습이 공개되었습니다. 본의 아니게 프레첼이 세계적으로 알려지게 된 사건입니다. 프레첼은 유명해졌지만 이 사건의 최대 피해자는 미국 내 프레첼 회사였습니다. 대통령이 프레첼을 먹고 죽을 뻔했다는 사실이 알려지자 프레첼 판매량이 급감했다고 합니다. 하지만 부시 전 대통령 덕분에 프레첼 과자는 대한민국에 널리 알려지게 되어 새우깡, 팝콘과 함께 호프집의 3대 공짜 스낵이 되었습니다.

양조장 한 쪽에 프라이징 시가 한 눈에 들어오는 전망 좋은 곳이 있습니다. 아주 평화롭습니다. 비어홀로 가득 찬 뮌헨 시청사 광장 주변의 활기찬 모습과 대조적입니다. 프라이징 시를 바라보며 뮌헨에서의 3박 4일 여정을 마무리합니다. 누군가 유럽에 1달 동안 살아야 한다고 명령하고 도시는 제가 선택하라고 한다면 며칠 전까지만 해도 파리, 프라하, 바르셀로나 중 하나를 택했을 것입니다. 뮌헨에서의 3박 4일을 지내고 나서 생각이 바뀌었습니다. 앞뒤 안 따지고 무조건 뮌헨입니다. 맥주를 사랑하는 사람들에게 뮌헨은 최고의 도시입니다.

독일 여행의 마지막 행선지는 훈제 맥주의 고향 밤베르크입니다. 올라가는 길에 뉘른베르크 파버카스텔 성에 잠시 차를 세웁니다.

뉘른베르크 파버카스텔Faber-Castell

"필기구를 옷에 비유하자면, 볼펜과 샤프는 캐주얼, 만년필과 연필이 정장이다." "연필을 쓰면 깎아야 하는데, 깎는 시간만큼 생각할 수 있는 시간이 주어진다." 한국 파버카스텔 이봉기 대표의 명언입니다. 저는 연필을 좋아합니다. 조금만 쓰면 심이 두꺼워져서 깎아야 하지만 연필 깎는 짧은 10-15초 동안 생각을 정리할 수 있어서 좋습니다. 그냥 아무 생각 없이 끄적거리기엔 연필이 최고입니다. 뮌헨에서 밤베르크를 가는 중간에 뉘른베르크에 들른 이유는 세계적으로 유명한 파버카스텔 본사가 이곳에 있어서입니다. 뉘른베르크엔 파버카스텔도 있고 스테들러도 있습니다. 파버카스텔 본사의 정확한 위치는 뉘른베르크 외곽의 슈타인이라는 마을입니다. 뉘른베르크와 슈타인은 우리나라로 치면 서울~광명 정도 되는 관계입니다. 이곳에는 파버카스텔 공장 뿐 아니라 오너가 백작 가문인 관계로 그들이 소유한 아름다운 파버카스텔 성이 있습니다. 넓은 정원에 콕 박혀 있는 파버카스텔 성 주위를 한 바퀴 돌아봅니다. 주말이면 성 내부를 공개한다고 합니다. 주황색 지붕, 아이보리색 외벽, 초록색 나무, 파란 하늘, 4가지 색의 색연필만 사용하여 이곳을 그려도 눈에 보이는 것처럼 멋진 작품이 될 것 같습니다. 성 앞에 별채 같은 건물이 보입니다. 기프트샵입니다. 이곳에서 각종 필기구 뿐 아니라 가문 소유의 와이너리에서 생산되는 프랑켄 와인도 구입할 수 있습니다. 쇼핑은 여행의 작은 즐거움입니다.

바이에른 북서쪽의 프랑켄Franken 지역은 원래 와인을 만들던 곳입니

다. 1618~1648년까지 치른 30년 전쟁의 후유증으로 와인을 만들 포도밭이 망가져 맥주를 많이 마시게 되었지만, 국가 지정 포도 재배 지역 13곳 중 한 곳으로 지정될 정도로 와인 산지로도 유명한 곳입니다. 프랑켄 와인은 복스보이텔Bocksbeutel이라 불리는 둥글넓적한 독특한 모양의 병에 담아 판매됩니다. 병만 봐도 누구나 프랑켄 와인이라는 것을 짐작할 수 있습니다. 우리나라에서 쉽게 구할 수 없는 아이템이라 한 병 구입하고 연필 몇 자루 사서 기프트숍을 나옵니다. 뉘른베르크를 떠나 50분 거리의 밤베르크로 이동합니다. 밤베르크의 저녁이 기대됩니다. 지금까지 혼자 맥주 여행을 했지만 밤베르크에서 귀인 2분이 저를 기다리고 있기 때문입니다.

특이하게도 독일 와인은 당도로 등급을 매깁니다. 욁슬레Oechsle 당도입니다. 와인 발효 전 포도즙의 농도를 측정하는 단위입니다. 맹물 1L의 무게는 1kg입니다만 포도즙 1L는 1kg보다 무겁습니다. 포도즙 1L가 1.072kg이라면 0.072kg의 초과분이 웩슬레 당도입니다. 즉, 이 포도즙의 당도는 72°Oe(72 degree Oechsle)입니다. 맥주 도수를 표기하는 단위인 플라토 스케일Plato scale과 비슷합니다. 독일 와인은 가장 먼저 4등급으로 구분합니다.

QmP(Pradikatswein) 프라디카츠바인
QbA(Qualitatswein) 크발리테츠바인
Landwein 란트바인
Tafelwein 타펠바인

가장 아래 등급이 타펠바인Tafelwein입니다. 영어 table wine과 같은 말입니다. 약간 높은 등급은 란트바인Landwein입니다. 란트바인부터 포도 품종과 생산 지역이 표기되어야 합니다. 이 2가지 등급보다 고급 와인은 QbA와 QmP입니다. 발음하기 어려워 QbA는 줄여서 크발리테츠바인Qualitatswein이라고 부르고 QmP는 프라디카츠바인Pradikatswein이라고 부릅니다. QbA와 QmP는 국가 공인 13개 지역의 포도밭의 포도를 사용해야 합니다. 크발리테츠는 영어 quality와 같은 말입니다. 퀄리티(품질)를 보장한다는 뜻입니다. 1, 2차 세계 대전 이후 독일 와인은 싸구려 와인이라는 인식이 있었습니다. 품질 향상을 위해 독일 정부에서 13개의 포도재배지역을 지정합니다. 그중에 프랑켄 지역도 포함됩니다.

독일 와인 최상위 등급인 프라디카츠바인(QmP)은 웩슬레 당도에 따라 6가지로 세분화됩니다.

TBA (트로켄베렌아우스레제)	150-154°Oe
BA (베렌아우스레제), Eiswein (아이스바인)	110-128°Oe
Auslese (아우스레제)	83-100°Oe
Spätlese (슈파트레제)	76-90°Oe
Kabinett (카비네트)	67-82°Oe

프라디카츠바인에 사용되는 포도는 당도를 높이기 위해 늦게 수확됩니다. 카비네트Kabinett는 프라디카츠바인(QmP)의 기본 등급입니다. 너무 맛있어서 수도사들이 캐비넷에 숨겨놓고 마셨다고 하여 붙은 이름입니다. 아시아나 항공 일등석에 제공되는 독일산 화이트 와인의 등급이 카비네트입니다. 다음 등급 슈파트레제Spätlese는 11월에 수확한 포도를 사용합니다. 슈파트레제라는 뜻이 영어로 late harvest입니다. 세 번째 등급인 아우스레제Auslese는 늦게 수확한 포도 중에서 좋은 알맹이를 골라 만든 등급입니다.

카비네트, 슈파트레제, 아우스레제 이 3가지 등급의 와인이 반드시 달달한 와인은 아닙니다. 포도즙의 당분이 100% 발효되면 남아 있는 당분이 없어서 드라이한 와인이 될 수도 있습니다.

아우스레제보다 상위 등급부터는 포도를 늦게 수확하는 것만으로는 당도를 올리는 것에 한계가 있어 포도에 곰팡이가 자라게 하여 수분을 증발시켜 당도를 올리거나(BA, 베렌아우스레제), 포도를 얼려서 수분을 빼는 방법으로 당도를 올리기도 합니다.(Eiswein, 아이스바인) TBA는 독일 화이트 와인의 가장 상위 등급입니다. 꿀, 과일, 견과류를 비롯한 모든 기분 좋은 향이 달콤한 와인 한 모금에 녹아 있습니다. TBA는 프랑스 소테른, 헝가리 토카이와 더불어 세계 3대 귀부와인에 속합니다. 귀부(貴腐)는 귀하게 썩었다는 뜻입니다. 귀부와인은 먹을 수 없게 썩은 포도가 아닌 귀하게 썩은 포도로 만든 와인입니다.

독일 와인 대표 품종

Riesling (리슬링)

Müller-Thurgau (뮐러-트루가우)

Silvaner (질바너)

Gewürztraminer (게뷔르츠 트라미너)

Grauburgunder (그라우브루군터)

Weissburgunder (바이스브루군터)

독일 와인 등급을 이해하면 독일어를 몰라도 라벨을 읽고 골라 마실 수 있습니다. 파스타 이름 붙이는 간단한 원리만 알면 파스타를 마음껏 주문할 수 있는 것과 같습니다.

프랑크푸르트

밤베르크

뉘른베르크

프라이징

뮌헨

프라이징 뉘른베르크 위치

밤베르크에서
훈제 맥주에 취하다
#14

소도시에 취하다

제가 처음 사용한 문장이 아닙니다. 어느 여행 작가의 칼럼 제목일 텐데 너무 멋진 문장입니다. 동경, 뉴욕 같은 그 나라를 대표하는 도시의 좋은 호텔에 머무르며 미슐렝 레스토랑에서의 한 끼 식사를 하는 것도 여행의 즐거움이고 몰디브의 어느 리조트에 들어가 아무 것도 하지 않을 자유를 누리는 것도 여행의 즐거움입니다만, 작은 마을을 돌아다닐 때마다 느끼는 소도시에 취하는 기분이 너무 좋아 여행할 때 종종 소도시를 경유하는 계획을 세웁니다. 영화 러브레터의 배경이 되는 삿포로 근교 오타루에서의 1박, 고흐가 마지막 1년을 보내며 명작을 남겼던 파리 근교 오베르에서의 한나절을 떠올리면 당장에라도 비행기를 타고 떠나고 싶은 욕구가 발동합니다.

밤베르크는 7만 명이 사는 작은 도시입니다. 작은 도시인데 훈제 맥주로 세상에서 가장 유명한 곳입니다. 훈제 맥주, 영어로 스모크비어Smokebeer, 독일어로는 라우흐비어rauchbier입니다. 라우흐rauch는 연기입니다. 맥주를 한 모금 마셨을 뿐인데 불 맛 짬뽕, 훈제 소시지를 한 입 먹을 때 나오는 향이 맥주에 배어 있습니다. 구시가지 전체가 유네스코 세계문화유산일 정도로 아름다운 도시 밤베르크를 돌아다니다 보면 저절로 소도시에 취하는 것이 어떤 느낌인지 알게 됩니다. 돌아다니다 훈제 맥주를 몇 잔 마시다 보면 정말로 기분 좋게 취합니다. 밤베르크는 아름다움에 취하고 맥주에 취할 수 있는 곳입니다.

훈제 맥주의 기원에 대해 다음과 같이 설명합니다. 먼 옛날 밤베르크의 어느 양조장에서 불이 나서 몰트가 홀라당 타버렸습니다. 양조장 주인은 불에 탄 몰트를 버리기 아까워 할 수 없이 그걸로 맥주를 만들었습니다. 탄 맛이 강한 쓴 맥주일 것이라 예상했는데 의외로 훈제 향이 좋은 맥주가 만들어졌습니다. 마을 사람들의 반응도 좋았습니다. 이후 밤베르크의 많은 양조장들이 일부터 약간 태운 맥아로 맥주를 만들기 시작했고 훈제 맥주는 밤베르크의 특산품이 되었습니다. 훈제 맥주로 가장 대중적인 슈렝케를라Schlenkerla 홈페이지에는 좀 더 간단한 설명이 적혀 있습니다. 몰트를 만드는 마지막 단계인 건조 과정을 킬르닝kilning이라고 합니다. 밤베르크 지역은 일조량이 부족하여 햇볕으로 킬르닝을 하기 어려웠기 때문에 불에 볶아서 몰트를 만들었습니다. 불에 볶는 과정 중에 자연스럽게 너도밤나무를 태운 연기 냄새가 몰트에 스며들어 밤베르크의 맥주에서는 훈연 향이 스며들 수밖에 없었다고 나와 있습니다.

오늘 저를 기다리고 있는 귀인 2분은 비어 소믈리에 이지희 씨와 지멘스 이사 문상민 씨입니다. 지희 씨는 독일과 대한민국에서 맥주 소믈리에로 아주 유명한 분이고 상민 씨는 남편입니다. 호텔 주차장이 일방통행이라 주위를 세 번 돈 후에야 주차하게 되어 약속 시간이 빠듯해집니다. 체크인 후 호텔에 짐을 던져 놓고 후다닥 약속 장소를 향해 이동합니다.

밤베르크는 독일의 베네치아라 불립니다. 구시가지를 관통하는 레그니츠Regnitz 강변을 따라 세워진 건물들이 베네치아의 수상 가옥처럼 보입니다. 심지어 밤베르크 시청사는 다리 위에 세운 건물입니다. 오후 4시의 태양에 비친 밤베르크는 어디를 봐도 엽서 앞면입니다. 레그니츠 강의 다리 위 난간에 연인들이 채워 놓은 사랑의 자물쇠가 보입니다. 한 가지 놀라운 것은 사랑의 자물쇠마저 줄 맞추어 일렬로 채워져 있다는 것입니다. 독일인의 질서 의식과 묘하게 일맥상통하는 상황입니다. 피렌체 베키오 다리, 파리 퐁네프의 난간에 달려 있는 포도송이처럼 주렁주렁 채워져 있는 자물쇠와 무척 대조적입니다. 참고로, 피렌체 베키오 다리에서 자물쇠를 채우다 걸리면 160유로, 약 20만 원의 벌금을 내야 합니다. 실제로 벌금을 매기는지 모르겠는데 다리에 그렇게 한다고 영어로 적혀 있습니다. 질서는 아름답습니다만 질서 있게 줄 맞춰서 사랑의 자물쇠를 채워 놓으면 사랑이 깨질 때도 순서대로 깨지는지 부질없는 생각을 해 봅니다. 영원한 사랑을 꿈꾸며 사랑하는 여인이 보는 앞에서 자물쇠를 채우고 열쇠를 강물에 던지지만 나머지 한 개는 혹시 몰라 주머니에 숨긴 것은 남자들의 만국 공통 행위일 것입니다. 지금 당신 앞에서 자물쇠를 채우는 그가 열쇠 2개를 던지는 것을 꼭 확인해야 합니다.

펍 크롤링Pub crawling

크롤crawl은 기어가다, 몹시 느리게 가다는 뜻입니다. 맥주 집 한 곳에 진득하게 앉아 맥주를 마시는 것이 아니라 동네 맥주 집 여러 곳을 돌아다니며 여기서 한 잔, 저기서 한 잔 마시는 것이 펍 크롤Pub crawl입니다. 우리나라에서의 펍 크롤링은 크래프트 맥주 열풍과 함께 시작된 문화입니다. 몇 년 전부터 이태원 경리단 길에 크래프트 맥주를 파는 펍이 많이 생기게 되자 사람들이 많이 모여들었습니다. 카스, 하이트만 팔던 시절에는 1차에서 카스 맥주를 마셨는데 굳이 옆집에 가서 하이트 맥주를 마실 이유가 없었습니다만 펍마다 개성 강한 맛있는 맥주를 취급하면서부터 상황이 달라졌습니다. 어떤 음식을 먹을지에 대한 결정 장애가 아니라 어떤 맥주를 먹을지에 대한 결정 장애가 생겼습니다. 고민하던 그들은 차라리 여기서 한 잔, 저기서 한 잔 마시는 방법을 택하였습니다. 펍 크롤링을 일삼는 그들은 20대, 30대입니다. 40대 아저씨가 그들을 따라 펍 크롤 하다가는 길거리에 푹 쓰러질 수 있으니 주의해야 합니다.

밤베르크에서 유명한 훈제 맥주 양조장 겸 레스토랑

1. Brauerei Spezial (스페지알)
2. Schlenkerla (슈렝케를라)

밤베르크에서 훈제 맥주로 유명한 양조장 겸 레스토랑은 2곳입니다. 스페지알Brauerei Spezial과 슈렝케를라Schlenkerla입니다. 슈렝케를라 맥주가 좀 더 진하고 화려한 반면 스페지알 맥주는 상대적으로 순하고 부드럽다는 평가를 받습니다. 소믈리에 부부와 스페지알에서 4시 20분에 만나기로 약속되어 있습니다만 도시가 예뻐서 여기 저기 한눈팔고, 레그니츠 강의 다리 위에서 사진 찍느라 저도 모르게 시간을 지체하여 몇 분 늦게 약속장소에 도착합니다. "안녕하세요" 오랜만에 우리말을 써봅니다. 한눈팔다 늦었는데 마치 길을 몰라 늦은 척하고 스페지알에 들어가 자리를 잡습니다. 스페지알 메르첸Spezial Märzen 3잔을 주문합니다. 그들이 우리나라에서 유명한 슈렝케를라보다 스페지알을 먼저 마시도록 추천한 이유는 생갈비를 먹고 양념 갈비를 먹어야 하는 것처럼 순한 훈제맥주를 마시고 진한 훈제 맥주를 마시자는 취지입니다. 맥주 선택에 대한 배려심이 돋보입니다.

메르첸Märzen의 어원은 메르츠März입니다. 영어로 마치March, 3월입니다. 메르첸은 3월에 만든 맥주입니다. 냉장고가 없던 시절에는 여름에 맥주를 만들 수 없었습니다. 독일 남부 바이에른의 4월부터 9월 동안은 맥주를 만들기 너무 따뜻한 기간입니다. 날씨가 따뜻하면 맥주가 상하기 때문입니다. 4월부터 9월까지 맥주를 만들지 못했던 바이에른 사람들은 3월이 되면 시즌의 마지막이라는 심정으로 정성껏 맥주를 만들었습니다. 우리나라 사람들이 김장 김치를 만들 때 평소 만드는 겉절이와 달리 굴도 넣고 배도 갈아 넣어 정성껏 만드는 것과 비슷합니다. 그들은 3월에 만든 메르첸을 선선한 곳에 여름 내내 장기 보관하였습니다. 선입선출의 원칙에 의해 겨울에 만든 맥주는 봄, 여름에 소비되었고, 메르첸은 양조가 다시 시작되는 9월 말에 개봉되었습니다. 냉장고가 귀하던 시절, 9월 말의 옥토버페스트 때 마신 맥주가 메르첸입니다. 선선한 곳에서 6개월 동안 장기 숙성된 메르첸은 하면발효 맥주, 즉 라거입니다. 좋은 맥아를 충분히 사용하여 보통의 라거에 비해 알코올 도수도 약간 높고 맥아의 고소함과 단맛이 더 풍부한 맥주입니다.

많은 양조장에서 가을 한정판 맥주를 만들어 팝니다. 라벨에 메르첸이라고 적으면 뭔 말인지 모르는 사람들이 많아 누구나 알 수 있도록 옥토버페스트라고 이름을 붙여 내놓습니다. 페스트비어festbier라는 이름으로 출시하는 곳도 있습니다. 목이 말라 메르첸 2잔을 연거푸 들이키는데 그들이 장소를 이동하자고 합니다. 이때까지만 해도 그들의 펍 크롤링 계획을 눈치 채지 못한 채 두 번째 장소로 이동합니다.

밤베르크의 바틀샵에서 본 아이스복

두 번째 이동 장소는 비에로테크Die Bierothek라는 바틀샵입니다. 독일, 특히 바이에른에는 바틀샵이 흔하지 않습니다. 양질의 맥주가 많은데 굳이 다른 나라 병맥주를 마실 이유가 없어서이기도 하고 독일 맥주에 대한 자부심이 커서 다른 나라 맥주를 돌같이 여기기 때문입니다. 저는 한국 사람인데도 이곳에 진열된 미국, 벨기에 맥주를 보니 이방인을 보는 것 같은 어색한 기분이 듭니다. 바틀샵에 들어오니 갑자기 바틀샵을 운영하고 싶은 생각이 듭니다만, 하나님이 좋으면 교회를 다니면 되고, 교회를 세울 필요는 없는 것처럼 맥주가 좋으면 그냥 사 먹으면 됩니다.

필스너를 마시는 사람은 필스너를, 바이젠을 마시는 사람은 바이젠을 마실 뿐 웬만하면 본인이 마시는 맥주 스타일을 바꾸지 않는 독일 사람들이지만 젊은 층의 크래프트 맥주 선호도가 점차 상승하는 분위기라고 설명하면서 스모키 조지Smoky George라는 독일 크래프트 맥주를 따라 줍니다. 훈제 맥주인데 스카치위스키를 만들 때 사용하는 피트peat로 건조시킨 맥아를 사용하여 맥주에서 위스키 향이 나는 재미있는 맥주입니다. 반쯤 마셨는데 주인 아저씨가 갑자기 제 잔을 회수해 갑니다. 그리고 토치에 불을 붙여 재미있는 퍼포먼스를 보여 줍니다. 30센티 길이의 손잡이가 달린 낑깡 크기의 쇠공을 불붙은 토치로 뜨겁게 달굽니다. 몇 분 후 까만 쇠공이 시뻘겋게 달아오릅니다. 옆에 있는 이지희 소믈리에에게 "설마 저를 고문하려는 건가요?"하고 불안해하는데 그냥 웃기만 합니다. 빨갛게 달궈진 쇠공을 제가 마시던 맥주에 담급니다. 순간 맥주가 순간적으로 끓어오르면서 거품이 올라옵니다. 다시 제 잔을 주며 마셔보라고 합니다. 뜨거운 카푸치노 거품을 마시는 기분입니다. 뜨거운 카푸치노에 이어 스카치위스키 향이 아까보다 강해진 미지근한 맥주가 입 안에 흘러 들어옵니다. 맥주 마시기 시작한 지 겨우 한 시간 지났는데 기분도 얼굴도 무르익어 갑니다.

바틀샵에서 아주 잘 보이는 선반에 놓인 소르슈복Schorschbock 맥주 한 병이 눈에 뜨입니다. 세계에서 세 번째로 도수가 높은 맥주로, 330ml 한 병에 200유로입니다. 20유로가 아니라 200유로 맞습니다. 알코올 도수 57%짜리 아이스복 맥주입니다. 정상적으로 맥주, 와인 같은 발효주의 알

코올 도수는 20%를 넘지 못합니다. 효모가 더 이상 활동하지 못하기 때문입니다. 맥주의 도수를 20% 이상으로 올리려면 맥주를 얼려서 얼음을 걸어내고 남은 엑기스를 다시 열려서 또 얼음을 걸어내는 과정을 반복하면 됩니다. 아이스복Eisbock 스타일입니다. 콜라를 냉동실에 반쯤 얼린 후 얼지 않은 부분을 마셔 보면 아주 진한 맛이 되는 것과 같은 원리입니다. 소르슈복 57%짜리 맥주는 2012년까지만 해도 세계에서 가장 도수 높은 맥주였습니다만, 2012년 아마겟돈Armageddon이라는 65%짜리 맥주가

영국에서 출시되었고 2013년 스네이크 베놈Snake Venom이라는 67.5%짜리 맥주가 역시 영국에서 출시되어 세계 3위로 밀려났습니다. 이쯤 되면 맛있는 맥주를 만들겠다는 생각보다는 기술력의 과시라고 생각해야 합니다. 사람들이 사거나 말거나 우린 만든다는 신념입니다. 아마겟돈은 성경의 요한계시록에 나오는 선과 악의 최후의 결전입니다. 스네이크 베놈은 뱀독이라는 뜻입니다. 이름만 들어도 범상치 않은 맥주라는 생각이 들 정도입니다.

소르슈복

증류주와 아이스복은 에탄올과 물의 끓는점과 어는점의 차이를 이용하여 만든 술입니다. 술을 가열하면 에탄올이 물보다 먼저 끓어 기체가 됩니다. 기체가 된 에탄올을 모아 숙성시키면 증류주가 됩니다. 곡식으로 만든 술을 증류하면 위스키, 과일로 만든 술을 증류하면 브랜디가 됩니다. 반

대로 맥주의 온도를 0도 이하로 낮추면 에탄올은 얼지 않지만 물은 얼기 때문에 얼음만 걷어내서 알코올 도수를 올린 것이 아이스복입니다. 아이스와인은 아이스복과 최종 목적이 좀 다릅니다. 아이스복은 도수를 올린 맥주고 아이스와인은 당도를 높인 화이트와인입니다. 바틀샵에서 융숭한 대접을 받고 3차 장소로 걸어가던 중, "아, 이 사람들이 나와 펍 크롤이란 것을 하고 있구나."라는 것을 깨닫게 됩니다. 이미 주량의 반을 마셔버렸지만 눈을 부릅뜬 채 안 취한 척 그들의 뒤를 따라갑니다.

물의 끓는점 : 100도   물의 어는점 : 0도
에탄올의 끓는점 : 78.3도   에탄올의 어는점 : -114.5도

슈렝케를라Schlenkerla

스페지알과 비에로테크 바틀샵 순례를 마치고 레그니츠 강을 건너 가장 유명한 훈제맥주를 파는 슈렝케를라 레스토랑 입구에 도착합니다. 유명한 맥주집이라고 해서 네온사인 불빛이 '슈.렝.케.를.라.'라고 반짝거리지도 않고 '밤베르크에서 가장 유명한 집'이라고 쓴 3미터짜리 춤추는 풍선 인형도 보이지 않습니다. 입구에는 청사초롱만한 작은 간판 하나 붙어 있습니다. 아는 사람은 어차피 찾아온다는 자부심 같습니다. 만일 혼자 이곳을 찾았다면 입구를 서너 번 지나쳤을 것입니다.

　유명한 곳인 만큼 실내, 실외 모두 사람들로 가득 차 있습니다. 3명이 합석할만한 자리가 보여 유창한 독일어로 인사를 하니 사람들이 웃으며 앉으라고 손짓합니다. 물론 저는 독일어를 한마디도 못합니다. 호가호위입니다. 이곳 역시 자연스레 합석하는 분위기입니다. 블로그를 보면 자리가 없어 그냥 나왔다고 하는 사람들이 꽤 많습니다. 아마 합석 시스템을 잘 몰라서 그냥 나왔을 것입니다. 자리에 앉아 슈렝케를라 메르첸을 3잔 주문합니다.

　라우흐비어Rauchbier란 훈제 향이 들어간 맥주를 총칭하는 말입니다. 스타일에 따라 라우흐 비어 메르첸Marzen도 있고, 라우흐비어 바이젠weizen도 있습니다. 주문할 때 특별히 요청하지 않으면 보통은 메르첸을 가져다

줍니다. 주문한 메르첸은 알코올 도수 5.5%의 라거 맥주로 너도밤나무로 태운 몰트로 맥주를 만들어 훈연 향이 첫 모금에 확 올라오고 필터링한 상태로 서빙이 되어 깔끔한 뒷맛이 좋은 맥주입니다. 전통 방식에 따라 CO_2를 따로 연결하지 않고 나무통에서 숙성시킨 맥주를 압력이 아닌 중력에 의해 따라주기 때문에 탄산이 적습니다. 맥주와 같이 주문한 소시지와 슈펠라Schäuferla라고 하는 독일 남부의 돼지 어깨 요리가 나옵니다. 의학 용어로 어깨뼈가 스캐플라scapula입니다. 같은 어원입니다. 소의 어깨뼈 쪽 근육이 부채살이므로 이곳의 슈펠라 요리는 소의 부채살 스테이크쯤 될 것 같습니다. 맥주는 역시 함께 마셔야 맛있습니다. 맥주를 같이 마실 때 모든 사람들의 표정은 즐겁습니다. 소주 마시면서 우는 사람은 간혹 있어도 맥주 마시면서 우는 사람은 별로 없습니다. 그들과 만난 지 3시간이 채 되지 않아 점점 집단 무의식 상태로 빠져듭니다. 4차 장소로 이동합니다.

밤베르크에서 훈제 맥주에 취하다 #14

레그니츠 강변의 엑커츠Eckerts 레스토랑

다음 행선지는 10분 정도 떨어져 있는 레그니츠 강변의 엑커츠Eckerts 레스토랑입니다. 잠시 유산소 운동하는 기분으로 걷습니다. 밤베르크는 구시가지 전체가 유네스코 세계문화유산입니다. 여기저기 아무 생각 없이 걷기만 하는데 알고 보면 늘 여행 중인 셈입니다. 강변에 위치한 레스토랑에 도착하니 웨이터들이 부부를 알아보고 버선발로 환대합니다. 저는 계속 호가호위 중입니다. 2층 전망 좋은 곳에 자리를 잡고 켈러비어Kellerbier를 주문합니다. 참 편하게 마시고 취하는 중입니다.

켈러keller는 지하실이라는 뜻입니다. 냉장고가 없던 시절 바이에른 지역에서는 맥주를 서늘한 지하실에 저장해 놓았습니다. 여과fintering나, 저온살균pasteurization 기술도 없던 시절이라 오크통의 맥주는 숙성된 상태 그대로 개봉되어 판매되었습니다. 지금이야 맥주의 품질을 일정하게 유지하

세계문화유산다운 아름다운 자리

기 위해 거의 모든 양조장에서 여과 혹은 저온살균을 하여 맥주를 출시합니다만 바이에른 북부 프랑켄 지역의 소규모 양조장들은 아직도 예전에 팔던 방식 그대로 오크통에 숙성시킨 맥주를 여과, 저온살균 과정 없이 판매합니다. 이런 스타일을 켈러비어라고 부릅니다. 여과를 하지 않아 깊은 풍미가 있으나 맛이 일정하지 않은 단점이 있어 주로 지역 내에서 판매됩니다. 라거임에도 탄산이 적고 여과하지 않아 색깔이 탁하며 효모의 풍미가 살아 있는 맥주입니다.

마침 레그니츠 강의 해가 서쪽으로 사라집니다. 이제 슬슬 펍 크롤링을 정리할 시간입니다. 앗, 그런데 이게 웬일입니까. 세상 참 좁습니다. 이런저런 이야기 도중 상민 씨가 제 고등학교 1년 후배임을 알게 됩니다. 서울 문일고등학교입니다. 그의 태도가 갑자기 공손해집니다. 동시에 제 태도는 거만해집니다. 고등학교 이야기를 하느라 켈러비어를 몇 잔 더 마시게 됩니다. 모든 문일고 졸업생들이 고등학교 이야기를 할 때 항상 등장하는 인물은 영화배우 장동건 씨입니다. 장동건 씨는 문일고 졸업생입니다. 저보다 3년 쯤 후배인데 문일고 졸업생들은 장동건 씨를 항상 '우리 동건이'라 부르고 단 한 번도 본 적 없는 고소영 씨를 제수 씨라 부릅니다.

강을 바라보며 동문을 만나 술을 마신다는 것은 주량보다 훨씬 오버할 가능성을 충분히 내포합니다. 3명이서 15잔은 족히 마신 것 같습니다. 독일 여행의 마지막 밤을 밤베르크에서 보내고 있어 너무 즐겁습니다. 아쉬운 마음을 남기고 소믈리에 지희 씨, 문일고 후배 상민 씨와 헤어져 숙소로 향합니다. 헤어지면서 그들에게 장동건 씨의 명대사를 날립니다. '고마 해라, 마이 묵으따 아이가.' 숙소에 도착하여 그대로 쓰러져 잠이 든 것 같습니다.

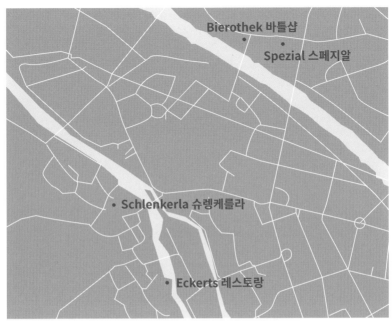

밤베르크 펍 지도

귀국 & 여행 후기
#15

렌터카

여행 마지막 날 아침입니다. 해장 산책으로 아침을 시작합니다. 강을 바라보는 것만으로도 해장이 됩니다. 그래서 한강 고수부지에서 아침 조깅을 하는 분들이 많나 봅니다. 구시가지 이곳저곳을 둘러보는데 상점의 문이 모두 닫혀 있습니다. 목요일 아침인데 거리가 참 조용하다고 생각했는데 밤베르크 대성당 근처로 가니 수많은 사람들이 길가에 늘어서 있습니다. 물어보니 이날은 성체 축일Fronleichnam 휴일이고 성당에서 출발하는 축일 기념 퍼레이드 행사가 열릴 예정이라고 합니다. 독일은 기독교 인구가 전체 인구의 60% 조금 넘습니다. 개신교 31%, 가톨릭 32%입니다. 루터의 종교 개혁의 영향으로 북쪽, 동쪽이 개신교가 많고, 남쪽, 서쪽은 가톨릭이 많다고 합니다. 독일 남부 바이에른은 가톨릭교도가 많아, 가톨릭 축일과 휴일도 많고 행사도 많다고 합니다. 성체행렬이 지나가는 동안 많은 사람들이 길가에 서서 찬송가를 부르거나 기도하고 있습니다. 다시 호텔에 돌아와 짐을 렌터카에 싣고 200km 떨어진 프랑크푸르트를 향해 운전을 시작합니다.

여행 내내 단 한 번의 소매치기도 없었고, 구글 지도 덕분에 길을 헤맨 적도 없었습니다만, 마지막 날 제 몸의 에피네프린 수치가 급상승하는 작은 사건이 발생합니다. 운전하려고 시동을 거니 주행 가능 거리 40km라는 알람이 계기판에 들어와 있습니다. 상식적으로 기름을 넣고 아우토반에 진입해야 하는데 주유소를 찾기 귀찮아서 아무 생각 없이 고속도로에 진입합니다. 20km 안에 주유소가 있을 것이라고 근거 없이 생각했나 봅니다. 그런데 30km를 달려도 고속도로 주유소가 나오지 않습니다. 점점 초조해집니다. 제가 2G폰을 사용하여 휴대전화는 불통 상태입니다. 만일 차가 멎으면 해결책이 없는 상황입니다. 밤베르크에서 아우토반에 진입하기 전 기름을 왜 넣지 않았는지 절망스럽기만 합니다. 5km쯤 더 가니 진출로가 보입니다. 무슨 마을인지는 몰라도 무조건 아우토반을 빠져나옵니다. 주행 가능 거리 1km라는 경고 알람을 겨우 잠재우고 기름을 넣습니다. "쟤 왜 귀국 못했대?" "렌터카 기름이 떨어져서 못 왔대." 누가 들어도 어이없는 한심한 상황이 생길 뻔 했습니다. 근거 없는 안일함은 화를 부른다는 큰 교훈을 잊고 산 제 자신을 반성해 봅니다.

　원래 계획은 프랑크푸르트에 도착하여 차를 반납하고 마인Main 강이 보이는 레스토랑에서 슈니첼에 아펠바인Apfelwein 한잔 마시며 여행을 정리하는 것이었는데 두 시간 전의 난리 법석 사건 때문에 렌터카를 반납하자마자 서둘러 공항행 열차에 탑승합니다. 계기판에 찍힌 누적 운행거리는 2634km입니다. 9일 동안 시계 방향으로 독일을 돌며 12곳의 도시를 방문하였습니다. 렌터카를 빌리지 않았더라면 불가능한 스케줄입니다. 6월 초 독일 맥주 여행을 계획하면서 렌터카를 탈지 기차로 이동할지 고민했었습니다. 더 많은 도시를 방문하고 싶어서 운전하는 쪽을 선택하였고 인천공항 출국 당일 아침에 국제면허증을 교부받았습니다. 현장에서 렌터카를 예약하게 되어 할인 없이 비싼 비용을 지불하였지만 12개 도시를 방문했다는 즐거움은 비싼 돈을 지불한 아쉬움을 충분히 상쇄하고도 남습니다.

　뒤차가 다가오면 서둘러 하위 차선으로 비켜주고, 깜빡이를 켜면 들어오라고 속도를 줄여 주는 독일인의 질서와 배려심을 아우토반을 달리지 않았더라면 몰랐을 것입니다. 고슬라의 밀밭과 안덱스 수도원의 아름다운 풍경을 렌터카를 빌리지 않았더라면 모르고 지나쳤을 것입니다. 운전으로 인해 맥주를 마음껏 마시지 못했던 점이 아쉽습니다만 맥주를 마음껏 퍼 마셨더라면 여행 3, 4일째 쯤 술병이 나서 여행이 아닌 요양으로 하루 이틀을 보냈을 것을 생각해 보면 오히려 다행입니다. 프랑크푸르트에서 아펠바인을 마시지 못했지만 독일을 떠나기 전 아펠바인을 마실 한 번의 기회가 남아 있습니다. 공항 라운지에서 마시면 됩니다.

공항 라운지의 아펠바인Apfelwein

공항에 일찍 도착하여 체크인을 하고 라운지에 자리를 잡습니다. 벡스 필스너와 프란치스카너 헤페바이젠 2종의 생맥주가 준비되어 있습니다. 전날 맥주를 많이 마셨는데도 프랑크푸르트 소시지와 함께 한 잔씩 마시니 기분이 상쾌해집니다. 몇 시간 전의 주유소 찾기 사건은 이미 기억에서 사라졌나 봅니다. 인간은 역시 망각의 동물입니다. 맥주 탭 옆의 럼, 위스키 병과 힘께 아펠바인 한 병이 보입니다. 프랑크푸르트에서 가장 유명한 Possmann 아펠바인입니다. 한 잔 따

라 보니 맑은 노란색의 깔끔함과 신선함이 매력적인 술이라는 생각이 듭니다. 아펠바인Apfelwein은 애플와인Applewine입니다. 사과를 발효시켜 만든 술로, 프랑크푸르트 전통주입니다. 마인 강 바로 남쪽에 작센하우젠Sachsenhausen 지역이 있습니다. 대한민국의 신사동 가로수길 같은 상업지구인 이곳은 예전엔 가난한 사람들이 모여 살던 곳이었다고 합니다. 비싼 술을 마실 수 없었던 그들은 품질이 떨어지는 사과를 발효시켜 술을 만들어 마셨습니다. 지금도 작센하우젠 거리에는 아펠바인을 파는 술집이 많습니다. 가난한 작센하우젠 사람들이 마시던 아펠바인은 언젠가부터 프랑크푸르트 시민들이 즐겨 마시는 술이 되었습니다.

사과술은 프랑크푸르트에만 있는 것은 아닙니다. 포도를 재배하기에도 날씨가 쌀쌀하고 맥주 만들기도 애매한 지역에서는 사과로 술을 만들어 마셨습니다. 가장 대중적인 사과술은 영국의 사이더Cider입니다. 와인은 카베르네 쇼비뇽, 메를로, 피노 누아 등 포도 품종이 중요한데 사과주는 특이하게 사과 품종을 따지지 않고 나라별로 구별합니다. 참고로 배를 발효시켜 만든 술은 페리Perry입니다. 페어 사이다Pear cider라고도 부릅니다. 사과를 증류한 술도 있습니다. 노르망디 상륙 작전으로 유명한 프랑스 북부 노르망디 지역의 칼바도스Calvados라는 브랜디입니다.

코냑Cognac, 아르마냑Armagnac : 와인을 증류한 브랜디 중 하나

칼바도스Calvados : 사과주를 증류한 브랜디 중 하나

사과술의 나라별 이름

영국   : 사이더Cider

프랑스   : 시드르Cidre

독일   : 아펠바인Apfelwein

프랑크푸르트 아펠바인은 전혀 달지 않습니다. 단맛이 없어 시큼함이 강조됩니다. 영국의 사이더는 신맛과 단맛의 밸런스가 좋고 탄산이 적당히 들어 있어 처음 마셔도 거부감이 적습니다만 아펠바인은 호불호가 명확한 술입니다. 제가 생각하는 아펠바인과 사이더의 가장 큰 차이는 탄산 유무입니다. 탄산이 없는 시큼한 아펠바인을 마신 첫 느낌은 위산이 역류되어 목에 넘어올 때의 그 맛입니다만 조금씩 마실수록 희한하게 신맛은 무디어지고 은은한 사과의 향이 배어 나오는 술입니다. 아마 우리나라 막걸리도 외국인이 처음 마시면 당황스러운 반응이 나올 것 같습니다.

우리나라에서는 사이다가 청량음료입니다. 외국에 가서 사이다를 달라고 하면 그들은 사과술Cider을 한 잔 가져다 줄 것입니다. 사이다가 마시고 싶다면 세븐업(7 Up), 스프라이트Sprite라고 상표를 말하면 됩니다. 아무리 칠성사이다를 마시고 싶다고 해도 "7-first name cider"라고 주문하면 안 됩니다. 칠성사이다는 외국에서 잘 팔지 않습니다.

이윽고 탑승 시간이 되어 게이트로 향합니다. 20미터 앞에서부터 보이는 승무원들의 미소가 저를 기분 좋게 해 줍니다. 비행기 탑승 때마다 머릿속에서만 맴도는 장난스러운 장면이 있습니다. 게이트 앞에서 신발을 벗고 어리둥절한 표정으로 신발을 손에 들고 탑승하는 것입니다. 아마 평생 못 해볼 것 같습니다.

귀국

환대를 받는 것은 기분 좋은 일입니다. 자리에 앉자 사무장님이 또 환대를 해 줍니다. 이 상황에서 제가 항상 하는 말은 "대출 받아 탔습니다. 오늘 신나게 즐기다 내리겠습니다."입니다. 다들 웃으며 즐거워합니다. 드디어 이륙합니다. 9일 동안 한식을 한 번도 먹지 않았고 소시지, 학세를 먹고 살았습니다. 이제 조금 있으면 라면을 먹을 수 있습니다. 라면은 자장면과 더불어 한국인이 정기적으로 먹어 줘야 하는 음식 중 하나입니다. 이륙 20분 후 정상 궤도에 오르자 음료 서빙이 시작됩니다. 맥주를 좋아하지만 비행기 기내에서만큼은 와인을 마십니다. 제가 마시는 와인의 90%는 기내에서 마시는 와인입니다. 어떤 와인을 마시겠냐는 질문에 대한 답도 항상 똑같습니다. "다 깔아 주십시오." 노란 장미꽃과 함께 레드 와인 3종, 화이트 와인 3종, 샴페인 1종, 그리고 스위트 와인 1종이 실로폰처럼 테이블에 세팅됩니다. 오늘 스위트 와인은 헝가리 토카이Tokaji 와인이 실렸습니다. 세계 3대 귀부와인 중 하나입니다. 담당 승무원께 사진 촬영을 요청합니

다. 늘 그렇듯 장미를 입에 물고 포즈를 취합니다. 순간 사진을 찍던 그녀의 표정이 환해지며 "저, 혹시 그 분 맞으시죠?"라며 너무 반가워합니다. 2015년 11월 이후 비행기를 타면 승

무원 분들이 가끔 저를 알아봅니다. 제 얼굴을 기억하는 것이 아니라 비행기 안에서 항상 똑같은 제 패턴을 기억하고 알아보는 것입니다. 누군가 나를 알아본다는 것은 아직까지는 기분 좋은 일입니다. 와인을 마시며 연필과 연습장을 꺼내어 지난 9일간의 여행을 깨알같이 정리합니다. 이번 독일 맥주 여행은 제게 특별한 의미가 있습니다.

2017년 5월 즈음입니다. 독일 맥주 여행을 계획한 후 어떤 책을 살지 검색을 하던 중이었습니다. J&jj라는 출판사에서 발행한 "벨기에에 마시러 가자"라는 책을 재미있게 읽은 기억이 나서 당연히 그 출판사의 독일 맥주 여행 서적이 있을 것으로 생각했습니다만 없었습니다. 출판사에 당장 메일을 보냈습니다. "귀사에서 당연히 독일 맥주 관련 여행서가 있을 것으로 생각했는데 없네요. 제가 마침 독일 맥주 여행을 떠나니, 자료를 모아 여행 책을 써보고 싶습니다." 여행 1주일 전의 이야기입니다. 출판사에서 긍정적인 회신이 왔습니다. 여행 전 담당자를 만나 대략적인 내용을 상의하였고, 렌터카를 빌려 부지런히 돌아다니며 자료를 모으고 맥주를 마시며 여행하였습니다. 쉬며 즐기는 여행이 일하며 즐기는 여행으로 급 수정되었습니다. 여행 작가로서의 첫 경험은 100% 만족스러웠습니다.

프랑크푸르트에서 출발한 비행기는 11시간을 날아 무사히 인천 공항에 착륙합니다. 여행을 마무리해야 할 시간입니다. 이제 집필할 일만 남았습니다. 여행할 수 있어서 행복합니다. 글로 추억을 남길 수 있어서 더 행복합니다.

브란덴부르크

니더작센

베를린

노르트라인-베스트팔렌

도르트문트

뒤셀도르프

쾰른

라이프치히

작센

카셀

프랑크푸르트

밤베르크

뉘른베르크

바이에른

프라이징

뮌헨

함부르크

브레멘

고슬라

독일 여행 루트

에필로그

두 달 만에 원고를 완성하겠다고 출판사에 당당하게 외쳤습니다. 무모한 계획이었습니다. 제 본업은 외과의사입니다. 전업 작가가 아니어서 시간이 충분하지 않았습니다. 일주일 동안 한 페이지도 못 쓸 때도 있었습니다. 9월 말로 마감일을 연기하였습니다. 이번엔 여태까지 쓴 글이 마음에 들지 않았습니다. 엉망이었습니다. 80% 완성한 원고를 처음부터 다시 정리하였습니다. 오늘은 무거운 짐 하나를 내려놓은 기분 좋은 날입니다. 오른손 약지로 딸깍거리는 청축 기계식 키보드의 마침표 자판을 눌러 마지막 문장을 완성하였습니다. 생각해 보니 최근 3개월 동안 제대로 쉰 기억이 없습니다. 열심히 수술하고 열심히 강연하고 열심히 글을 썼습니다. 언젠가부터 강연과 집필은 제 삶의 유일하면서 즐거운 일탈이 되었습니다.

좋아하는 여행을 하고 기록을 정리하여 책을 출판한다는 것은 멋진 생각입니다. 어쩌다 보니 독일 여행을 단 한 번 다녀와서 독일 여행 책을 내는 사람이 되었고, 맥주 만들 줄도 모르고 펍을 운영한 적도 없으면서, 게다가 맥주 소믈리에도 아닌데 맥주 관련 글을 쓰고 맥주 강연을 하는 사람이 되었습니다. 그런 사람이 있다고 누군가 제게 소개하면 저는 틀림없이 "그 사람 사기꾼이야. 좀 있으면 돈 투자하라고 할 테니 조심해"라고 말할 것입니다. 사기꾼은 아닌데 정말 어쩌다 보니 그리 되었습니다.

원고를 쓰면 쓸수록 아는 것이 너무 없다는 것을 깨달았습니다. 맞춤법도 모르면서 글을 쓴다는 것이 창피할 정도였습니다. 독일에 겨우 9일 다녀 온 주제에 독일 여행 책을 집필한다고 덤빈 것이 무모한 계획이었다는 생각이 든 순간, 국화와 칼이라는 책이 생각났습니다. 미국의 문화인류학자 루스 베네딕트는 일본에 한 번도 가지 않고 국화와 칼을 썼다는데 제가 포기할 이유가 없었습니다. 글을 쓰면 지식이 업그레이드됩니다. 지식이 많아 글을 쓰는 게 아니라 글을 쓰다 보면 지식이 정리되는 것입니다. 영어로 된 문서를 찾다 보니 영어 독해도 늘었습니다. 성격도 좀 차분해진 것 같습니다.

저의 첫 번째 책을 손에 쥐는 느낌은 15년 전 제 아들을 처음 안아 보았을 때의 느낌만큼 감격스러울 것 같습니다. 흔히 자기 책을 소개하면서 "졸작"이라고 겸손하게 말합니다. 이 세상에 졸작은 없습니다. 모든 저자들은 자기가 아는 것을 혼신의 힘을 다 해 요리하여 책이라는 그릇에 정성껏 담을 것입니다. 저자와 작가의 차이는 저서가 1권인지 2권 이상인지의 차이입니다. 음식 강산의 박정배 작가, 식탐의 정재훈 작가는 맥주 한잔 마실 때마다 "작가도 아닌 것이 겸상한다."며 저를 타박합니다. 얼른 한 권 더 써서 작가가 되어야겠다고 주먹을 불끈 쥐어 봅니다. 다음 아이템은 일본 맥주입니다. 즐거운 인생입니다. 그럼에도 불구하고 저의 원래 자리는 외과의사이자 배건희의 아버지입니다.

11월 12일 진료실에서 응급수술을 기다리며.

테마★로 만나는 인문학 여행 ⑫

낭 만 닥 터 S J 의 유 쾌 한 맥 주 인 문 학 여 행

독일에 맥주 마시러 가자

1판 1쇄 인쇄 2018년 3월 5일　**1판 1쇄 발행** 2018년 3월 10일

1판 2쇄 인쇄 2018년 10월 10일　**1판 2쇄 발행** 2018년 10월 15일

———

지 은 이 배상준

발 행 인 이미옥

발 행 처 J&jj

정　　가 18,000원

등 록 일 2014년 5월 2일

등록번호 220-90-18139

주　　소 (03979) 서울 마포구 성미산로 23길 72 (연남동)

전화번호 (02) 447-3157~8

팩스번호 (02) 447-3159

———

ISBN 979-11-86972-33-5 (03920)

J-18-02

www.jnjj.co.kr